The Road to Little Dribbling

比爾·布萊森的

大不列顛碎碎唸

——原來，英國跟你想的不一樣！

More Notes From a Small Island

比爾·布萊森
Bill Bryson 一著

李奧森 一譯

獻給詹姆斯（James）、羅希（Rosie）與戴芬妮（Daphne）。
歡迎來到這個世界。

CONTENTS
目次

阿伯里斯特威斯（Aberystwyth）
愛爾德堡（Aldeburgh）
阿爾德利埃奇（Alderley Edge）
艾胥伯恩（Ashbourne）
埃夫伯里（Avebury）
巴納德城堡（Barnard Castle）
巴羅因弗內斯（Barrow-in-Furness）
伯明罕（Birmingham）
布萊克浦（Blackpool）
布倫海姆宮（Blenheim Palace）
博格諾禮吉斯（Bognor Regis）
伯恩茅斯（Bournemouth）
布萊頓（Brighton）
巴克斯頓（Buxton）
憤怒角（Cape Wrath）
劍橋（Cambridge）
基督城（Christchurch）
克羅默（Cromer）
卡洛登（Culloden）
達特茅斯（Dartmouth）
多佛（Dover）
鄧尼特角（Dunnet Head）
鄧威士（Dunwich）
杜倫（Durham）
伊斯特（Eastbourne）
伊斯特利（Eastleigh）
愛丁堡（Edinburgh）
菲什加德（Fishguard）
格倫科（Glencoe）
格萊內爾格（Glenelg）
格里姆斯比（Grimsby）
黑斯堡（Happisburgh）
霍夫（Hove）
印威內斯（Inverness）
愛爾蘭海（Irish Sea）
鐵橋谷（Ironbridge）
約翰奧格羅茨（John O'Groats）
柯比朗斯岱爾（Kirkby Lonsdale）
萊布爾恩（Leyburn）
利物浦（Liverpool）
蘭迪德諾（Llandudno）
倫敦（London）
赫利根失落花園（Lost Gardens of Heligan）
萊姆里吉斯（Lyme Regis）
林德赫斯特（Lyndhurst）
林罕（Lytham）
曼徹斯特（Manchester）
慕斯豪爾（Mousehole）
新堡（Newcastle）
北貝里克（North Berwick）
北海（North Sea）
奧佛斯特拉德（Overstrand）
牛津（Oxford）
彭贊斯（Penzance）
撒爾康比（Salcombe）
瑟拉菲爾德（Sellafield）
謝林罕（Sheringham）
斯凱格內斯（Skegness）
南部沿海地區（South Foreland）
斯坦斯（Staines）
聖比斯（St Bees）
巨石陣（Stonehenge）
薩頓胡（Sutton Hoo）
布萊森線（The Bryson Line）
廷塔哲（Tintagel）
托基（Torquay）
特尼斯（Totnes）
愛芬頓（Uffington）
阿勒浦（Ullapool）
維吉尼亞湖城（Virginia Water）
溫莎（Windsor）

N.G.
Cape Wrath
John o'Groats
Dunnet Head
Ullapool
Culloden
Inverness
Glenelg
Glencoe
The Bryson Line
NORTH SEA
North Berwick
Edinburgh
IRISH SEA
Newcastle
Durham
Barnard Castle
Leyburn
St. Bees
Sellafield
Barrow-in-Furness
Kirkby Lonsdale
Blackpool
Lytham
Grimsby
Liverpool
Manchester
Buxton
Skegness
Sheringham
Cromer
Llandudno
Alderley Edge
Ashbourne
Overstrand
Happisburgh
Ironbridge
Aberystwyth
Dunwich
Birmingham
Cambridge
Aldeburgh
Fishguard
Blenheim Palace
Sutton Hoo
Uffington
Oxford
South Foreland
LONDON
Windsor
Avebury
Virginia Water
Staines
Tintagel
Stonehenge
Dover
Eastleigh
Lost Gardens of Heligan
Lyme Regis
Bournemouth
Eastbourne
Torquay
Penzance
Christchurch
Bognor Regis
Brighton & Hove
Lyndhurst
Totnes
Mousehole
Dartmouth
Salcombe

導讀
Introduction
小而美——享讀碎碎唸

紀大偉
（國立政治大學臺灣文學研究所副教授）

二十年前，旅遊文學名家布萊森推出《哈！小不列顛》（*Notes From a Small Island*），名噪一時。《哈！小不列顛》洛陽紙貴，成為書市寵兒，一部分是因為「知識分配不均」：英國「知識」（我是指知識，而不是指英國實體）像是一座寶庫，布萊森可以登堂入室，可是大部分民眾找不到入口。但是，二十年之後，多虧電腦網路，「知識分配不均」的情況大幅改善。誠然世界上許多人口仍然陷於赤貧，不能享用網路，但是國內無數青年卻早就將網路、手機帶來的方便視為理所當然。那麼布萊森現在推出《比爾．布萊森大不列顛碎碎唸》，還有什麼賣點呢？

布萊森的強處，絕對不僅僅在於陳列旅遊資訊，更在於勇於提出個人觀點。《比爾．布萊森大不列顛碎碎唸》可以提醒各種仰賴「網路養分」的寫手、文青、背包客：在這個時代，光是整理資訊並不足以讓自己在茫茫人海勝出（誰不會靠 GOOGLE 找地圖呢？），只有大膽提出「與眾不同的見解」才可能鶴立雞群。自助旅行者只要手機在手，就以為自己變成旅遊達人，結果每個人都交出來大同小異的ＦＢ照片：

「這是莎士比亞的家鄉，好棒，順便轉貼一首莎翁的十四行詩。」或，「我在巨石陣現場，好棒，謝謝某某部落格推薦。」這些看圖說話的ＦＢ貼文，只有別人早就陳列過的情報，卻沒有個人意見。但是，這種貼文竟然偶爾可以結集出書，還賣得不錯。

《比爾．布萊森大不列顛碎碎唸》持續強調一個觀點：英國「小而美」。小，但是美好。我看得出來布萊森憐惜英國的情感。不過，我想要提出另一種詮釋「小而美」的說法：小，而且美國。對來自美國的布萊森來說，英國之所以可愛，正因為英國就是迷你版本的美國化身，美英兩國是表兄弟：英國的人事物顯得比美國優雅（例如「新福爾摩斯」），卻也比美國古怪（例如「豆豆先生」）；比美國時尚（例如「００７」），卻又比美國蠢（例如「天線寶寶」）。在感嘆英國衰亡的時候，美國人心裡想著美國的茁壯。這種表兄弟的情感不會延伸到法國、德國等等其他第一世界國家。

布萊森的新書勇於陳述個人意見——並不是毫無組織的嘮叨，而是經過整合的主張。我認為，此書主張「正在消逝的前一世紀英國（二十世紀英國）需要被哀悼」（至於書中陳列的各種資訊，只是配菜，不是主菜）。第二次世界大戰之後的英國已經快速「廢墟化」。被淘汰的港口、被廢棄的鐵道、被垃圾吞沒的街道（布萊森很迷戀街道垃圾，一直在碎碎唸垃圾！），都是廢墟英國的實景切片。布萊森這一回遊遍英國，意在跟一個個「老朋友」（舊景點）道別：走到曾經風光的廢墟，便送上憑弔的花束；遇到即將成為廢墟的舊址，就看這個老朋友倖存於世的最後一面。抓住作者「哀悼英國」的微言大義，才比較容易理解為何作者總是不小心踏入報廢的景點（其實不是不小心，而是故意），裝瘋賣傻，苦中作樂。作者披著鬧事的外皮，行致哀之實——人在悲傷的時候，偏要強顏歡笑。布萊森是觀光客的相反：觀光客專門找光（光鮮體面的人事物），但是布萊森偏要深入無光的所在。

Prologue

序

I

當人開始變老的時候，每天都會意外發明很多方法讓自己重傷。不久前，我才被法國停車場的自動升降杆擊中腦門，我想，在年輕的時候，應該不至於這麼兩光吧。

這世界上應該只有兩種狀況才可能會發生自動升降杆災難。第一種，就是站在欄杆正下方，直接等它來敲你的頭。這應該是最簡便的方法。第二種，通常發生在智力衰退的人身上，那就是徹底忘了剛剛才從眼前升起的欄杆，輕巧地移動到欄杆空出的下方，緊閉雙唇謹慎思考該往哪裡走，此時正好讓停車場自動欄杆像是大錘擊打鐵釘一般，毫不留情地擊中腦門。這就是本人慘痛的經歷。

先讓我解釋一下，這根自動欄杆是危險的障礙物——它的堅硬度堪比鷹架材料，而且還具備移動能力——而且它敏捷地落下並且快速彈回。此樁頭骨受傷的事發地點位於諾曼第區域的海岸小城埃特爾塔（Etretat），當時我和太太正在附近的多維爾（Deauville）度假。然而，事情發生時我單獨而行，正想從停車場找到一條通往山頂的小徑，眼前的出路卻被自動欄杆擋住，以我的身高而言，要從欄杆底下鑽過去當然會很糗，但是若是硬要跳過去，也太難為我了。正猶豫不決時，一輛車開了過來，對方取票後自動欄杆立即升起，車子旋即開走。我立刻往前邁了一步，繼續思考該往哪個方向移動，沒想到欄杆就此迎頭砸下。

這恐怕是我遭遇過最嚴重的意外傷害。擊中的當下，我是在法國最糊塗和最鬆懈的人吧。我雙膝一軟，雙手不聽使喚在空中漫遊飛旋以至於手肘硬生生撞上臉部，接下來的幾分鐘內，我只能微微側著身子走路。一位好心的小姐扶我到椅子旁並給了我一片巧克力，一直到隔天那巧克力還被我緊緊握在手裡。當我坐著休息時，另一輛車開了過來，自動欄杆以迅猛的速度落下。我能從暴力攻擊中平安生還，還真是個奇蹟啊。不過因為過度驚嚇，我開始在內心的小劇場憂心是否已經釀成內傷，只是尚未爆發。或許血液早已在我的顱內蔓延開來，像個緩慢成形的游泳池，不久後我就會兩眼一翻，發出沒有靈魂的呼喊，身子輕輕地往前一倒，壽終正寢。就此不再起來。

幻想自己即將死亡也能帶來意想不到的正面效果，我對世界有了全新的感受。接下來的三天裡，我心懷感激地欣賞多維爾的富裕與整齊劃一，我沿著海岸漫行，或是閒坐觀看海浪與朗朗藍天。多維爾是個不錯的地方，要是在其他地方摔倒應該會更悲傷。

有天下午，我和太太坐在長凳上遠眺英吉利海峽，我用感恩的語調說道：「我猜英吉利海峽對岸一定是憂鬱又落魄的英國，遠遠比不上富裕而可愛的多維爾，妳不覺得嗎？」

「誰知道。」我太太回應。她正在讀小說，而且完全沒有把我快死的事情放在心上。

「正對面是哪裡啊？」我問。

「誰知道。」她一邊說，順手翻了一頁小說。

「韋茅斯（Weymouth）？」

「誰知道。」

「霍夫（Hove）嗎？」

「你都聽不出來人家說『誰知道』是什麼意思嗎？」

我看了看她的智慧型手機。（大家不允許我買智慧型手機，因為我一定會把它弄丟。）我不敢保證手機的地圖應用程式一定準確，畢竟它常在我們在英國伍斯特郡（Worcestershire）打轉時建議我們開往密西根或加州，不過地圖顯示多維爾的正對面是博格諾禮吉斯（Bognor Regis）。

當時我沒多想什麼，然而博格諾禮吉斯就這麼以預言般的姿態登場了。

II

上次到英國已經像是上輩子的事了，那時我才二十歲，年輕得很。

英國曾經有一段短暫而炫麗的時光，產出了全世界最受矚目的一切。披頭四（The Beatles）、詹姆士·龐德（James Bond）、瑪麗·奎恩特（Mary Quant）和迷你裙、崔姬（Twiggy）與賈斯汀·維倫紐夫（Justin de Villeneuve）、理查德·伯頓（Richard Burton）與伊麗莎白·泰勒（Elizabeth Taylor）的愛情生活、瑪格麗特公主（Pincess Magaret）的愛情生活、滾石樂團（The Rolling Stones）、奇想樂團（The Kinks）、無領西裝外套、電視節目《復仇者》（*The Avengers*）與《密諜》（*The Prisoner*）、約翰·勒卡雷（John le Carré）、連·戴登（Len Deighton）、瑪麗安娜·斯福爾（Marianne Faithfull）和達斯蒂·斯普林菲爾德（Dusty Springfield）的間諜小說。大衛·海明斯（David Hemmings）與泰倫斯·史坦普（Terence Stamp）主演的愛荷華州不會上映的奇怪電影，哈羅德·品特（Harold Pinter）導演的不可能在全美任何地方演出的戲劇、《每週綜述》（*That Was the Week That Was*）、普羅富莫（Profumo）的醜聞，基本上，根本就是全部的全部，一切的一切。

當時英國產品完全擄獲《紐約客》（*New Yorker*）與《君子雜誌》（*Esquire*）編輯的心——吉利蓓（Gilbey）和坦奎利（Tanqueray）的琴酒、哈里斯（Harris）毛料、英國海外航空公司（BOAC airliners）、雅格獅丹（Aquascutum）西裝、維耶勒法蘭絨（Viyella）裙子、傳統手工絨帽、雅倫潘恩（Alan Paine）毛衣、達克斯（Daks）長褲、名爵（MG）與奧斯汀·希雷（Austin Healey）跑車以及種類多達數百種的蘇格蘭威士忌。當時「英國製造」即是優雅與品味的勳章，更是所有品味名家的夢幻逸品。不過我必須說，即便在當時，英國製造也有凸鎚的時候，好比那時相當熱門的「酒吧」（Pub）古龍水，我不確定此款香水的命名有何深意，我只知道身為一個在英國酒吧喝了四十年啤酒的傢伙，我絕對不會想把酒吧味抹在臉上。

可能當時全世界都在關注英國，因此我誤以為自己也對英國略知一二，沒想到一到倫敦我就被打臉了。我連說英文都打結。一開始，我分不清楚領子（collar）和顏色（colour）、卡其色（khaki）與車鑰匙（car key）、信件（letters）與生菜（lettuce）、床（bed）與裸露（bared），以及業力（karma）與平靜（calmer），到底有什麼差別？

我到牛津一間不分性別的理髮院剪頭髮，體型碩大表情陰森的老闆娘引領我到理髮椅前，並告知我：「等等獸醫（vet）會來幫你看看。」

我嚇了一跳，「妳是說專門處理狗狗貓貓的獸醫？」我用受驚的語氣問。

「不是，她的名字是伊維特（Yvette）。」她邊說邊用眼神窺探我，打從心裡認為和我這愚蠢生物打交道滿耗體力的。

我在酒吧問服務生店裡有什麼三明治？

「火腿與起士。」一位男士回答道。

「好，來一份。」我說。

「什麼來一份？」他回我。

「請給我一份火腿與起士。」我很狐疑地回答。

「不是，是火腿或起士。」他向我解釋。

「所以不是兩種都加？」

「不是。」

「哇，」我很驚訝地回應，然後把身子靠近他並用自信低沉的語氣問：「為什麼？味道太重嗎？」

他瞪著我。

「好吧，我要一份起士三明治。」我懊惱地說。

當三明治端上桌時，起士被削得碎碎的，我從來沒看過有人如此用力地處理乳製品，三明治旁還有幾條我以為是從污水池打撈上來的不明物體，別稱布萊斯頓（Branston）酸黃瓜。

我小心翼翼啃食面前食物，原來味道還不錯。我慢慢發現，英國實在是個令人感到無比怪異卻又顯露耀眼光芒的國家。這就是我對英國的第一印象，記憶猶新。

我對英國的印象以鐘型曲線發展，一開始我從最左邊的「一無所知」出發，一直往上攀爬至「無所不知、無所不曉」的境界。當我抵達英國知識巔峰時，我以為自己會一直滯留在舒適圈內，沒想到一轉眼，我就快速地往「無知」的一方墜落崩塌，等我清醒過來時，我發現英國又以極其陌生的面貌矗立在眼前。轉眼間，新生代人才輩出，我不知道的名人與新秀滿地都是，我只能仰賴其他來自新世界的人類向我介紹那些奇怪的拼音組合，像是 BFF、TMI 和 TOWIE。

我對新世界根本沒轍。前幾天我才讓抄錶員吃了閉門羹，他的要求實在讓我無法招架。他是抄錶員啊，那根本是只存留在遙遠的愛德華．希思（Edward Heath）首相時期的產物吧。我熱烈地迎接他，甚至搬來梯子好讓他能仔細研究我的水電錶。當他離開後，不到一分鐘又立刻折回，很快地，他讓我備感困擾。

「不好意思，我想再看看『男廁』內的水電錶。」他跟我說。

「啥？」

「嗯，在我們的紀錄裡男廁還有另一個水電錶。」

「呃，這是我家啊，我們根本沒有男廁這種東西。」

「但紀錄顯示這裡是學校。」

「呃，這裡不是學校啊，這是住宅，你剛不是進來過了嗎？你有看到年輕人在上課嗎？」

他很用力地思考了一分鐘。

「你介意我再進去看看嗎？」

「啥？為什麼啊？」

「一下下就好，不到五分鐘。」

「你覺得這裡藏了一間我們從來沒發現的男廁嗎？」

「天下無奇不有啊。」他好像滿正面的。

「我真的沒辦法讓你進來，這真的很怪。」我拋下這句話，轉身關上門。我聽見門外傳來窸窸窣窣的聲音。「不好意思，我還有事情要忙。」我隔著木門大聲回應。我沒騙人，我真的還有更重要的事要忙，這和本書接下來的內容有極大的關係。

我正準備前往伊斯特利（Eastleigh）參加英國公民考試。

這件事真是徹頭徹尾地諷刺。當我開始對當代英國生活熟稔時，官方卻召喚我，要我提出自己對英國生活確實有所認識的證據。

III

以本人淺見，你只有兩種方法能夠成為英國公民。第一種方法很詭異，但卻是相較之下較為可行的方法，那就是找到一個英國的子宮並躲在裡面九個月。第二種方法則是填寫一堆表格並在眾人面前大聲宣誓。然而，自二〇〇五年開始，選擇第二種路徑的人還需證明自己的英語能力，並參與英國知識測驗。

因為英文是本人的第一母語，所以得以免除語言鑑定的麻煩，但是沒有人躲得過嚴苛的知識測驗。不管你多有自信通曉英國的一切，但是你絕對不可能能掌握詭譎的「英國生活知識測驗」（Life in Britain Knowledge Test）。舉個例子，你知道誰是沙克・狄恩・穆罕穆德（Sake Dean Mahomet）嗎？（好吧，他是把洗髮精引進英國的人）。你知道一九四四教育法案的別名是什麼嗎？（《布特勒法案》〔*The Butler Act*〕）。你知道終身貴族爵位是從哪一年開始授勳的嗎？（一九五八年）。你知道從哪一年開始女性與兒童的每日工作時數上限是十小時嗎？（一八四七年）。你必須能認得出傑森・巴頓（Jenson Button）（不要問我為什麼）。如果你答不出大英國協的會員國數目，或是克里米亞戰爭時期誰是英國的仇人，又或者你不知道錫克教、回教、印度教與基督教分別於英國所占的人口比例，或說不出大笨鐘的本名（伊麗莎白塔），你就可能無法取得英國公民權。事實上，測驗中還包括了幾題沒有正確答案的題目，例如「英國大陸距離最遙遠的兩端是？」你必須回答從地角（Land's End）到約翰奧格羅茨（John O'Groats），但這根本不是事實啊。這測驗真的是恐怖到了極點。

為了準備考試，我買了整套的教科書，其中還包括有著閃亮亮封皮的《英國生活：給新住民的建議》（*Life in the United Kingdom: A Guide for New Residents*）以及兩套輔助教材：一本是《官方版學習指南》（*Official Study Guide*），此書主要功能在於教導你如何使用那本有著閃亮亮封皮的教材（兩書的編排內容完全相輔相成）；第二冊則是《官方版練答題》（*Official Practice Questions and Answers*），其中包含了十七回的題庫大全。我當然二話不說先做了幾回測驗，結果淒慘無比；試問如何稱呼威爾斯議員（Welsh MPs）？答案顯然和葛爾士（Gareth）與戴芬德（Dafydd）無關。《官方版學習指南》還滿好讀的，內容平鋪直敘，時而稍嫌空洞，但總不至於太過荒腔走板。

藉由此書你理解到英國社會重視公平價值，並展現出文學與藝術相關的豐富底蘊；英國社會講究禮儀，並開啟了與蒸汽相關的科技大時代。基本上英國佬喜歡在花園裡摸摸弄弄、散步、用大火炙燒牛肉，並在星期天大吃約克郡鹹派（如果是蘇格蘭人的話，則會選擇羊雜碎）。英國人喜歡到海邊度假，他們遵守《行人交通規則》（Green Cross Code），對排隊一事極富耐心，他們投票理智並且尊重警察這門職業，而皇室更是英國社會欽仰的對象，基本上來講，英國社會特重中庸之道。三不五時，他們會到酒吧喝兩杯英國黑啤酒，或玩幾局九柱戲或撞球；事實上《官方版學習指南》的撰寫者應該都是足不出戶的宅宅吧。

有時候，《官方版學習指南》太求政治正確以至於語意含混到什麼都沒說，例如該書如此形容英國的音樂場景：「在英國，你可以在不同的音樂場地與音樂祭，聽見各式各樣的音樂。」（我不是喜歡狡辯，但是音樂場所本來就是聽見各式各樣音樂的地方啊。）有時候你不免覺得《學習指南》根本就錯誤百出，別再提地角與約翰奧格羅茨了，那根本不是英國領土上最遙遠的兩點呀。該書還認為安東尼．霍普金斯（Anthony Hopkins）正是該國國人最引以為豪的男性代表，但是霍普金斯早已歸化為美國籍並定居於加州好久了。重點是，《官方版學習指南》還把安東尼的名字拼錯了。此書將西敏寺（Westminster Abbey）的「詩人之角」（Poets' Corner）誤植為單數的詩人之角（Poet's Corner），難道那裡只夠平躺一位已故詩人嗎？我試圖平心靜氣地翻閱《官方版學習指南》，不過如果官方要求人們熟知英國相關知識，難道出題者們不該展現出應有的學養嗎？

總之，歷經了一整個月的苦讀後，大考日終於到來。依照指示，我必須於指定時間出現在漢普郡（Hampshire）伊斯特利的韋塞克斯大樓，這是距離我家最近的考場。伊斯特利為南安普敦（Southampton）的衛星城鎮，並於二次大戰時遭受砲火無情攻擊，好吧，或許也沒那麼戲劇性。總之伊斯特利是個不會讓你留下任何印象的地方——它並沒有醜到離奇，但也毫無吸引力可言；市況絕非繁榮，但也不至於蕭索死寂；市中心看得見若干商業活動，可說是一息猶存。聖貝里超市外牆更直接加裝玻璃頂棚權充巴士站，讓鴿子能有個乾燥之處排泄。

伊斯特利和其他英國城鎮一樣，工廠與小商店相應倒閉，唯一僅存的經濟活動則是販賣咖啡，場域則為咖啡店。該城商店可約莫劃歸為兩類：沒人的商店和咖啡店，而且還有很多空無一人的商店正轉型成咖啡店，你可以從招牌看出發展脈絡，當然，也有很多乏味的咖啡店正致力於將自己變成一間完全沒人會光顧的店，看起來，他們的努力很快就會獲得回報。本人對經濟學毫無所知，不過這看起來就是所謂的惡性循環吧。雖然有一、兩位豪氣凌雲的企業家在此開了一元商店或投注站，也有幾所慈善機構企圖挖掘出廢棄空間的潛力，不過伊斯特利真是個適合坐下來喝杯咖啡觀賞鴿子排泄的好地方。為了拯救該地經濟危機，我買了杯咖啡，觀看鴿子沿路大便，接著，親赴考場。

該日清晨，有五名考生報到，迎接我們的是整間的桌椅、電腦螢幕、滑鼠與滑鼠墊，我們無法看見其他考生的螢幕。當我們入座後，電腦螢幕出現了四道練習題，讓我們確定滑鼠與滑鼠墊的功能完好。既然是練習題，題目想當然耳非常簡單，考題如下：

「曼聯」（Manchester United）為：

（a）政黨

（b）舞團

（c）英國足球隊

包含我在內的四名考生只花了十五秒就答題完畢，獨獨一名優雅、豐腴的中年女性例外。我猜她或許來自某些嗜吃甜食的中東國家吧，總之她實在花了很久的時間。主考官兩度過來查看她的狀況，我只好翻看抽屜打發時間，雖然抽屜沒有上鎖不過也沒有任何東西，我試著玩了一下滑鼠，看看是否能與空白畫面互動。很好，了解了。

經過了漫長的等待時間，那名女士表示作答完畢，主考官過來檢視她的答案。他彎腰將身子傾向螢幕，以訝異但相當低調的語氣說道：「妳沒有答對啊。」

她尷尬地笑了笑，不確定主考官是否在稱讚她。

「妳要不要再試一次？」主考官相當親切地詢問。「妳有權再作答一次。」

很明顯地，那名女士根本不知道現在發生了什麼事。不過她豪氣地決定放手一搏，考試正式開始。

第一道考題是：「看過伊斯特利後，你還想待在英國嗎？」好吧，其實我根本記不得第一道考題或是其他任何考題。應試者不能攜帶紙筆，所以我既不能抄寫筆記，也不能用鉛筆計算自己的牙齒數目。總共有二十四道複選題，你只有三分鐘可以應答。基本上來講，你要麼就是非常確定答案，要不然就是根本毫無頭緒。答題完畢後，我走到主考官座位旁，等待電腦計算成績，嗚，電腦花了很長的一段時間計算，不過好在主考官笑容滿面地通知我好消息，雖然他也不知道究竟我答對多少題，因為電腦只顯示測驗通過了。

「我會把測驗結果列印出來。」他說。我們又花了一段時間等待。我以為他會給我一張用羊皮紙謄寫的精美證書，堪比攀登雪梨港灣大橋或維特羅斯連鎖超市（Waitrose）烹飪班提供的那種，但他只給了我一張薄薄軟軟的列印紙，上面註明我的知識程度足以應付現代英國生活。

我笑容燦爛得不輸那名中東女士（我最後一眼看見她時，她似乎正在和鍵盤搏鬥），本人心情愉悅地離開韋塞克斯大樓，一股興奮之情熊熊竄起。太陽耀眼如常。對面的巴士站裡有兩個穿厚夾克的男人正在喝早餐的黑啤酒。一隻鴿子一邊啄食菸屁股一邊排泄。現代英國生活看起來，還滿不錯的。

IV

約莫是隔日，我和可愛又仁慈的出版商拉瑞．芬雷（Larry Finlay）在倫敦共進午餐，討論我的下一本書。拉瑞這人一點都不無聊，也因此我提議了許多無聊到有點誇張的主題——瑪米．艾森豪威爾（Mamie Eisenhower）的傳記、關於加拿大的散文等，看看他會用什麼怪點子來否決我。

「你知道嗎？」他說，「《哈！小不列顛》出版已經二十年了！」

「是喔？」我回答道，原來時間就這樣無聲無息地消逝了。

「你從來沒想過要寫續集嗎？」他語氣很輕鬆，但我從他的虹膜中看見一絲不尋常的閃爍光芒。

我想了一會兒，「其實現在這個時間點滿巧妙的，」我回答，「你知道嗎？我正好要參加英國公民考試。」

「真的？」他回答。他的眼神越來越明顯開始閃閃發亮。「你要放棄美國公民了？」

「沒有，我會保留美國身分，但是要拿雙重國籍。」

拉瑞的腦袋開始快速飛轉，他開始思考市場計畫，要張貼在地下鐵的海報已經展開，不要太大的，可以用小一點的尺寸……「你可以好好利用新的英國身分。」他說。

「呃，我不想再去那些老地方，寫一堆一模一樣的事。」

「那就去沒去過的地方啊，」拉瑞附和我說，「可以去……」他快速地思考了一下有什麼根本沒人會去的怪地方，「博格諾禮吉斯啊。」

我興味盎然地看著他，「我這個星期已經第二次聽見這個地名了。」

「這就是徵兆。」拉瑞。

當天下午，我回到家從抽屜拿出那本老舊到快要鬆散開來的《不列顛地圖集》（*AA Complete Atlas of Britain*）（這地圖集真夠舊了，裡面連M25公路都還沒蓋好），隨手翻了一下。我非常想知道英國大陸最遙遠的兩點距離為何？很明顯地，那絕對不會是《學習指南》說的從地角到約翰奧格羅茨（依據《官方學習指南》提供的答案，英國大陸最遙遠的兩點距離為蘇格蘭北海岸的約翰奧格羅茨到英格蘭西南方的地角，兩地相距一四〇〇公里。事實上，以地圖看來英國的最北端並非約翰奧格羅茨，而是往西十三公里左右的鄧尼特角（Dunnet Head），兩者位在同個海岸線，但鄧尼特角往北延伸了至少六塊地。不過麻煩的是，若你想從地角旅行至約翰奧格羅茨，取道必得蜿蜒曲折。但是若非直線進行的話，那麼任何地圖上的兩點都有可能成為英國大陸最遙遠的距離不是嗎？我想知道的是不涉險海道的直線最遠兩處。我拿出一把尺丈量地圖，赫然發現最遠的直線兩點並非地角至約翰奧格羅茨，而是地圖左方少有人跡的蘇格蘭憤怒角（Cape Wrath）至博格諾禮吉斯，想不到吧。

拉瑞說得沒錯。這就是上天給我的徵兆。

我用大約一秒鐘的時間思考以布萊森線（The Bryson Line）為主軸穿越不列顛的可能性（我以本人之名為此線命名，畢竟我是該線的發明者），但是我很快就發現這條路徑不但不可行也毫無吸引人之處。沿著布萊森線旅行意味著我必須穿越民宅、踩踏他人花園、以身涉水、橫跨草原，聽起來滿瘋的。假使我想要稍微文明點，那表示我必須不斷地在麥克爾斯菲爾德（Macclesfield）或伍爾弗漢普頓（Wolverhampton）這類的郊區穿梭，這似乎是相當倒胃的旅行。不過，我決定讓布萊森線作為此行的精神指引，並由兩點進出英國，若在方便我也沒忘記的情況下，我也可能實際探查布萊森線，但一切隨緣。就當作這是「私人通行權」（terminus ad quem）的起點好了，管它這是什麼意思。我會盡其可能地避開上次旅行時造訪過的地點（我可不想氣喘吁吁地站在某個定點唏噓過往，這對老人來說太淒涼了），我希望造訪新的城鎮，並以沒有偏見的全新眼光觀看不列顛。

我對憤怒角很有興趣。我對該地一無所知，只知道那裡八成可以停放大型休旅車，聽起來那是個粗獷、艱險、有著巨浪拍岸，極度適合勇者的地方。當偶遇的人問起我旅行的目的地時，我可以遙望北方以堅定的神情回應：「天意要我去憤怒角。」可想而知，對方會以仰慕的語氣回應：「噢，好遠呀。」我會面帶滄桑地說道：「嗯，希望那裡至少有可以喝茶的地方。」

不過在展開遙遠的冒險之前，我還要穿越數百哩造訪英國歷史小鎮和鄉村美景，而且我必須先前往位於英國海岸的博格諾禮吉斯，這美妙的地方。

Chapter 1

Bugger Bognor!

該死的博格諾！

對很多人而言，博格諾並沒有那麼糟。畢竟該地擁有海灘以及蜿蜒的水泥步道，以及雖然稱不上繁華倒也小巧、整潔的市中心。不過我必須承認，博格諾就差不多是這樣了。以網路搜尋博格諾，第一個跳入眼前的就是霍頓公園，第二有名的則是電動輪椅店。

◆

在我出發前往博格諾禮吉斯前，我只知道如何正確地拼出該城名字，以及一則相關趣聞；英國歷史上曾經有位國王在臨終前苦澀地呼喊「該死的博格諾！」後，驟然斷氣。然而，這位國王的名號，以及為什麼他要在臨終之際慘慘呼號這英國海岸中小型觀光城鎮的名字，我實在不明白。

後來我才知道，傳聞主角正是英王喬治五世（King Geovge V）。一九二九年，御醫道森動爵（Lord Dawson of Penn）建議喬治五世前往海岸享受海風陣陣吹拂以緩解肺疾的不適，因此喬治五世初次造訪博格諾。道森勳爵除了建議患者旅行之外，別無良法，此舉徹底坐實了他庸醫之渾號。事實上，有人甚至撰寫短詩諷喻道森勳爵的昏惡醫術，那首詩是這樣寫的：

道森勳爵
毀人無數
吾等誠唱
天佑吾皇

喬治五世並沒有特別偏好博格諾城，他會出現在該處完全是因為貴族密友亞瑟．迪．克羅斯爵士（Sir Arthur du Cros）於此建立卡格維爾大宅（Craigweil House），專供國王私人使用。卡格維爾大宅外觀奇醜無比，使用上也極為不便，國王對大宅並無好評，但在海風的數月吹拂下，喬治五世確實康泰了起來，並且返回倫敦。若是喬治五世對博格諾懷有任何美好回憶，也無史可尋。

六年過去了，喬治五世宿疾復發，瀕死之際，道森勳爵柔和地安慰他馬上就可以回到博格諾城度假……「該死的博格諾！」國王高呼臨終之言，並就此辭世。基本上後人多半視此說為雜談軼事，不過喬治五世傳記作者之一的肯尼斯．羅斯（Kenneth Rose），卻認為傳聞徹底符合喬治五世的爛脾氣。

由於國王的短暫留宿，該城城民請願獲得「禮吉斯」封號，並於一九二九年獲得許可，有趣的是，博格諾就在獲得榮耀冠冕的同時，緩步墜入毀滅。

博格諾和其他英國海濱城鎮一樣，都曾有段風光的日子。許久以前，打扮華貴的人士蜂擁至濱海之城，享受週末閒情。博格諾設有皇家劇院（Theatre Royal）、大型庭園與名不副實的療癒館（Kursaal）[1]，雖然後者醫學功效不得而知，但遊客們可以在當地交響樂隊的徐徐伴奏下溜冰，並在巨大的棕櫚樹下用餐。此景已悠然成往事。

博格諾堤防也處於半生半死的狀態。從前，該堤防蔓延了數千呎長，但是在數起火災與暴風雨的襲擊下，當局不得不縮減堤防的實際長度，今日，博格諾堤防只剩短短的九一．四公尺長度，距離海線還有一段距離。博格諾市每年會於堤防處舉辦鳥人比賽，參賽者利用自製飛行器——側邊架著火箭的腳踏車等，從堤防狂狂起飛。通常，鳥人們會短暫地停留在空中數秒後隨即墜入水面，讓圍觀者咯咯笑，由於堤防年年縮水，許多鳥人不得已直直墜擊在鵝卵石沙灘上，這實在讓人痛得笑不出來。二〇一四年，博格諾鳥人比賽正式停辦，並永久移往沃辛（Worthing）海岸，那裡的比賽獎金不但更高，堤防也確實防衛海線。

二〇〇五年，阿倫區議會（Arun District Council）組成博格諾禮吉斯重振委員會，並計畫吸引五億英鎊的資金投注於市鎮重建，以挽回該地長期萎靡的衰退狀態。然而隨著事態的自然演變，當局悄悄地將投資目標縮減為一億英鎊，接著又降到兩千五百萬英鎊。然而，上述的兩個投資金額似乎都還是顯得太過天真。最後，委員會認定唯一能達成的投資目標就是不投資，委員會達成決議後就此草草解散。據我所知，目前政府仍視博格諾如廢城，該地如同仰賴呼吸器維生的重症病患。

不過對很多人而言，博格諾並沒有那麼糟。畢竟該地擁有海灘以及蜿蜒的水泥步道，以及雖然稱不上繁華倒也小巧、整潔的市中心。緊臨海岸線的是布滿茂密樹林與幽森小徑的霍頓公園（Hotham Park）、可划船的小池塘以及模型鐵軌。不過我必須承認，博格諾就差不多是這樣了。以網路搜尋博格諾，第一個跳入眼前的就是霍頓公園，第二有名的則是電動輪椅店。

我漫步至海岸。不少當地居民也在此閒晃，享受日光。雖然現在才早上十點半，不過以陽光炙熱的程度看來，即便是英國佬，也難免想抱怨一番。原本我打算徒步前往卡格維爾大宅，一探國王舊宿，不過計畫很快地破滅，原本的大宅早已煙消雲散，並在原址興建起了集合式住宅。我轉而沿著羊腸小道往東朝費爾法（Felpham）的方向邁進，顯然這是所有散步者的共同目標，他們應該沒有迷路吧？

小道一側是粼粼波光的大海，另一邊則是整排的現代時尚住宅，家家戶戶砌起了高牆，免除與

1　此德語字為 Cure Hall 之意。

散步者四目相接的困窘。不過，房屋設計者顯然忘了當外人無法窺探窗內生活時，高牆內的人自然也無法享受外頭美景。如果這些時尚住宅的居民們想要觀看海景，就必須爬上樓坐在露臺上看海，順便接受我們無情的打量。小屋主人們在我們的眼前一覽無遺——他們是蒼白還是擁有古銅色肌膚、在喝冷飲還是熱茶，他們正在閱讀八卦小報還是《每日電訊報》（*Daily Telegraph*）。小屋主人們裝作毫不在意，但他們的舉止顯現出隱隱煩躁。他們真的很忙。首先他們必須假裝他們在露臺上根本看不見我們，接著他們要對下方放肆的眼神掃射視而不見，認為不斷移動的路人只是三百六十度海景的一小部分。嗯，這真的不簡單。

為了測試我的想法，我試著和小屋主人們做眼神的交流。我用一種「哈，我在這裡！」的笑容與他們打招呼，不過他們總是很快地轉移目光假裝我根本不存在，並將眼光拋向地平線的一端，遠至法國的迪奧普（Dieppe）或多維爾。有時候，當英國人真的好難。我的結論是，小道上的散步者才是真正的贏家，畢竟我們可以從頭到尾飽覽海景，也不用特意爬到顯眼高處，假裝沒人在盯著我們看。最棒的是，當天晚上我們就可以開車離開博格諾。

我計畫沿著海岸線乘巴士離開博格諾，前往布萊頓（Brighton），內心悄悄地為此激盪著。我從來沒能沿著如此漫長的海岸線旅行，因此興奮莫名。我列印了時刻表並選定了適合我的計畫，十二點十九分開的那班巴士，但當我頗有閒情逸致地漫步至站牌時，赫然發現巴士正冒著一大團黑噗噗的煙離我遠去。幾分鐘後我才了解到手錶電池早就壞了，上面顯示的時間顯然慢了許多久。既然還要等上半小時才有另一班車，索性找了附近的珠寶店，滿面愁容的男人告訴我更換電池至少要花費三十英鎊。

「但是這錶根本不值三十英鎊。」我抱怨道。

「所以它不會動啊。」他愛理不理地將錶遞還給我。

我等著看他是否懷有一丁點的同情心，願意悲憫這猝死的手錶，好歹這也算是一筆小生意。顯然他一點興趣也沒有。

「好吧，我得走了，」我說，「你繼續忙吧。」

他對我的嘲弄無動於衷，聳聳肩，對話就此結束。

我飢腸轆轆，但只剩下二十分鐘巴士就要來了，我只得衝進麥當勞。我不該這麼做的。說實在的，我過去在麥當勞有一小段故事。很多年以前某次家族旅行，一群小鬼在後座嚷嚷著要吃垃圾食物，我作爺爺的只好負責幫他們點餐。我在信封背後一一寫下所有人要的食物，總計兩輛車，十個人，接著走向櫃檯點餐。

「好！」輪到我時，我很堅定地向年輕服務生說，「我要五個大麥克、四個四分之一磅的起士漢堡和兩杯巧克力奶昔。」

這時有人跑來跟我說，有個小鬼頭想改吃雞塊，不要大麥克了。

「抱歉，」我道歉後繼續複述餐點，「那我要四個大麥克、四個四分之一磅起士漢堡和兩杯巧克力奶昔。」

這時候，有個小傢伙頻頻拉扯我的袖子，說不要巧克力奶昔，要草莓的。

「好，」我繼續向年輕的服務生點餐，「現在是四個大麥克、四個四分之一磅的起士漢堡、一杯巧克力奶昔、一杯草莓奶昔和三塊雞。」

我就這樣在櫃檯前不停地重複修正我們這群人龐大而複雜的餐點組合。

當餐點到齊時，年輕服務生一共給我十一個餐盤、以及三、四十個紙袋。

「這什麼？」我問他。

「你的餐點。」他回答道，並複述一次我的餐點，「您點了三十四個大麥克、二十個四分之一磅的起士漢堡和十二杯巧可力奶昔……」原來我每次修正餐點時，這位老兄就直接把修正的餐點加進去。

「我沒有點二十個四分之一磅的起士漢堡，我說了五次我要四個四分之一磅的起士漢堡。」

「就是這個意思。」他回我。

「這哪裡一樣？你也太笨了吧。」我說。

站在我身後排隊的兩個人開始幫那小夥子說話。

「你確實有點啊。」

值班經理走過來看收銀。「收銀顯示你點了二十個四分之一磅起士漢堡。」他的口氣像是確認凶刀上有我的指紋。

「對那是收銀記錄的，但我沒有點。」我說。

有個年紀稍長一點的小孩跑過來看我到底發生了什麼事。我一五一十告訴他災難的經過，他果敢地判決，要我把漢堡全部帶走，總之都是我的錯。

「我不敢相信你們全都這麼蠢。」現在圍觀的人數已達十六人，一些才剛走進來的客人也都加入麥當勞服務生聯盟。最後，太太走過來貼心地扶著我的手肘領我離開，就像是平常她引導情緒激昂的精神病患回房休息一樣。她客氣地和經理以及店員溝通一陣後，只花了三十秒鐘就帶著兩個托盤的食物離開，她警告我以後不可以再獨自走進麥當勞。

那次爭吵以後，我再也沒進入麥當勞，直到此時此刻。我內心忖度不要再惹出什麼麻煩，但麥當勞實在太容易讓我失控了。我點了一個雞肉三明治和健怡可樂。

「你要薯條嗎？」服務員問我。

我想了一下，並用從容大度但忍耐的口氣回他，「不要，所以我沒有點啊。」

「公司規定我們要詢問客人。」他回覆。

「通常如果我要薯條，我會說，『另外我還要一份薯條。』不是嗎？」

「公司規定我們要詢問客人。」他又說了一次。

「你想知道我最討厭吃什麼嗎？很多呀，事實上，麥當勞裡面除了我剛剛點的那兩樣東西以外，我都很討厭。」

「公司規定我們要詢問客人。」他用陰沉的語調又再度說了一次，並把餐點放在塑膠盤中央，用一點也不美好的口氣祝福我有美好的一天，暗示我離開。

我想，我還是沒準備好要接受麥當勞。

我必須搭乘海岸線七〇〇號從博格諾禮吉斯取道利特爾（Littlehampton）前往布萊頓，這聽起來應該是一部搭配渦輪引擎的時髦車輛。我想像自己在挑高的雙層空調巴士上，背靠著豪華的毛絨沙發，透過淡淡的染色玻璃遠眺湛藍海洋並快速穿越英式城鎮，那種染色玻璃總是美得讓你想轉頭問旁邊的人，「你覺得是玻璃染色的關係還是布萊頓的海真的那麼湛藍？」

結果，當巴士氣喘吁吁地抵達時，現實果然是殘酷的。單層巴士上沒有空調，並塞滿了冷冰冰的金屬手把和黏在地上的塑膠套裝座椅。這應該很適合當監獄移囚的巴士吧。唯一的好處是車票價格很便宜，才四．四英鎊，就可以把我送到霍夫，前天晚上我在倫敦喝的窖藏啤酒也差不多這價錢。

我仍舊滿懷興奮即將穿越一連串的英國小城鎮，期待它們稍有迷人之處，計畫將經過：利特爾、哥林海鎮（Goring-by-Sea）、安莫林（Angmering）、沃辛與肖勒罕（Shoreham）。我想像它們全是節奏愉悅、輕巧的地方，就像一九五〇年代瓢蟲童書描繪的一樣，優雅街道上盡是下午茶餐廳以及有著亮眼條紋的遮陽棚，販賣沙灘球與紙風車的商店，人們手上拿著色彩鮮豔的甜筒冰淇淋。但是在漫長的巴士旅程裡，我們離海岸線不只遠，也看不到任何城鎮。相反的，我們穿梭在無盡的郊區邊際以及雙向道與交流道之間，只能看見一間又一間的巨型連鎖商店（這真是現代英國生活的墮落表現）、加油站、汽車經銷處，花枝招展地展現這個時代的無敵醜陋。離開的鄰座旅客留下幾本閃亮的雜誌在椅背袋子內，我出於無聊和好奇，拿出來翻了一下。這些雜誌總是誇大強調一些毫無意義的標題：哈囉！好！現在！現在如何啊！現在還沒！而封面文字總是大肆討論女星們近來是否過肥，問題是她們看起來一點贅肉也沒有。我不知道這些人是誰，不過她們的生活讀起來相當有趣，我恐怕沒讀過比這更妙的文章了，有位女演員為了報復始亂終棄的交往對象，向他索求七千五百英鎊的陰部整形費用。這報復真的很狠。但是陰部要如何整形呢？加裝無線網路？泡三溫暖？可惜的是，作者並沒有為我們解答。

我讀上癮了。我聚精會神地閱讀女星們混亂豪華的生活，她們似乎是一群無腦、巨乳，然後熱愛尋覓可怕男人的女性。我已經開始習慣雜誌文風，另一篇文章一樣有著令人吃驚的標題：「別為了人氣殺死孩子！」這篇文章作者為凱特・普萊斯（Kate Price），也就是別名喬丹（Jordan）的女模特兒，如果有任何人想知道的話。此文針對年輕女星喬思（Josie）而寫，而我們的普萊斯小姐對用字遣詞顯然不是太計較，「我真的覺得妳超級噁心，不要以為隆乳和墮胎就可以成名！」雖然在理智和情感上我都站在普萊斯這一邊，不過喬思的文章似乎提出了有力的反證。

照片裡喬思看起來像是掛了兩顆派對大彩球在胸前，嘴唇則令人聯想到重創生態環境的污染油管。文章中寫道，「在短短兩個月內，她已經生了第三個兒子。」我想，即便對埃薩克斯郡（Essex）來的鄉下人來說，喬思的生育率也還是令人震驚。作者表示，喬思非常失望肚子裡的孩子又是男生，她一心渴望能有個女孩，因此，不斷地喝酒抽菸，向子宮表達抗議。事實上，喬思甚至考慮墮胎，而這正是她惹毛普萊斯的主因。此外，文章還提到目前有兩間出版社正考慮出版喬思的傳記。假如這件事和我的出版社有關的話，我會親自縱火，燒掉他們的辦公室。

我實在不希望自己聽起來像個老頭，但是這些人為什麼出名？她們何德何能可以成為世界名人？很明顯的，她們看起來缺乏智慧、才能，也沒有任何的吸引力或魅力，所以，是因為腳很修長，還是沒有口臭？我真的無言了。基本上，她們根本像異次元來的生物，有著古怪的名字，像是：利—利、吐利沙、那亞、蕎、凱—培斯、查菈米迪亞、妥思—爾、智—障。（好吧，有些是我自己瞎編的。）我邊讀文章，腦裡不斷浮現五〇年代 B 級電影會出現的廣告臺詞：「她們來自蠢蛋星球！」

不管她們究竟是何等生物，都已經占據了整個世界。一名從利特爾上車的小夥子，在我前方一屁股坐下，並證實了我的說法。他無精打采地穿著垮褲，頭上戴著過大的棒球帽，如果他的耳朵沒有卡住帽子的話，恐怕帽子就掉下來了。棒球帽的帽沿扁平且相當巨大，上面還有著像是閃亮立體貼紙的標籤。帽子的正面則用大寫字寫著「服從」。他的耳機不停地接收從頭蓋骨內傳出的神祕訊號，而他的大腦或許就像微塵一般漂浮在星際，這一切跟追尋希格斯玻色子（Higgs boson）差不多複雜。如果你聚集全英國南部所有會穿戴類似垮褲與棒球帽的男孩，他們加起來的智商恐怕不會比任何笨蛋強。

我翻開另一本雜誌《你給我閉嘴！》（*Shut the Fuck Up!*）。依個人淺見，凱特・普萊斯真是人生導師。她在本書侃侃而談自己複雜的感情生活，包括三段婚姻、兩次失敗的訂婚紀錄、數個小孩，以及另外七段短暫的感情，這不過是她最近的感情生活狀況而已。基本上來講，普萊斯小姐對她的現狀相當不滿意，特別是最近的一段感情。她和一名叫做肯恩安（Kieran）的男子結婚，看起來肯恩安最大的長處就是有一頭向上直翹的有趣髮型。當該男搬進普萊斯那有著一千一百個房間的大豪宅後，就立刻和她最好的朋友（這應該已經是過去式了）勾搭上。不過還不只這樣，普萊斯發現她的另一個好友也不斷地誘惑肯恩安。普萊斯當然氣炸了。我想她應該會在自己的白金漢宮進行陰部整形手術吧。

翻到下一頁，我發現一對很感人的情侶，山姆與喬伊，我完全看不出他們有任何一丁點的才華。或許讀者們會比我更有靈感。這對情侶顯然事業有成，他們希望能在埃薩克斯郡找到房子，他們的友人說：「最好是城堡。」此時此刻我想我的腦力已經徹底衰竭，只好放下雜誌，遠觀窗外郊區風景。

我在腦部斷斷續續地抽搐疼痛中緩緩進入深沉睡眠。

我突然驚醒，並且不知道自己身在何處。巴士正停在充滿綠意的超長型公園旁，人來人往。公園的其中三面被小型旅館與公寓圍繞著，第四面則是海景。我窗戶旁邊正是從公園蜿蜒而伸的步道，風景迷人。這裡大概是霍夫吧？我急急忙忙地下了巴士晃蕩了一陣，思索如何才能知道自己身在何地。總不能問路人：「不好意思，我在哪啊？」我逛了一會兒才發現告示牌上標示著：沃辛。

我在瓦席克街（Warwick Street）上冒險了一番，喝了杯茶，再前往海岸邊，海岸被醜陋的停車塔給占據。你不免揣測當年政府官員是否如此提議：「嘿，我有個想法，不要在海邊蓋什麼漂亮的旅館或公寓，來弄個停車塔如何？這樣一定可以帶來人潮。」我還突發奇想打算徒步走到布萊頓，但是放眼望去，我唯一能見得的地標正是布萊頓，依據手中英國陸軍測量局所制訂的地圖看來，兩地少說也有十二公里遠，此時此刻我絕對沒有夢想來一段艱鉅漫長的徒步旅行。

我上了另一輛巴士，這輛巴士是剛剛那輛巴士的複製品，並立刻接續起我未完成的噩夢。一開始風景還稱得上迷人，但很快地眼前只剩廢料場、建材廠、修車廠，就在經過超大型發電廠不久後，我們轉往肖勒罕前行。前方施工中，我們很快就陷入車陣動彈不得，我再次進入夢鄉。

我在霍夫醒來，這完全符合本人的期待，趕緊以一貫的匆忙步伐跳下巴士。不久前我才閱讀喬治·艾佛勒斯（George Everest）的傳記，珠峰即是以此人之名而命名的[2]。艾佛勒斯葬於霍夫的聖安德魯教堂（St Andrew）的，我打算一探究竟。在我讀傳記以前，從來沒想過珠峰之名究竟從何而來，在我閱讀傳記後，更加確認珠峰與喬治根本毫無關聯。基本上喬治根本沒有抵達珠峰，而不管在印度或其他他到過的地方，他從來對登山活動都興趣缺缺。

一七九〇年喬治・艾佛勒斯生於格林威治（Greenwich）的律師家庭。他於馬洛（Marlow）和伍爾維奇（Woolwich）就讀軍校，並以探測員的身分前往遠東探查。一八一七年，他被派往印度海得拉巴（Hyderabad），並擔任大三角測量的主要助理。該計畫目的在於藉由測量印度的經線弧度，判斷地球圓周。計畫主持人威廉・萊姆頓（William Lambton）為史上少見的妙人，幾乎所有關於他的紀錄都相當含糊。依據《牛津國家人物傳記大辭典》（*Oxford Dictionary of National Biography*）記載，萊姆頓生於一七五三年至一七六九年之間——這範圍實在太大了吧。不管是他的成長地方、早期生活或教育背景，都無人知曉。唯一可以確定的是，他在一七八一年加入軍隊，前往加拿大調查該國與甫創立的美國邊界，隨後前往印度探勘。萊姆頓於印度萌生了測量經線弧度的想法。他投入此測量計畫長達二十年，直至一八二三年猝逝為止，然而他去世的時間、地點與原因，仍舊不為人所知。喬治・艾佛勒斯僅完成了大三角測量計畫，雖然此舉極富意義，但他僅測量到喜馬拉雅山而已。

艾佛勒斯晚年照片毫無笑容，整張臉都被白色鬍鬚與頭髮覆蓋住。他在印度的生活並不順遂，整整二十年陷入傷寒和慢性腹瀉、高燒之中，多數時候他都臥病在床無法工作。艾佛勒斯於一八四三年返回英國，當時珠峰尚未以他命名。珠峰應是全亞洲唯一以英文名字命名的山脈。英

2——珠峰英文為Mount Everest，以喬治・艾佛勒斯為名。

國製圖師多半會謹慎地保留地方慣用地名，但珠峰的別稱眾多——蒂歐杭嘉（Deodhunga）、蒂凡杭嘉（Devadhunga）、貝拉凡堂（Bairavathan）、貝兒拉芙安岡（Bhairavlangur）、納爾桑爾塔拉（Gnalthamthangla）、珠穆朗瑪（Chomolungma）等等，所以製圖者根本難以抉擇。當時英國人多稱珠峰為XV峰，沒有人知道該處為世界第一高峰，也因此，當製圖師將該處命為珠峰時，並沒有引起任何注意，但也毫無紀念謳歌之圖。最終，大三角測量計畫大多不準確，不管是艾佛勒斯或萊姆頓，都毫無所功。

附帶一提，今日所有人稱呼其名為艾—佛—勒—斯，然而喬治．艾佛勒斯的本名發音僅為雙音節的艾佛—勒斯，也因此，珠峰不但以不合理的對象命名，還錯發其音。艾佛勒斯享年七十六歲，並於倫敦海德公園逝世，但卻意外地被送往霍夫埋葬。艾佛勒斯與該城甚至全薩塞克斯郡（Sussex）皆毫無關聯，此謎至今無人可解。對我而言，世界最高峰竟然以不相干之人命名，又進而錯發其音，此中詭異實在妙不可言。

聖安德魯教堂滿搶眼的，巨大深灰色的外型，並有著正正方方暗色高塔。教堂門外大看板寫著：「聖安德魯教堂歡迎你。」然而牧師姓名、教堂開放時間與電話號碼則空白未填。教堂旁空地有三群人正在喝啤酒享受陽光。其中最靠近我的一群人中有兩個傢伙正大聲爭辯，我聽不太清楚究竟在吵什麼。我四處看了看墓碑，經過歲月的積累摧殘，多數墓碑早已難以辨識。艾佛勒斯先生的墓碑在霍夫鎮帶著海鹽味的強風陣陣吹拂一百五十年後，八成僅剩斷垣殘壁。剛剛氣急敗壞爭吵的其中一位老兄此時站起身來，走到教堂牆壁邊小便，他似乎對我挺有興趣，邊尿尿邊回頭用粗魯的口氣問我在找什麼？

我告訴他自己正在尋找喬治・艾佛勒斯的墓碑。他用令我訝異的溫和語氣回應道：「喔，在那邊啊。」他用下巴指了指不遠處的幾座墓碑。「大家用他的名字為珠峰命名呀，但他根本沒看過珠峰啊。」

「我有讀過這故事。」

「白痴混帳。」他回應，並用輕巧的方式將生殖器攏回褲襠，看來似乎相當滿意。

這就是我在英國旅行的第一天。我相信，未來只會更好，絕無可能更糟了。

Chapter 2

Seven Sisters

七姐妹巖

七姐妹巖爲英國最棒的登山步道之一。黑文峰視野絕佳。放眼望去即是連綿不絕的山丘，山峰的盡頭則是陡峭的白色懸崖。在所有和今天一般晴朗的日子裡，七姐妹巖就是綠草地、白色懸崖、湛藍深海與朗朗白日的一派風景。

◆

有位素未謀面的女士三不五時會寄預防中風的電子郵件給我。

「如果你覺得手指麻麻的，」其中一封郵件寫道，「你有可能中風了。請立刻尋求專業醫師協助。」（信件內充斥著許多突兀的大寫與斜體字，加強其重要感。）另一封信件則表示：「如果你有時候想不起來把車子停在停車塔的哪一層，你有可能是中風了。請立刻至急診室報到。」

不可思議的是，她的信件總是精準地描述我的處境。她描述的數百種狀況都適用於我。幾乎每隔幾日，我就會理解到新的中風徵兆。

「如果你覺得耳垢比平常還多……」

「如果你有時突如其來打了噴嚏……」

「如果你的生日每年都發生在同一日……」

「如果讀完中風警告信件後，你開始擔心自己會中風……」

「如果你有上述症狀，或任何其他症狀，請趕快就醫。你的大腦皮質內恐怕已有拳頭大小的栓塞徵兆了！」

我認為這些中風警告信函證明了，你在中風前一秒進行的任何事務正是你中風的原因。最近警告信函特別針對那些無視中風前兆的讀者施壓。「當多蘭的丈夫哈洛洗完澡時，雙耳通紅無比，他沒有予以理會，」信件繼續描述，「可惜啊，這就錯過了黃金時機。不久後，多蘭發現結縭已四十七年的哈洛整顆頭浸泡在早餐穀片裡。他中風了！他錯過了急救的黃金時間。現在他成了植物人，每天下午只能看益智遊戲節目。千萬不要讓慘劇再次發生！」

我不需要看任何警告小語就知道自己身體狀況不佳。我站在鏡子前面，把頭抬高，看看鼻孔。說真的，這並不是我的嗜好，從前我只會看見兩個黑色鼻孔，但是現在我看見的是整片黑森林。鼻孔內塞滿了奇形怪狀的纖維物——那不像是毛髮，看起來反倒像是椰殼纖維地墊。真的，如果你細細拔起椰殼纖維地墊上的粗糙纖維，然後把四成的纖維放進左鼻孔，四成的纖維放進右鼻孔，剩下二成的纖維放進耳朵，你就會擁有和我一樣別緻的鼻毛和耳毛。

老天，誰可以跟我解釋這一切，為何我的身體突然積極生產鼻毛與耳毛？這好像上天跟我開了一個驚悚而殘忍的玩笑：「比爾，壞消息是你會開始整組壞掉，智力感官功能一一衰退，性生活比月蝕還罕見，不過好消息是，你可以用大量的鼻毛編點什麼東西。」

另一件老人最擅長的事，就是長腳趾甲。這真的無解。我的腳趾甲現在比鐵還硬。當我剪腳趾甲時，會有火花激射迸出。如果有敵人要攻擊我，我已準備好整套的腳盔甲防衛系統。

當你開始變老時，最難面對的就是一切盡往下坡走的感覺。我的今天已經夠糟了，但是下個星期或是下下星期還會更不堪。我這幾天才被一件事擊倒，原來我已經老到超過發生早發性失智症的年紀了。我可能會有失智症，但不能稱其為早發性失智症。未來我有可能變得虛弱、產生肝斑、禿頭、老衰、排尿障礙，我的雙手或頭部會出現紫色瘀青，讓人以為太太在家拿木杓子揍我（有這種可能性）。此外，我還有可能會嚴重重聽。這還是最好的情況，表示我還在健康範圍內。如果再糟一點，就會需要導管、有安全護欄的床、用塑膠管供給血液、療養院，還需要有人把我抱來抱去好排便，我會看著窗外遙想四季——但這真的都還在可接受的健康範圍內。

為了平撫中風警告信函帶給我的驚嚇，我研究出兩種最簡單的方法避免中風。第一種就是搶先死於其他病因。第二種就是做點運動。為了減緩死神到來的腳步，我試著跑跑步。所以就在我從博格諾轉往霍夫的第二天，我決定前往東方約十五哩處的七姐妹巖，七姐妹巖為薩塞克斯海岸周邊著名群峰的合稱，我沿著陡峭小徑與呼嘯的撲面強風，往黑文峰（Haven Brow）走去。

七姐妹巖為英國最棒的登山步道之一。黑文峰視野絕佳。放眼望去即是連綿不絕的山丘，山峰的盡頭則是陡峭的白色懸崖。在所有和今天一般晴朗的日子裡，七姐妹巖就是綠草地、白色懸崖、湛藍深海與朗朗白日的一派風景。

我個人認為，英國最美的就是鄉村風景，遠勝其他事物。全世界沒有任何地方像英國一樣以如此廣泛而密集的方式運用土地——採礦、農業、鑽探事業、大幅開展的城市與工廠以及蜿蜒盤繞的鐵路與公路，但是英國仍舊保有令人讚歎的風光景致。這真是人類歷史上最美好的意外。所有人都知道，英國缺乏任何特殊地形或自然奇觀；沒有高山峰也沒有大裂谷，沒有峻峭出奇的峽谷也沒有巨大瀑布。不過，僅僅擁有小巧美好景致的英國人仍舊妥善運用時間改善環境，英國人發揮巧思把整個國家規劃成一座大型公園，並有整齊有致的大城、個性獨具的小鎮、適合老奶奶漫步的海灘與堅固的房屋等；全英國一三〇三二三〇〇．七公頃土地上有著無數夢幻尖塔，三不五時可瞥見大型教堂和四散的城堡，到哪都有修道院與怪異建築物、樹林、蜿蜒無盡的山路、四處吃草的綿羊以及營養過剩的灌木叢，英國人悉心呵護，並且巧手打理，儘管他們沒有刻意強調美感，但一切的一切加總起來，展現出如此不凡的美。這確實令人敬佩。

漫步其間，妙不可言。英格蘭和威爾斯共計有二〇九二一五．五公里長的公共步道，平均每二五九公頃的區域就設有三．五公里長的步道。英國人真是身在福中不知福。如果你和我的老鄉，那些美國中西部的人說週末想在田野間散散步，他們恐怕會以為你瘋了。這根本是不可能的事。你沒走幾步路就會遇上鐵絲網和柵欄，那裡沒有旋轉門、沒有圓形小柵欄、沒有親切的登山指示牌告訴你該往何處走。你應該只會遇到拿著獵槍口沫橫飛的農夫，質問你在他的苜蓿叢裡幹什麼好事。

所以我喜愛和崇拜英國的其中一個原因就是你可以在一望無際的田野間散步。當時我人在南部丘陵步道區（South Downs Way）漫遊，該步道位於溫徹斯特（Winchester）與伊斯特（Eastbourne）之間的南岸，距離達數百哩長。數年來我淺探過無數步道，這是我的最愛之一。我左手邊是略顯金色與綠色的圓圓鼓鼓的山丘，右手邊是無邊無際的湛藍海洋。我的正前方是奇異燦白的石崖。如果你膽子夠大，或許可以爬到高處一探究竟。你會發現六〇．九公尺以下正是礁岩海灘。不過沒有人敢如此嘗試啦。畢竟這實在太危險足以讓心臟爆裂。懸崖邊緣陡峭易碎，也因此所有旅客都緊繃地與崖邊保持距離，連野狗在目測懸崖險境後，都立刻緊急煞住拔腿就跑。不過懸崖小路沿線都是綠油油達數百碼寬廣的草地，無數的羊兒會在此吃草，因此即便兩光到會被停車場自動欄杆擊中頭部的遊客，也可以在此盡情地遊走，並且平安歸來。

南部丘陵步道區不但風景很美，而且發展得滿好的；在七姐妹巖與伊斯特半路間的貝爾靈峽（Birling Gap）那兒原本開了一間外觀淒慘的咖啡店，但是英國國民信託組織（National Trust）顯然相當具有生活品味，將此咖啡店巧手改為放滿手工木製桌椅並且可以眺望無敵海景的潮店，如今咖啡店裡坐滿了穿著高檔巴伯（Barbour）風衣的遊客。咖啡店旁邊不但有乾淨的洗手間，也有一間附屬於博物館的禮品店，許多人大手筆地買下十英鎊的高價薑味餅乾，只因為博物館的餅乾錫盒頗有別緻感。博物館規模雖然迷你但卻別出心裁地滿足了旅客們知性與感性的雙重需求，博物館解釋薩塞克斯海岸的地理特徵，包括該海岸以每年五分之二米的高度淪陷，而貝爾靈峽下沉的速度更為兩倍之譜。原本英國國民信託組織咖啡店對面是整排頂樓有著精巧花園的房屋，現在只剩下四間，其中最後一間看起來已經快要陷落到海灘上了。

有趣的是，原來七姐妹巖區不但包括黑文峰、短峰（Short Brow）、粗峰（Rough Brow）、黃銅點（Brass Point）、平丘（Flat Hill）、貝利丘（Bailey's Hill）、過丘（Went Hill），還包括海灘貝爾陶特（Belle Tout）與海灘岬（Beachy Head），這意味著我並不是在爬七座山，而是九座！難怪我早累得不成人形。一察覺到這可怕的事實後，我立刻用英國國民信託組織咖啡廳裡的有機氣泡水與高級三明治來刺激自己，並繼續這段寂寞而漫長的旅程。

當我們穿越貝爾靈峽後，眼前又是似曾相識的山間小路，漫漫無止境。如同二戰時期畫家法蘭克·紐邦（Frank Newbould）所繪的海報，牧者領著群羊越過低矮山頭，此情此景深深映入眾人腦海中，成為永恆印象。海報下方中央則是可愛的農人小屋，對面山頭則是著名的貝爾陶特燈塔，遙遠村莊外可見海天一色。畫面下方寫著：「讓我們為了英國起身奮戰吧！」我一直覺得很好笑，難道一九三九年的英國沒有其他事物更值得人們起身奮戰嗎？為了鄉村景色而戰鬥？不知道這海報對現在的英國人來說還有沒有激勵效果。紐邦的海報並非全然寫實，他修改了山丘的形狀、並將農田繪製得更為錯落有致，他悄悄修改小路的蜿蜒弧度，不過此番景色仍舊頗為真實。七十年前英國畫家曾經細心繪製此地景色，如今山丘神采依舊。

不過我們可不能認為英國鄉村景色將會永恆存在，這種視萬事萬物為理所當然的想法實在太過危險。可惜的是，讓英國地景如此平靜而獨特的主要因素早已不復存在。灌木叢、鄉村教堂、石製糧倉、鳥鳴以及隨風搖曳的野花、在海風吹拂的荒原中徐徐踱步的綿羊、鄉下小商店和郵局，這些對當權者而言根本毫無經濟價值。事實上，以英國經濟而言農業早已舉足無重，農業僅占國內生產毛額之百分之〇．七而已，就算農業在今日終結，英國的經濟根本不會受到分毫動搖。英國政府從未試圖保護鄉間特有的風土景色，難道他們寄望英國鄉村的特色景致能夠自己延續下去嗎？這不啻為最愚蠢、盲目而荒誕的想法，別以為鄉村會自行保持美麗與優雅，不可能的。

貝爾陶特燈塔也曾深陷瀕死之險。該燈塔於一九〇〇年退役棄置。第二次世界大戰時加拿大軍隊將燈塔用來練習打靶。二戰後地方政府曾經試圖修復燈塔，然而至二十世紀末期，燈塔開始以極緩慢的速度墜入海面。因此，許多善心人士募款以陸上遷移的方法，將燈塔以鐵路運往安全之處，此地點距懸崖邊至少數碼遠。除非未來該處岩崖亦開始崩塌，否則燈塔還可以矗立數十年。

越過貝爾陶特燈塔後，山路瞬間陡降至海平面，接著又陡升至海灘岬峰頂。沿途皆是一望無際的草原帶，雖然走起來不似高爾夫球場平坦順暢，不過當你步行到海灘岬峰頂時，就能觀賞著名的紅白雙色海灘岬燈塔矗立於海面，遙望懸崖邊際。

峰頂顯然是一片平坦，大型游覽車紛紛於此停泊休息，而來自全國各地的小學生們蜂擁下車狂扔垃圾，我想這應該是英國人的傳統吧。洋芋片塑膠袋、巧克力包裝夾雜在金雀花和蕨菜之間搖曳，上天保佑這些可愛、放縱的小靈魂，不過，我很慶幸整趟旅程之中只有此處可被稱為垃圾場。

越過海灘岬之巔，路徑導引我們前往一處類似大型公園的平坦草原，幾處向下蜿蜒的小路則通往老舊的觀光城伊斯特。伊斯特城有著遼闊的海岸線以及金黃色沙灘，光是看著浪頭一波未平一波又起的追逐也煞有滋味，可惜的是，前景卻有一棟稱作「南岸風光」的奇醜大廈硬生生矗立著，好令人分心啊。是誰允許如此醜陋的建築物存在於這世界上？我們對此無能為力了是嗎？這世界上充滿了許多根本不該存在的東西，你還記得艾力克．皮克斯（Eric Pickles）[3]那傢伙吧。

不過就其他方面看來，伊斯特絕對是個還不錯的地方。海濱步道景色宜人，一面是寬闊海景，另一面則是大型住宅或時尚旅館，步道最終通往傳統老式碼頭，這絕對是全英罕見的古典碼頭場景之一。就在我拜訪伊斯特碼頭不久後，該處慘遭祝融侵襲。英國的海灘碼頭似乎特別易燃，這點令人摸不著頭緒，不過好在報導表示該處將被悉心修復，敝人感到十分安慰。畢竟，讓古典碼頭消逝絕對會是憾事一樁。

3　英國保守黨政客。

伊斯特城的老派讓人感到無比安心，而我時常光顧的法沃羅素咖啡店（Favo'loso）就是個能夠留住老時光的地方。法沃羅素美不可言。她像是永遠停留在一九五七年，也讓人像是走進克里夫・理查德（Cliff Richard）那部《夏日奶昔》（*Summer Milkshake*）？《假日冰淇淋》（*Ice Cream Holiday*）？還是……的電影場景裡。法沃羅素一塵不染、優雅，透著細微亮光，事實上，那裡籠罩在純然復古的光暈之中。食物不錯，服務生不但親切也很迅速，價格合理。一切都令人滿足。東薩塞克斯郡最令我流連往返的就是法沃羅素，要說是全英國南部也行。不過在我離開薩塞克斯郡的兩天前嘗試搜尋法沃羅素的地址，卻意外連結到貓途鷹（TripAdvisor）旅遊網站[4]，發現原來大部分旅客對該處印象頗差。有個旅客形容自己對法沃羅素非常「吃望」（Dissapointed）。好吧，拜託請記得基本原則：如果你連「失望」（disappointed）都無法好好拼出來的話，麻煩還是不要參與公眾議題討論。

我看了一則又一則的評論，幾乎所有旅客都對法沃羅素反應冷淡，也沒有人在乎咖啡店精心保存的舊日時光。事實上，許多旅客批評法沃羅素的裝潢老派土氣，需要好好整修一番。這真讓人感到絕望。我們生活在一個不講究傳統、品質與品味的時代，而這些有拼字障礙的人還掌握了人類未來的命運。這是真的嗎？如果用貓途鷹使用者的水準來形容的話，未來前途真令人擔憂啊。

4——貓途鷹旅遊網站：www.tripadvisor.com。

Chapter 3

Dover

多佛

我對多佛有特殊的情感，或許那不見得是什麼好感，但多佛對我就是有特別的意義，好難解釋啊。或許那是因爲在我第一次踏上英國土地時，該地正是多佛吧。所以，以全英國來說，多佛應該是我最熟悉的地方。然而，每一次造訪多佛，我都發現該處正在慢慢凋零。

◆

有個問題比你想像的還難回答：英國算是大國還是小國？

從某方面看來，英國算是自給自足的小國，其領土可說是一小撮漂於歐洲西北邊緣冰冷海面的團塊。以全世界總面積而言，英國僅占了百分之〇・〇一七四〇六九。（說實話我並不敢擔保此數據的準確度，數年前當我為報刊撰文時，十三歲的兒子幫我計算出此數值，雖然他年紀尚小，但手中卻有一臺約莫有兩百個按鈕的計算機，並且信心滿滿。）

然而，以另外一種觀點看來，英國絕對舉足輕重。事實上，英國為世界上第十三大的陸塊，而超前者尚包括四大洲——澳洲、南極洲、美洲與歐亞大陸（地理學家根本是肛門期未滿又缺乏想像力的傢伙，才會將歐亞大陸視為單一陸塊）。世界上僅有八個島嶼面積勝過英國，包括：格陵蘭、新幾內亞、婆羅洲、馬達加斯加、巴芬島、蘇門答臘、本州島和溫哥華。以人口看來英國為島嶼國中人口數排名第四的國家，僅次於印尼、日本與菲律賓。若以財富看來，英國排名第二。若我們將音樂、古老石造建築、各式各樣的水煮甜點或是因為氣候因素而取消上班等條件都予以考量的話，英國絕對是第一強國。而且，由於英國從北到南僅有七百哩，國土面積狹長，也因此任何人離島嶼邊緣的距離最多也不會超過七百哩。

上述種種原因讓我認為，以單　國家來講，英國的大小恰到好處。若說英國小，那她小得很舒適很適合旅行，若說英國大，她則大到足以擁有獨立而活潑的文化場景。如果全世界都將在明日消失獨留英國，那麼我們仍然得以擁有絕佳的文學、劇場、脫口秀、大學以及具備精湛技術的外科醫師。（而且英格蘭還可以每年贏得世界盃，蘇格蘭則會順利進入預賽。）要是其他國家獨存，情況就不同了。若加拿大成為世界上唯一的國家，世界將會變得更善良、很有禮貌，但天天都得打冰上曲棍球。如果澳洲獨存，我們每天都可以衝浪和吃超棒的烤肉，但是若想聽點音樂，凱莉・米洛（Kylie Minogue）恐怕就會是唯一的選擇，這實在離完美狀況有點距離吧。

奇妙的是，超級冷門的牛隻攻擊話題讓我第一次注意到原來英國的國土面積如此剛好。或許大家應該多多關注牛群攻擊問題。好多年以前，我人在南部丘陵步道區，同行的登山雜誌記者第一次向我提起牛隻攻擊事件。當時我獲選為英國鄉村保護委員會（Campaign to Protect Rural England）主席，對方想和我做一篇關於英國鄉村的報導。當我們穿越布萊頓附近的魔鬼溝（Devil's Dyke）草原時，假使我沒記錯的話，記者提醒我們趕快小心通過，因為附近有牛。

「別開玩笑了。」我噗嗤一笑。但是仔細一看，附近約一五公里處，確實有一整群密密麻麻的牛群，聲勢浩蕩。

「盡量保持安靜，」我的夥伴悄聲建議我，「不要惹來麻煩。」

「但我們是在國家公園步道呀。」我發牢騷，當時一心沉浸在抗辯的情緒裡忘了該趕快加緊腳步離開，「而且農夫根本不該讓牛隻出現在步道範圍內吧。」我又補了一刀。我轉頭看看同夥，希望得到他的回應，沒想到他早急急忙忙像逃離地獄似地快跑移動，距離我已有七十碼之遠。我倉促跟上他的腳步，並回頭偷看牛群反應，牛兒們呆呆地留在原地動也不動。

當我們兩人都抵達安全範圍時，我繼續未完的抱怨，農民在步道附近放牧應該違反法律吧。

「不違法啊。」我的夥伴回應。「公牛可以在步道附近草原放牧，只要確定放牧的是肉牛，而不是乳牛就好。」

我立刻感到一陣迷惑。「為什麼肉牛可以，乳牛不行？」

「誰知道。但是真正危險的，」他繼續說明給我聽，「是母牛而不是公牛。母牛殺的人絕對比公牛多。」

我滿腹的不甘與懷疑，從小到大，我對牛群向來毫無懼怕往往直來直往地在其間穿梭，我認為牛只是體型比較大的雞，只消猛力用棍子揮趕就會讓牠們六神無主四散而逃，但記者顯然想挑戰我的既定印象。

「你在開玩笑吧。」

「恐怕不是。」他用一種極富權威性的嚴肅口吻回應我，「母牛超愛攻擊人的。」

隔天，我做了不該做的事，我上網瀏覽相關資訊。原來記者說的為真。每年都有無數英國漫遊者被母牛襲擊、謀殺。二〇〇九年英國單單於八週內就有四個人慘遭母牛攻擊而死。其中一名苦主還是獸醫，當時她在約克郡平寧步道（Pennine Way）遛狗。很明顯這位女士相當了解並且熱愛動物，她口袋裡或許還有著可以給牛兒當零嘴的點心，然而母牛們沒有放她一馬。不久前，一名退休大學講師馬克・波特（Mike Porter）被憤怒的牛兒踩踏至死，沒錯，憤怒的牛兒！事發地點就在威爾特郡（Wiltshire）肯尼特（Kennet）和埃文運河（Avon Canal）附近，我去年也曾於此步道健行。「牠們看起來真的想殺了他。」一名驚嚇過度的目擊者向《每日電訊報》表示。短短五年內，這群牛兒已經第四次向遊客發起恐怖攻擊。

好，你現在是不是開始懷疑，牛隻攻擊事件究竟和英國國土大小的適切度有何關聯？請讀者們保持耐心。數週後，我飛抵科羅拉多州拜訪在韋爾（Vail）工作的兒子山姆（Sam）。那時《丹佛郵報》（*Denver Post*）報導一名男子戴斯特．路易斯（Dexter Lewis）在當地法洛（Fero）酒吧關門前進入，逼迫酒保與四名酒客躺在地上，他在行搶成功後毫不留情地當場屠殺了五名無辜的在場者。假使有任何人在英國幹了這等好事，絕對會立刻成為隔日頭條。但是在美國丹佛所發生的暴力驚駭事件根本無法成為孟菲斯（Memphis）或底特律（Detroit）的新聞，頂多上得了科羅拉多州的報紙。底特律有底特律的謀殺案要報導，孟菲斯也是，甚至連《丹佛郵報》都僅草草地用小篇幅報導這則強盜謀殺案。

這時我才明瞭到，有些時候重要的並不是災難的發生，而是是否有人報導災難的發生。很明顯地，這是兩件不同的事。對美國社會而言，除非有極端特殊的狀況，否則牛隻傷人事件絕對不可能成為重點新聞，假使迪克．錢尼（Dick Cheney）被牛踏死（讓我們幻想一下無妨吧），這才可能成為國家級的新聞。如果有個印第安納州所多瑪的老兄遛狗被牛踏死，不要說印第安納州了，新聞等級或許僅止於所多瑪區域而已。當時全英國各大報紙除了《每日之星》（*Daily Star*）以外，都有報導約克郡獸醫慘案，我猜《每日之星》沒有報導此案的原因應該是他們拼不出獸醫兩字吧。

當你住的國家發生牛隻攻擊事件時，你會希望大家可以一起聊聊，這就是為什麼我說英國的大小剛剛好。這樣才是一個國家不是嗎？唯一的缺點就是，英國人得花許多時間擔心根本不會發生的事，牛隻攻擊事件發生的機率其實不高，也因此，當牛攻擊人時會變成新聞。但是由於人們三不五時讀到牛隻攻擊新聞，往往因此誤以為這是相當常見的事。

我為此做了小小實驗，試著問不同英國朋友一樣的問題：「如果你和牛一起在草原上，你覺得被攻擊的機率高嗎？」所有人聽到這問題都變得很興奮，他們的回答也半斤八兩，「機率滿高的啊。我有在報紙讀過，其實牛還滿常攻擊人類的。」

如果你問美國人同樣問題，他的回答應該是：「為什麼我會和牛一起在草原上？」

好吧，我們晚點再來討論這問題，先讓我們回到多佛。

我記得一開始我曾說過會避免造訪《哈！小不列顛》書中提及的地方，但是當我經過多佛時，又決定過去看看。我對多佛有特殊的情感，或許那不見得是什麼好感，但多佛對我就是有特別的意義，好難解釋啊。或許那是因為在我第一次踏上英國土地時，該地正是多佛吧。所以，以全英國來說，多佛應該是我最熟悉的地方。我首度造訪英國的頭兩天都待在多佛，我也滿愛那裡的。當然我知道，那時我對英國可說是一無所知，但即便如此，多佛仍舊是個不錯的地方。多佛有酒吧、戲院、餐廳和熱鬧的大街。忙碌的渡船碼頭不停地把生意和人潮送進來。然而，每一次造訪多佛，我都發現該處正在慢慢凋零。我很希望那時看到的繁華小城起死回生，但是多佛仍舊緩緩變成無人鬼城。

撰寫《哈！小不列顛》一書時，我曾在深夜裡抵達多佛，當時恰巧望見高級飯店裡的人們在優雅迷人的氣氛中用餐，此情此景完全是當時的我所負擔不起的。那間飯店正是邱吉爾大飯店。大約七八年前吧，我從加萊（Calais）搭乘渡船時，突發奇想跑去邱吉爾大飯店用午餐，享用一下數年前還沒有能力負擔的奢華生活。不過，那頓午餐卻讓我超級不舒服。飯店看起來仍舊很氣派，不過那也都是褪了色彩的景象了，餐廳裡基本上只有我一個客人。菜單並沒有厚重沉穩的皮革封面，只有一張薄薄的亮光紙上面寫滿錯字，很像是「小廚師」（Little Chef）這類連鎖快餐店會有的菜色。我點了盤凱薩沙拉，當沙拉上桌時，對方卻沒有給我任何餐具。

服務生看我一臉狐疑的樣子問道，「你需要餐具嗎？」她說。

「對啊，」我回答道，「這是沙拉不是嗎？」

「我怎麼知道你有沒有帶自己的餐具呢？」她不悅地答道，好像這是我的錯一樣，她腳步沉重地去拿餐具給我。

這沙拉基本上是一盤上頭漂浮著少許雞肉的生菜湯。這盤沙拉存在的真義就是告訴我，不管這之間經歷了多少年、我曾讓多少沙拉下肚，它依舊是我吃過最可怕的沙拉組合。如果廚師們可以認真對待凱薩沙拉，我們的生活都會因此而更美好。本來我以為有了關於這盤沙拉的記憶，此生絕對不會再踏進邱吉爾大飯店，沒想到我身上的受虐因子突然作怪，讓我又莫名地走向邱吉爾大飯店，期望這次的午餐會更好。天啊！它倒閉了。多佛唯一的高檔飯店不見蹤影。一位牽著狗的男人告訴我，邱吉爾大飯店早在五年多前就關門大吉了，很明顯的，沒有人願意接手經營。

時代早已遠遠地拋下了邱吉爾大飯店。有了歐洲廉價航空與英吉利海峽隧道後，誰還管渡船啊。

二〇〇〇年後，往返多佛的氣墊渡船被永久取消，而普通渡輪的載客數也減少了三分之一，雖然每年的載客數稍有回升，卻也於事無補。當然，旅客數目減少自然大大影響了多佛的生態，不過，多佛似乎也很陶醉在毀滅的氛圍裡。就在我拜訪前不久，多佛議會才在海岸邊增設了完全不符合人體工學的長椅。當地方記者詢問議員為何裝設如此不堪的長椅時，議員的回答充滿了機鋒：「如果長椅太舒服的話，那過路的男男女女都會不想離開了。」這種想法應該就是多佛的死因吧。

我散步至南岬（South Foreland）燈塔，此燈塔已除役許久，目前受英國國民信託組織管轄。有很長的一段時間，南岬燈塔為全英國最高之點燈處，這並不是因為燈塔建築雄偉，而是因為懸崖出奇高聳。當燈塔除役後，建築物就此閒置。南岬燈塔曾經參與了相當重要的一頁人類史，只是少有人記得。一八五八年，早在愛迪生發明現代家用燈泡以前，南岬燈塔就裝設了全世界第一座電燈。當時南岬裝設由弗雷德里克・黑爾・福爾摩斯（Frederick Hale Holmes）所發明的弧光燈，福爾摩斯可說是謎一般的男子，他發明的電燈過亮，不適宜運用於家居生活，裝設於燈塔上倒是恰到好處。當時的弧光燈不但性能不穩，而且相當昂貴，也因此慢慢步入淘汰行列。不過在超過近十年的歲月裡，南岬燈塔仍舊是全世界唯一確實運作的電燈。近四分之一個世紀後，南岬燈塔又再次創下歷史新頁，古列爾莫・馬可尼（Guglielmo Marconi）於此發送了世界上第一次的國際無線電訊號，成功送至法國波隆那（Boulogne）附近的維姆勒（Wimereux）訊號站。

五年前當我在進行另一本書的調查研究時，意外發現了弗雷德里克・黑爾・福爾摩斯與南岬燈塔的歷史，並親訪該地探查。當時有一位英國國民信託組織的志工，熱情地為我與其他三、四名成員導覽。該名志工對福爾摩斯與馬可尼並不了解，但是他對燈塔的技術原理深有研究，並十分崇拜燈塔這概念。他告訴我們，要讓燈塔持續發光兩個半小時，必須搖動機械手柄一百一十下，而燈塔的燈完整旋轉一回則需要四十秒。我們還了解到相隔一百哩以內的燈塔必得使用不同的燈照模式。

「哇。」我們讚歎道。

志工還讓我們觀賞了電池組、齒輪和類似機件等。燈塔所發出的光線約有一百萬燭光，他說。我對燈塔感到欽佩，並立刻拍了張照片。

志工以保鑣對待狗仔隊的方式舉起手，「不可攝影。」他說。

「為什麼？」我狐疑地問。

「這是英國國民信託組織的政策。」他說。

「但這是燈塔啊，」我戳破他，「又不是貝葉掛毯。」

「這是規定。」他重複說，他的口氣滿強硬的，感覺如果信託組織主管命令他，他也會毫不猶豫地拿冰淇淋勺戳瞎太太的眼睛。

我很想和他解釋自己對英國國民信託組織的諸種不滿，但是可以想像太太待會一定會緊掐著我的手肘要我快步離開移動到海景前，因此就把話吞了回去。數年來，每當我和笨蛋爭執不休時，太太就會硬推我的手肘把我帶離現場，老實說，很多笨蛋都來自英國國民信託組織，出於帕夫洛夫之犬（Pavlovian response）的制約反應，不等她輕推我手肘，我就自動離開了。

我回到美景藍天的擁抱之中，當下立刻覺得好多了。法國就在三三公里外，而且清晰可見。你大可以招手向加萊的居民打招呼。許多年老的旅客不滿地看著法國領土，看起來似乎相當不滿兩國如此之近。有些人更是警戒地看著法國，恐怕在私自擔憂法國人會不會盜取英國海水。

然而，上一次造訪時，燈塔關閉了，這不讓人意外。我就站在燈塔外享受景色。令人開心的是，法國看起來仍舊處於相同的位置，沒有往前逼近。

我站在燈塔外，遠遠望見古德溫沙洲（Goodwin Sands）的一抹陰險深咖啡色淺灘。天色晴朗實在很難讓人聯想到淺灘曾經發生過歷史上最嚴重的船難事件。依記載，約有上千人於此喪命。一七〇三年十一月二十七日時，超級大風暴將五十艘船捲入沙洲，船隻立即傾斜粉碎。超過兩千人喪命，相當於皇家海軍五分之一的成員。

著名埃迪斯通燈塔（Eddystone Lighthouse）的建造者與設計師亨利．溫斯坦利（Henry Winstanley）剛好出現在慘案現場。溫斯坦利總是興致勃勃地表示希望能在強烈暴風雨中的燈塔度過一日。他達成願望了，只不過實現的方式有點殘忍。他和四名一起待在燈塔的友人，被捲入大浪中，連同燈塔，不知去向。

就讓我們保持警覺心，前往倫敦吧。

Chapter 4

London

倫敦

倫敦應該是全世界最大的都市。我指的絕非腹地面積或是人口總數，而是以其歷史之複雜性與深刻程度而衡量。以面積來看倫敦一點也不大，但是以其歷史縱深而言，倫敦具足重要性。歷史在倫敦身上留下了華麗而混亂的浪蕩足跡。

◆

關於倫敦地鐵的環線（Circle Line）總有許多謠言。以前，環線地鐵站幾乎每幾分鐘就會來一班車，現在則是神出鬼沒。某天早上，我和許多乘客一同在格洛斯特路（Gloucester Road）等車，時間已過了約二十五分鐘之久，但是列車連個影子都沒見著。

「我記得以前會停這站。」我用輕鬆的語氣和旁邊的男人攀談。

「現在不會來了嗎？」對方用驚恐的語氣回應我。

他看起來是第一次造訪倫敦的美國人，顯然沒啥幽默感。

「我開玩笑的。」我很客氣地回答，並指指身邊眾多等待的乘客。「如果沒有車，那怎麼可能有那麼多人在等。」

「但既然已經有那麼多人在等了，為什麼沒有車呢？」

無話可答的人多半選擇沉默，眼神空洞地瞪視遠方。以前我總會在倫敦地鐵上讀《地鐵報》（*Metro*），後來我發現《地鐵報》的內容和視線前方的白牆並沒有多大差別，還讓我手指沾染墨暈後，我就戒掉了。

這位美國老兄正閱讀超大張的地鐵圖。他看起來已經失去對環線的信念。

「我要怎樣才能搭到皮卡迪利線（Piccadilly Line）？」他向我求救。

「啊，皮卡迪利線不會經過這站。」

他用眼神掃描我，確認這不是另一個冷笑話。

「他們在換電梯系統，所以未來六個月內，皮卡迪利線的地鐵都不會經過本站。」

「換電梯要六個月嗎？」他聽起來是真的很吃驚。

「嗯，有兩座電梯。」我保持客觀的態度回答。他繼續研究手中地圖。「你應該知道環線並不是環狀吧？」我試圖幫助他。

他看起來很感興趣。

「原本環線地鐵是真的繞著環形在跑的，但現在地鐵會停在艾吉威爾路（Edgware Road），所有的乘客必須下車換乘。」

「為什麼要這樣？」他問。

「誰知道咧。」我回答。

「英國真是奇怪的國家。」他說。

「沒錯。」我很開心地回應。

就在此時，地鐵到來，所有人都往前擠準備上車。

「嗯，祝你有個美好的旅程。」我和新朋友說。

他上了車，沒有道謝也沒有說再見什麼都沒說。老實說，我還滿希望他走丟的。

我是倫敦地鐵的粉絲。先別管環線了（被停駛也不是沒有原因的吧），倫敦地鐵就是輝煌世代的代表。現在人早已不記得倫敦地鐵以前的鬼樣了。我第一次到倫敦時，地鐵骯髒、管理欠佳，而且相當危險。隨便舉三個車站好了，卡姆登鎮站（Camden Town）、斯托克韋爾站（Stockwell）和圖廳貝克站（Tooting Bec），在晚上都是重度危險區。一九八二年，倫敦地鐵載客數低於五億人次，相較於一九五〇年，可說是削減了近一半的人數。一九八七年國王十字站（King's Cross）大火讓三十一人葬生於木製電梯內，起火原因僅只是有人將未熄的菸頭丟進不明垃圾堆內，這也顯示了倫敦地鐵疏於管理的程度。

不過，現在不同了。倫敦地鐵站站臺應該是全英國最整潔的地方。地鐵服務便利而可靠。在我印象中，地鐵站服務人員也總是彬彬有禮並且隨時願意伸出援手。地鐵年載客數已攀升至一．二億人次，這比全英國路面鐵路的總載客數還多。根據《派對時光》（*Time Out*）雜誌報導，地鐵系統內隨時至少乘載約六十萬人，其人口數和多樣性遠遠超過奧斯陸。我曾在《標準晚報》（*Evening Standard*）讀過報導，倫敦地鐵平均時速為三三．七公里，速度並不快，除非你規律地往返於里斯（Liss）和滑鐵盧（Waterloo）之間，此路線驚險程度頗高。整體來看，倫敦地鐵相當活躍，能以不可思議的龐大、老舊設備運輸如此壯觀的人群，確實是一件了不起的事。

不過，話說回來，倫敦就是個這麼讓人不解的地方，她擁有許多優勢，但卻沒人賞臉。我必須得說，倫敦是全世界最棒的城市。我知道她比不上紐約的多采多姿和前衛多元，也沒有雪梨的海港和海灘或是巴黎的香榭大道，但是倫敦擁有美好城市所該擁有的一切：綠茵。似乎從來沒有人注意到，倫敦是世界上最不擁擠的大城市之一。紐約平均每公頃有九十三人、巴黎平均每公頃有八十三人，但是倫敦平均每公頃僅有四十二人。如果倫敦和巴黎擁有相同的人口與土地比的話，該城應有三千五百萬人口。倫敦人口不多，但是公園特多，總計有一百四十二座公園，以及六百多個廣場。倫敦約有四成的土地面積都是綠地。當你在街口飽受車流噪音攻擊時，轉個路口你就可以聽見鳥鳴。多棒啊。

倫敦應該是全世界最大的都市。我指的絕非腹地面積或是人口總數，而是以其歷史之複雜性與深刻程度而衡量。以面積來看倫敦一點也不大，但是以其歷史縱深而言，倫敦具足重要性。歷史在倫敦身上留下了華麗而混亂的浪蕩足跡。如今，她一分為二——威斯敏斯特（Westminster）與倫敦市（City of London）以及許許多多小村、區域、特區、小區、鄉村行政小區與山岳景觀，地圖上星羅棋布滿是古色古香的地名：帕森綠地（Parsons Green）、七時區（Seven Dials）、瑞士別墅（Swiss Cottage）、巴金（Barking）、圖廳貝克（Tooting Bec）、查爾克農場（Chalk Farm），以及神祕的高盧塞登博伊斯（Gallic Theydon Bois）。另外，西區（West End）、布盧姆茨伯里（Bloomsbury）、白教堂（Whitechapel）與梅費爾（Mayfair）等知名區的官方邊界則難以辨識，不過它們就在那裡。以政治觀點看來，倫敦包含了三十二個自治議會與倫敦市法團的彈性組織，其權責包含了大倫敦政府、倫敦議會、七十三個議會選區以及六百二十四個政治特區。簡單一句話，就是一團混亂。最可怕的代表就是鮑里斯．約翰遜（Boris Johnson），他裝模作樣的態度以及亂七八糟的髮型，都是脫序倫敦的縮小版。不過，倫敦的齒輪依舊轉動，她仍舊是美好的城市。

我有兩個星期的時間可以虛擲。我的兩個女兒很巧合地在同一時間懷孕（懷孕地點不同）並且預計同一時間會在倫敦的兩間醫院待產。大家嚴格地限制我的活動範圍，以便就近……幫忙嗎？我也不知道。或許幫忙燒熱水吧。我將會在產房外焦急而無用地站著。誰知道要幹麼呢。總之這兩個星期我得乖乖待在倫敦，只要確保到時我能清醒地開車去醫院探望就好，千萬別迷路。

我衝動地決定要一訪維多利亞時期藝術家佛雷德・禮克頓（Frederic Leighton）的舊居禮克頓之屋（Leighton House），地點位於肯辛頓西區的荷蘭頓公園路（Holland Park Road）。我對禮克頓一無所知，這到底是他的錯還是我的錯呢？原來，他是該時期最著名的藝術家。應該沒人知道吧？之前經過禮克頓之屋好幾次，一直對此處很有興趣——房屋規模恢弘巨大，氣氛肅穆，暗示過往路人此地的重要性。因此我老早就把此處列在「未來必看之地（才怪）」的名單。基本上這份名單從來沒有更新，所以難得造訪其中景點，也讓我相當興奮。反正，今天是雨天，正是造訪博物館的好日子。

禮克頓之屋讓人流連忘返，並不是因為博物館給我年長者優惠，將十英鎊的票價降到六英鎊喔。禮克頓之屋巨大陰森，但是有著詭異的情趣；舉例來講，禮克頓之屋只有一間臥房；布置方式則融合了帕夏私室（pasha's den）與紐奧良妓院的風格。禮克頓之屋貼滿了阿拉伯風味的磁磚、絲質壁紙，放滿了五顏六色的瓷器和藝術品，舉目所及皆是坦露胸脯的年輕女性，還有什麼比這更讚的呢？

禮克頓已遭世人淡忘，部分原因是他的畫作多半藏於奇怪的地方，像是印度古吉拉特的巴羅達博物館（Baroda Museum）或喬治亞州迪凱特（Decatur）的阿格尼斯斯科特學院（Agnes Scott College），這應該不是多數人會專程去賞畫的地方吧。不過另外一個原因則是，禮克頓的風格對現代人來說實在有點做作。畫中人物時常高舉雙手並露出祈求的虔誠面容，畫作名稱則多半像是〈大海交出其中亡者〉（*And the Sea Gave Up the Dead Which Were in it*）或〈珀爾修斯騎乘飛馬救援仙女〉（*Perseus, on Pegasus, Hastening to the Rescue of Andromeda*）。

但禮克頓在世時可說是相當風光。一八七八年他獲選為皇家藝術學院校長；一八九六年，他成為該年唯一一位獲得貴族身分的藝術家。可惜，他沒有享受榮華富貴太久。一個月後，這位國寶級人物就與世長辭，並以極大的排場葬於聖保羅大教堂。老是與社會脫節的《牛津國家人物傳記大辭典》罕見地給予禮克頓八千兩百字的長文禮讚，遠超過同時代的其他人物至少一千字。

禮克頓獨居於此近三十年。如果是對禮克頓稍有研究的人，必定會好奇他的性生活。他在獨居數十年後，欣然從西區發掘一位年輕美女亞達．普蘭（Ada Pullen）——我不知道為何日後她竟改名為桃樂西．黛安（Dorothy Dene）。禮克頓將普蘭大加改造，為她購買華美服飾，並加強演說的技巧以及文化涵養。禮克頓將普蘭介紹給上流社會圈。這情節不免讓人聯想到電影《窈窕淑女》（*My Fair Lady*）的情節。據傳蕭伯納（George Bernard Shaw）的《賣花女》（*Pygmalion*）也以兩人關係為取材來源。我不確定禮克頓與普蘭的關係是否貞潔如同《聖經》所示，但是顯然他樂見普蘭寬衣解帶。看看禮克頓之屋無可計數的裸女收藏就可略知一二。

禮克頓過世後不久遺物即遭拍賣，而房屋繼承者也屢屢修繕改建，戰爭時期禮克頓之屋慘遭德軍砲彈轟擊，也因此，戰後的禮克頓之屋幾乎毫無觀覽價值。不過，經過一點一滴的修復與改建，禮克頓之屋終於恢復昔日趣味，並且光彩奪目。雖然禮克頓之屋大部分的藝術收藏並非本人屬意的風格，不過我相當享受此趟博物館旅程。當我踏出禮克頓之屋時，驟雨停歇，陽光閃耀，街道瑩瑩澈澈，倫敦依舊美好還順便淨身了一番（吧）。

接下來的幾天，我無心安排，總之盡可能地將時間花在我從來不曾觸及的地點，或是久未重遊之處。我逛遍了巴特西公園（Battersea Park），還沿著河岸走到泰特現代美術館（Tate Modern）。我爬到櫻草丘（Primrose Hill）山頂眺望遠方。我探索皮姆利科（Pimlico）以及文森廣場（Vincent Square）附近的西敏遺跡。我參觀國家肖像畫廊（National Portrait Gallery），並在特拉法加廣場（Trafalgar Square）的聖馬丁教堂（St Martin-in-the-Fields）地下室喝茶。我穿越了整座律師學院（Inns of Court）以及皇家外科學院博物館（Museum of the Royal College of Surgeons），反正都經過了麼。上述景點都值得一遊，讀者不妨擇日一試。

我有一天和好友歐薩夫．阿夫扎爾（Aosaf Afzal）相約午餐，他順道帶我一覽自己生長的索撒爾區（Southall）。索撒爾區正是整個倫敦城最富亞洲感的地方。以前甚至還有間叫做玻璃流（Glass Junction）的旁遮普酒館（Punjabi pub），你可以用英鎊或盧比買單，不過玻璃流已在二〇一二年歇業。

「亞洲人比較沒有逛酒吧的習慣啦。」歐薩夫解釋道。

這裡絕對是全倫敦最生龍活虎、放任顏色大亂鬥的地方，商店的貨品往往塞滿至天花板並一路洩洪似地蔓延至走道，琳琅滿目的商品包括：水桶、抹布、沙麗、多層式便當盒、掃把、甜點……超越你的想像。基本上，幾乎每間店都賣相同瘋狂的貨品。每間店看起來都生意熱絡，不過這僅僅掩蓋了蕭條的事實，不管是索撒爾區或是歐薩夫長大並居住至今的鄰近的豪恩斯洛（Hounslow）都已逐漸萎縮。歐薩夫告訴我，豪恩斯洛本城，不包含外圍像是奇西克（Chiswick）等較富裕的區塊，已為全英國第二快速仕紳化式微（degentrifying）的社區，雖然我並不知道衡量標準為何，「豪恩斯洛共有五萬人口，但是沒有一間書店或戲院。」他說。

「那你幹麼住這裡？」我問。

「因為這是我家啊。」他很爽快地回應道。「這是我出生的地方，我家人住的地方。我愛這裡啊。」

我突然想到，當歐薩夫和我提起倫敦時，我們心裡想的根本是兩個不同的地方，但是這證實了我之前的說法。倫敦不是一個地方，而是數百萬個迷你城市。

偶爾我會在氣氛愉悅的傍晚跑跑腿。有天，我正巧從肯辛頓大街（Kensington High Street）漫步而行，想起太太要我去採買點日用品，就轉進了瑪莎百貨（Marks and Spencer's）。瑪莎百貨應該是趁我沒來的時候偷偷進行了大整修。一樓大廳正中央的電梯被換成樓梯，滿怪的，誰會把電梯換掉改為樓梯啊？但更令人吃驚的是，地下美食街已經撤走，我走了一遍又一遍，地下一樓只剩衣服。

我走向一位正在摺衣服的年輕店員，問他美食街呢？

「沒有美食街。」他低頭回答。

「你們把美食街拆了嗎？」我很詫異地問。

「原本就沒有美食街。」

我只能說這年輕男孩完全不討喜。而且，他還滿頭髮膠。我家長輩說你不能因為一個人塗了滿頭髮膠就對他不爽，但是我覺得這個理由還不錯。

「怎麼可能，」我說，「這裡原本就有美食街啊。」

「從來就沒有，」他語氣平淡地回答。「我們的任何分店裡從來都沒有美食街。」

「不好意思請你原諒我，但是你真的是個白痴。」我用平靜的語氣陳述以下事實，「我從一九七〇年代就常來這裡了，這裡一直都有美食街。全英國的瑪莎百貨都有美食街好嗎？」

他第一次抬頭看我，露出別有意味的表情。「這裡不是瑪莎百貨，」他好像非常享受這一刻，「這是H&M。」

我瞪著他許久，試著理解他剛剛傳遞給我的訊息。

「瑪莎百貨在隔壁。」他補了一刀。

我沉默了十五秒。「沒關係，反正你就是白痴。」我小聲說完轉身就走，不過我想我的氣勢看起來超弱。

吵完以後，我繼續散步，以避免與陌生人接觸。某天下午，我從尤斯頓路（Euston Road）抄小路前往托特罕法院路（Tottenham Court Road），途中經過菲茨羅伊廣場（Fitzroy Square），該廣場被一群乳白色的建築物包圍住，而幾乎每棟建築物前都有著藍色名牌。蕭伯納、維吉尼亞・伍爾芙（Virginia Woolf）、詹姆斯・麥克尼爾・惠斯勒（James McNeill Whistler）、鄧肯・格蘭特（Duncan Grant）、羅傑・弗萊（Roger Fry）、福特・馬多克斯・布朗（Ford Madox Brown）以及德國出生的化學家奧古斯特・威廉・馮・霍夫曼（August Wilhelm von Hofmann），都曾居住於菲茨羅伊廣場。我知道讀者或是我都不在乎誰是奧古斯特・威廉・馮・霍夫曼，他可是鄰甲苯胺異構體與三苯甲烷衍生物的研究大師，要是有化學專家正在閱讀此書的話，恐怕已進入高潮之境。廣場的另一個角落則是印度版的基督教青年會，嗚哇，印度來的基督教年輕人呀，太酷了吧。廣場對面則是委內瑞拉的解放者佛朗西斯科・德・米蘭達（Francisco de Miranda）的雕像，他也曾經居住於此。日後還住進了山達基（Scientology）[5]教父羅恩・賀伯特（L. Ron Hubbard），天啊，你看得出倫敦有多刺激了嗎？

菲茨羅伊廣場再過去則是安靜而平凡的克理夫蘭街（Cleveland Street），這名字看上去有點眼熟，經過一番查找後，記憶全部湧上心頭。克理夫蘭街正是十九世紀大醜聞的事發地點。一八八九年夏天，有位警察攔住了一個電報傳令男孩並發現他身懷鉅款。男孩坦承他在克理夫蘭街十九號的同志妓院接客。警察調查後發現，克理夫蘭街十九號妓院專門接待上流社會男士，其中甚至包括兩位公爵之子。但是，當時報紙還刊出了街頭巷尾談論的另一條小道消息，那就是威爾斯親王的兒子阿爾伯特・維克多王子（Prince Albert Victor）也是這裡的常客，維克多王子當時是王位繼承者之一。後來，維克多王子又被指稱為傑克開膛手（然而傳言的可靠性相當薄弱），這對形象古怪的皇室來說，無疑又添了一筆傳奇。皇室則以維克多王子正進行帝國視察之旅的說法，擊退所有流言蜚語，不管王子喜歡不喜歡，皇室立刻為他安排與特克郡主之女維多莉亞・瑪麗（Princess Victoria Mary of Teck）結婚。不過就在婚約昭告天下不到一個月後，王子不幸罹患肺炎驟逝，這想必讓所有人都鬆了一口氣。不可思議的是，至少對我來說啦，維多莉亞・瑪麗轉而與理查五世結婚，也就是那位「該死的博格諾」老兄。說了這麼多，應該可以讓讀者稍稍了解為什麼皇室成員三不五時就會流露出詭異而瘋狂的脾氣了吧。

我會說倫敦是世界第一城並不是因為這裡有同志妓院、有維吉尼亞・伍爾芙和羅恩・賀伯特都居住過的廣場，或是類似原因。我認為倫敦最棒的一點是她充滿了歷史，每個角落都藏了神奇的祕密，這點其他城市確實望塵莫及。不管怎樣，倫敦有酒吧、有樹而且氣氛美好愉悅。這點絕對無敵。

5——一九五二年於美國成立的宗教修行團體，信徒包括好萊塢影星湯姆・克魯斯（Tom Cruise）。

我兩位親愛的懷孕中的女兒分別住在帕特尼（Putney）與漢普頓宮（Hampton Court）附近的泰晤士迪頓（Thames Ditton），兩人相距約一六公里遠。有一天我突發奇想要徒步造訪兩個女兒，唯一能達成目標的方法就是順著草原而行。倫敦西部可說是一望無際的開闊。光是普特尼荒野公園（Putney Heath）與溫布頓公園（Wimbledon Common）就占了一四三〇公頃。禮奇蒙公園（Richmond Park）占地二五〇〇公頃以上，布希公園（Bushy Park）一千一百公頃，漢普頓法院公園（Hampton Court Park）七五〇公頃，海恩公園（Ham Common）附近約一・二〇公頃，基尤皇家植物園（Kew Gardens）超越三〇〇公頃。從高空遠眺，與其說倫敦是個城市，不如說是座蓋了建築物的森林。

我從來沒來過普特尼荒野公園或溫布頓公園，兩者完美融合，景致非凡。兩者都與我所熟悉的小心做作的倫敦公園不同，呈現肆無忌憚的野放狀態，這讓人稱快。我穿過荒野，並花了不少時間在樹林裡，手裡握著英國陸軍測量局的地圖，但仍舊一頭霧水。我走得越遠，景致就越疏離。

有一瞬間我突然意識到已經半小時沒見過人類了，耳際毫無車流聲響，下一次見著人煙不知何時何月。之前我曾經發現艾森豪二戰時期的住宅就矗立於此荒野之間，也因此我隱隱約約地想順道觀望。我曾經在圖書館讀過艾森豪在二戰時期的住宅配置。他捨棄了國家領導層級的別墅像是西昂宅第（Syon House）或克里維登（Cliveden），卻選擇在溫布頓公園邊緣名為「電報小屋」（Telegraph Cottage）獨居，無傭人伺候。電報小屋前有很長的通道，僅有一名士兵在入口前守衛著。這就是二戰盟軍最高指揮官所樂享的特權。德軍早該派特遣跳傘隊進入溫布頓公園，從房屋側邊潛入，刺殺熟睡中的艾森豪。很棒吧，我的意思是，好險德軍沒這樣殺了他。

德軍不但錯失刺殺艾森豪的機會，還放棄了以炸彈進行偷襲的優勢。艾森豪與盟軍從不知道，民防軍在艾森豪電報小屋的荒野對面架設了誘陷德軍施放炸彈的假高射砲。當時全倫敦都設有吸引德軍施放炸彈的偽軍防措施，以達成浪費德軍作戰資源的效果。幸運的是，德國空軍從來未曾傷害艾森豪一分一毫。

別忘了，我仍在迷路，因此你可以想像當我從英式橄欖球俱樂部穿越溫布頓公園，爾後出現在艾森豪電報小屋附近時，我有多麼雀躍，雖然電報小屋並無確切位置可循，原有的屋舍已遭大火燒融殆盡，並蓋滿全新住宅，不過我仍在約略的遺跡處踱步而行繞了數圈，感謝上帝，我的能耐顯然更勝德軍。

我沉浸在尋獲電報小屋的喜悅中，並決意繼續沿著禮奇蒙公園與泰晤士河岸直行，前往泰晤士迪頓。今天萬事ＯＫ！這兩天不但過得很棒，還可以假裝自己在工作。這就是以寫作為職的好處。

當然，倫敦離完美還有一段距離。大約二十年前，太太與我在肯辛頓南區買了間小套房，這在當時絕對是奢侈豪華之舉，但是二十年後，房地產大漲讓我們成為財經界的奇葩。不過，肯辛頓南區的環境早已今非昔比。排水溝載沉載浮著狐狸叼來的垃圾，也有不少垃圾是那些沒腦也不自重的人丟的（他們也無畏罰款）。數年來，工人們默默地清除穢障卻往往徒勞無功。然而，最可怕的則是前院花園的消逝。現在的人似乎希望把車子停得越近越好，最好直接停在客廳裡吧，也因此花園就此讓位給詭異的停車格與四輪垃圾桶。我不知道為何政府不立法保護花園，畢竟停車格的外觀足以撼動整條街的美感。我們家附近有條街叫做赫靈罕花園（Hurlingham Gardens），或許早該改名為赫靈罕儲藏區，畢竟這附近的屋主都把屋前任何有美感的東西移走了。就我的觀察，這幾年來人們不再視社區美感為己任，這真是令人感到悲傷的變化。

不過就大環境來看，倫敦不斷地在進步。舉例來說，二十年來，倫敦的天際線可說是日趨優雅。雖然倫敦仍舊擁有許多巨型建築，不過至少它們四散各處。通常大城市的建築物總是簇擁成群，尋求吸睛度，但是在倫敦你可以單獨地觀賞一座摩天大樓，並將之視為巨型雕塑劃破天際。你可以在無數的地點飽覽特殊天際線——普特尼橋（Putney Bridge）、肯辛頓花園（Kensington Gardens）的圓池（Round Pond）、克拉罕交匯站（Clapham Junction）的十二號月臺，從前，這些地方根本乏善可陳。四散的摩天大樓意味著財富的分散，這確實是意外的好處。如果在倫敦市中心蓋一棟摩天大樓那只會讓鬧區和地鐵更擁擠，但是如果選擇蓋在南華（Southwark）、蘭貝斯（Lambeth）或九榆樹（Nine Elms）附近的話，那會讓社區經濟更強健、創造酒吧、餐廳等需求，並間接提升居住或旅行的舒適度。

這完全是倫敦計畫（London Plan）出乎意料的附加價值，該計畫限制大樓不得破壞受保護的景觀。其中一項受保護的景觀正是漢普斯特德荒野公園（Hampstead Heath）上的某棵橡樹（嗚啊，不錯啊）。無人得以在此橡樹至聖保羅大教堂或國會大廈之間建構任何足以阻擋視線的建築物。其實禮奇蒙公園也有相當類似的景致，只是該處離市中心有數哩遠，遠到我不認為你可以從那裡看見倫敦市中心。倫敦的景觀保存線交錯縱橫，也因此高樓大廈勢必得走避。這真的是美好的意外。這就是倫敦。數百年來，倫敦發生無數美好的意外。

然而，最幸運的是幾乎所有高樓大廈都未能建造。一九五〇年代英國開始渴望現代化，並希望拆除所有德軍未轟炸的建築，期望以厚重的水泥、鋼筋將自己全副武裝。

一九五〇至六〇年代之間，大型建案風起雲湧，推土機湧入倫敦，企圖大刀闊斧地建造新市鎮。皮卡迪利圓環（Piccadilly Circus）、柯芬園（Covent Garden）、牛津街（Oxford Street）、岸濱街（the Strand）、白廳（Whitehall）以及大部分的蘇活區都曾屢遭提議進行都市更新。原定斯隆廣場（Sloane Square）由購物中心與二十六層的大樓取代。西敏寺至特拉法加廣場之間則預定成為政府特區，西蒙．詹金斯（Simon Jenkins）期望建立英國版水泥與玻璃牆打造而成的史達林格勒。四百哩長的全新高速公路計畫穿越倫敦，而原有的數千哩道路包括托特罕法院路、岸濱街在內，則計畫拓寬，提高車流速度，並整修為雙向道，徹底撕裂倫敦市心臟。任何想穿越繁忙馬路的倫敦路人們則會被導引進入地下道或是金屬或水泥天橋。步行在倫敦就會像是漫步在大型火車站一樣，並不斷穿梭於月臺之間。

這些提案現在聽起來都像瘋了，不過當時推出時反對聲浪不大。英國最重要的城市計畫者柯林．

布希南（Colin Buchanan）承諾，當百年老舊街廓被一掃而空換上全新閃閃發亮的水泥與鋼筋巨型建築時，「英國人將重感榮耀，並藉此重振經濟與精神生活」。建造商傑克・卡頓（Jack Cotton）提議清除皮卡迪利圓環並建造一百七十二呎高的高塔，高塔外型貌似電晶體收音機與建築工具箱，此計畫甚至得到英國皇家美術委員會的支持，並於威斯敏斯特建築部門的祕密會議中獲得無異議通過。卡頓計畫將愛神雕像放置在行人通道並與步道、天橋融合，提供市民能夠安全往返車流間的選擇。

一九七三年也就是我落腳倫敦的那年，倫敦推出了史無前例的大規模計畫：大倫敦發展計畫。該項計畫企圖整合之前所有的發展計畫，並建造四大高速道路系統，這讓倫敦市看起來就像是池塘中一圈圈的漣漪般，此外，並有十二條輻射狀快速道路連結包括M1、M3、M4、M11與M23等首都高速公路，進入城市心臟地帶。高架快速道路將切開哈默史密斯（Hammersmith）、富勒姆（Fulham）、切爾西（Chelsea）、伯爵閣（Earls Court）、巴特西、巴恩斯（Barnes）、奇西克、克拉珀姆、蘭貝斯、伊斯林頓（Islington）、卡姆登鎮、漢普斯特德、貝爾塞斯公園（Belsize Park）、白楊（Poplar）、哈克尼、德普特福德（Deptford）、溫布頓、黑荒原（Blackheath）、格林威治等，幾乎無處不壞。數千位市民將流離失所。倫敦準備陷入引擎的咆哮聲中。明顯的是，很多人迫不及待地渴望新倫敦。《倫敦新聞畫報》（*Illustrated London News*）記者認為「市民將會熱烈擁抱龐大車流」，並形容伯明罕（Birmingham）附近的新交流道將會成為生氣勃勃的競速之境。他預言倫敦市民將會愛上在車流附近野餐，以享受「噪音與喧囂」，他所描述的倫敦市民根本瘋了吧。

大倫敦發展計畫預計耗資二十億英鎊，成為全英國最大的公共投資案。好險，英國根本拿不出這筆錢來。最後，大建築師們只能執行難以堪比其雄心的小型建案。

當然，所有的巨型建案未能得償實踐，是倫敦之幸。但是，在所有的提案中唯獨一個計畫案深具意涵，並相當值得付諸行動，那就是我即將造訪的摩托比亞（Motopia）。

Chapter 5

Motopia

摩托比亞

如果摩托比亞如願建造，洛斯貝里絕對會成爲家喻户曉之地。傑福瑞．傑利科創造了兩個超前出眾的想法，一是將老舊的工業建築改造，二是將汽車逐出日常空間。這絕對超越了當時社會的普遍常識。

◆

我搭乘上午八點二十八分，從滑鐵盧車站前往洛斯貝里（Wraysbury）的列車，途經數站。現在是尖峰時刻，只是所有人潮都往反方向而去。車廂內空無一人，妙不可言。以前英國火車造型沉重灰暗，相當符合平淡、無望而且毫無感情的通勤時間。現在整車都是亮橘色和紅色。我坐的列車特別有節慶感，應該和遊樂園的兒童列車差不多吧。總覺得我的座位應該要有玩具方向盤和小小鈴鐺。

我是唯一在洛斯貝里下車的乘客，此站毫無人煙、荒蕪怪誕。車站距離小鎮仍有一．六公里遠，不過步道蔭涼，因此散個步倒也無妨。洛斯貝里是個怪異、偏僻的小地方；位於泰晤士河對面的拉尼米德（Runnymede）並且距離溫莎古堡僅有數公里遠，烏鴉振翅勃飛，附近亦有卡希尼斯租車公司。不過要前往洛斯貝里必須通過無數艱難的考驗——兩條快速道路（M4與M25）、鐵路線、一望無際的砂石場、沒有任何橋梁橫越的泰晤士河、以鐵絲網高度保護的水庫保留區以及山丘水源區，最後則是巨大無邊無法穿越的倫敦希斯洛機場與其使用範圍。當你穿越洛斯貝里時，會遇見無數的輕工廠區域，舉目可見水泥建築、抽水站、高載重卡車以及「請勿穿越」的告示牌。沒有人會誤闖洛斯貝里，但這裡也沒什麼讓人拜訪的理由，不過任何勇闖沙塵與混亂地帶的旅客，轉眼就會遇上這安靜祥和的美景——不過安靜範圍僅有一百五十公尺高而已，畢竟附近就是希斯洛機場的後備位置。

不過對於可以接受高空盤旋噪音的人來說，洛斯貝里會是個適宜居住而且舒適的地方。城鎮中心是教堂以及綠意綿延的板球場、幾間還不錯的酒吧和實用商店。附近環繞的砂石場也灌水造湖提供遊憩功能，旁邊自是應景地開了幾間帆船與風帆俱樂部。洛斯貝里的房屋都建造得頗大而且美感兼具，特別是那些繞湖建造的宅院。我太太就在泰晤士河對面的艾罕（Egham）長大。當她從艾罕眺望，可以見著洛斯貝里大宅群的屋頂從樹林間顯現。我想必也觀賞了如此美景數千回，只是從未能親身造訪，因為……根本不會想去啊。

「你會喜歡那裡的。」我太太保證。我相信她說的，她老爸就是洛斯貝里人。他出生在狹小破舊黑暗的貧窮村莊，與寡母和姐姐住在林道盡頭，距離洛斯貝里中心約有一．六公里遠的僻靜之處。小屋裡無水無電，廁所則在花園盡頭。我的岳父老愛說以前週六傍晚行走一一．三公里路前往斯坦斯（Staines）買白麵包當一週晚餐的故事，這就是他們的生活。簡直就像活在另一個世界一樣。

我太太曾經告訴我村莊所在，我就在朦朧中抵達村莊曾經存在的位置，小村早已消失良久。一九四三年，德軍砲彈將村莊通體殲滅。說實在的，洛斯貝里不可能是軍事目標，所以炸彈不是誤投就是德軍為求在折返前清空炸彈艙而投放。不過不管事實為何，德軍炸彈直接了當地將岳父家炸得體無完膚。幸運的是無人傷亡，然而岳父家因此頓失所依，只得接受安置。奇妙的是，岳父的生命就此改變，也遇見了原本不可能會遇見的女性，還成婚生下兩個小孩，其中一個就與我結了婚。結論是，我本人的生命以及兒女與孫子輩的人生都與這枚夏季傍晚落下的洛斯貝里德國炸彈有關。我打賭所有人的生命都是由一連串的巧合交織而成，但是發生在我生命中的巧合太過令人吃驚，以至於我呆呆站在消失村子的不遠處思索要是德軍炸彈投往其他方向，投向真正具有戰爭轟炸價值的地點，那麼我的太太就不會出生，此時此刻我也不會出現在洛斯貝里了。我突然想到，戰爭時在英吉利海峽兩端落下的每顆炸彈，恐怕都曾經如此劇烈地改變了人們的生命吧。

我一邊思考著如此沉重的命題，一邊往已被遺忘的摩托比亞走去。如果摩托比亞如願建造，洛斯貝里絕對會成為家喻戶曉之地。摩托比亞的概念就是打造一個無車的理想社群，這想法實在很脫俗。傑福瑞．傑利科（Geoffrey Jellicoe）並非城市計畫者而是景觀設計師，無怪乎他如此排斥汽車（不過摩托比亞一字很難不讓人誤會是汽車烏托邦）。奇妙的傑利科打算把社區道路建造在五層樓高的屋頂上。摩托比亞本身就是巨型網狀的湖中建築物，湖為綠色或藍色，附近也有草原。傑利科希望從砂石荒地中開鑿出湖泊，這對當時的人來說實在是相當不解的想法。基本上來講，傑利科創造了兩個超前出眾的想法，一是將老舊的工業建築改造，二是將汽車逐出日常空間。這絕對超越了當時社會的普遍常識。

摩托比亞期望能滿足三萬人口各式各樣的需求，包括住宿、購物、辦公、戲院、圖書館、電影院與學校。傑利科想像人們搭乘移動道路到達想去的地點，或是搭乘出租船沿著湖泊遊樂，摩托比亞內河道便利。他稱呼屋頂道路為「天空高速道路」，不過這顯然有點荒唐，畢竟摩托比亞最寬之處不過十個路口大，轉彎路口也不過三十或四十公尺，這點大小該如何加速呢？不過傑利科的想法仍舊深具意義。他的計畫受到些許重視，也因此洛斯貝里成為計畫預定地，還制定了十足詳細的建築規劃。雖然摩托比亞不太實際，不過若真的付諸實行，應該相當美好吧。全世界的人應該都會受到吸引前往摩托比亞一探究竟，我也很好奇想看看有多少的可能性埋藏於此。

摩托比亞預定地約在現今的M25高速道路下方，以及一九六七年建造的洛斯貝里保留區，預定地位於村鎮東邊，並劃為史坦斯荒野區（Staines Moor），建設速度緩慢。洛斯貝里相當適宜散步，步道一方是規劃嚴謹的大型住宅與寬闊的砂石場，另一邊則是星星點點的帆船與小船。我穿越M25道路的龐然呼嘯，行走一陣後遇到金屬柵門與史珮索多（Spelthorne）區議會設立的告示牌，建議我可沿著泥巴小道前往史坦斯荒野區。泥巴小道會引領我越過鐵路直上小橋，穿越地下道後直抵史坦斯荒野區。

這聽起來毫無吸引力，讓人思考是否應該調頭，不過我瞄到地下道壁畫似乎別出心裁，打算仔細瞧瞧。畫家描繪的似乎是史坦斯荒野區的動物，這位不知名畫家深具才華，並且對前方的這塊未知土地懷抱滿滿的情感。壁畫勾起我的好奇心，因此踱步前往隧道盡頭，眼前迎接我的則是令人震撼的美景——無盡的金綠色相間的鄉村景致、滿布樹林與水塘的牧場，遠處則是低矮的綠色丘陵（正是保留區的山脈）。我懷疑是否有人將最美的薩福克郡（Suffolk）美景切下一整塊直接丟進了A30與M25道路之間。我眼前的柯恩河蔓延無邊成了滿是植物錯雜其間的沼澤。蒼鷺焦躁地望著我又拍起了百無聊賴的翅膀飛向百碼外。遙遠之外，希斯洛機場內飛機起起降降，發出低沉的吼聲。陣陣微風吹拂著綠草讓空氣中蔓延著的運輸噪音化成可堪忍受的低鳴。

不久後我才緩緩想起此處正是摩托比亞的預定地，我慶幸倫敦市沒有為了建造三萬人的未來城鎮剷除掉高原沼澤。對於史坦斯荒野區的兩萬人口來說，這塊綠地正是舉目所及唯一可享的綠洲，而土地的意義還遠超過於此。沼澤旁的告示牌所提供的資訊顯示，此處已有千年歷史，並且從未變動。約有一百三十種鳥類於此棲息，並有三百種植物在此生長。

前方有男人走來，他身上約有一千個刺青圖案並牽著惡犬，不過卻很友善地向我問好。

「這裡太美了。」我說。

「對啊。」他同意道。「希望他們別在這亂蓋東西。」
「有任何計畫嗎？」我難以按捺關切之情。
「老兄，他們想在這蓋飛機跑道。」
「這裡？」希斯洛機場位在遙遠的盡頭，根本無法銜接飛機跑道吧。
他點點頭。「下次你來的時候可能要小心大型客機飛過頭頂。」他似乎很滿意自己的幽默感。
之後我查找了一下希斯洛機場計畫案。這位老兄說得沒錯。史坦斯荒野區正是希斯洛機場第三跑道的西南專區。如果計畫成熟，史坦斯荒野區將徹底消失。新的飛機跑道等同將希斯洛機場向南與向西各擴展一．六公里遠，並讓機場延伸至洛斯貝里區域。所有剛剛我經過的美好宅院與湖泊都將消失，也就是半個洛斯貝里保留區。洛斯貝里的居民們將等同於寄宿於機場，高速轉動的飛機引擎將捲走所有居民的帽子。噪音將難以忍受，而史坦斯荒野也將不復留存。

史坦斯荒野區與M25高速道路之間的無人荒地本來就不是為了行人而存在，該處應該是為了重機騎士和期望擺脫大城市無止境車流、老舊床墊與殘破廚房的人而生的。當我穿越池塘、岩地後，終於發現一塊指示我過橋穿越泰晤士河通往艾罕的告示牌。我必須沿著M25高速道路下方而行，步道低於高速公路約七．六公尺，行走起來相當舒適、安靜。車流噪音從我頭頂呼嘯而過，但卻轉化為一陣陣奇異而遙遠的聲流。我沉浸在寧靜的樹林小徑，舉目盡是綠意。蝴蝶在野生醉魚草的草莖之間紛飛，迷你的小蟲也在陽光下振動雙翅。

大約行走八〇〇公尺後，步道往上攀升，高速公路右方突然出現可供橫渡河流的步橋，高速公路與步道於同一彎處過河，兩者間僅以齊腰的柵欄分隔。我走上橋，並因此經歷了永生難忘的經驗。在我左手邊是繁忙的車陣，我相信這絕對是歐洲最繁忙的一條快速道路。但是在我的右手邊約一八至二七公尺遠處，美景懾人，泰晤士河以絕佳的姿態展現夏日風情。在我眼前約九一公尺遠處，則是封閉而美麗的攔河堰。一艘遊艇停泊於此，船主看來正在和纜繩與機械把手搏鬥。遊艇旁為飯店，遊客正在花壇後方享用露天午餐。河岸的另一邊可見小渡船與迷人小屋。這裡的構圖美不勝收。如果你站在書店前挑選明信片的話，肯定會選這張。不過在我身後則是疾駛而過的車陣，我的夾克翻飛在空中。我正巧站在兩個世界的分界點上，兩個世界毫不相干，此情此景完全的超現實。

我不相信有人曾經走過這條橋。眼前的去路早已荒草蔓延。我用手撥開茂密的花叢以及隨風搖曳的雛菊，其他還有紫色、黃色以及帶著一抹淡淡藍色的野花。這根本是水泥中的花園。這就是倫敦最美的地方。倫敦本身就是一處花園。花朵在最不可思議的地方綻放——鐵路旁、垃圾場，而花朵的根部根本混雜在石堆與泥土之間。偶爾你會看見花叢從廢棄倉庫或老舊高架橋竄出頭來。如果人類明日消失在英國領土上，花朵也絕不撤退。對比我生長的美國真是天差地遠，在那裡你是用火焰槍控制雜草。在英國，走數公里的路你就會遇上意外的美景。這真的太棒了。

我在斜陂底部橫渡泰晤士河到另一邊，眼前風景堪稱一絕——綠油油未經人為破壞的拉尼米德草地一直綿延到翠綠雄渾的庫珀丘（Cooper's Hill），庫珀丘可說是薩里郡（Surrey）地帶最險峻的山頭。我一直都對這一帶很熟，只是從來沒有從拉尼米德這一側徒步漫遊，今日果真不虛此行。這片空蕩蕩的山頭目前由英國國民信託組織掌管，不過景色依舊迷人，特別是在和煦的日子裡。庫珀山頂有著少為人知的空軍紀念碑，石碑上華美地雕刻了兩萬零四百五十六位於二戰期間戰亡卻無墳的空軍。雖然過度推崇紀念碑有點奇怪，不過那兒確實在靜謐中透出情感與美麗，可惜的是，紀念碑位居遙遠陡峭的山頭，今日難以到達。我穿過草原轉向大憲章紀念館（Magna Carta memorial）而去，這露天圓形紀念館由美國律師協會籌資於一九五七年建成，堪稱一絕，畢竟律師向來沒做過什麼好事。當然《大憲章》確實在此簽署，只是沒人知曉確切地點，畢竟年代久遠。紀念館空無一人，我想這應該是常態。

再往前走還有我相當感興趣的甘迺迪紀念館，該館於甘迺迪遭刺不久後落成，以供緬懷。你必須頗費力地穿越樹林陡峭小道，才能親抵館場。哇，紀念館的設計師竟然是我們的老友傑利科。

傑利科顯然沒有太多預算和時間，畢竟紀念館在行刺後即草草落成，不過這裡有他熱愛的一切。紀念館步道由六十萬塊小型花崗岩板所組成，細細碎碎拼成了階梯，讓遊客蜿蜒迂迴入山。山頂是一塊巨大的花崗岩，上面爬滿了破損的缺口裂痕與縫補紋路，石碑上記載了甘迺迪就職典禮演說的部分內容。石碑旁是長凳和山楂花樹。此刻無人。或許我是這些年來唯一造訪的旅客。我在山坡下遇見兩位豐腴的女士，她們從灌木叢的縫隙窺視我好似窺視野熊。兩人穿著卡其色短褲、上衣以及運動鞋。背上則背著小背包。

「你剛從紀念館下來嗎？」其中一位女性問我。

「沒呀，我剛在草叢後大便。」我想這樣回答，但又改口說，「對啊，沒錯。」她的口音像是美國人，所以我刻意讓自己感覺更美國。「看起來滿不賴的。」我說。我想我在七年級後就沒用過「不賴」一詞了，感覺尚可。

「很遠嗎？」

「還好，不過得爬階梯。」

她看起來有點驚慌地問道：「有多少階梯？」

「我不知道，可能有五十或六十階吧。」

她們互看彼此一眼並進行協商。其中一位女士決定直接到附近喝下午茶；另一位女士則打算勇赴山頭，並在山頭休息。沒走幾步路，那位女士就發出溫布頓女網賽選手殺球時會發出的呼哈哈沉重喘息聲。我悄悄地聆聽她的喘息聲一會兒才出聲和她道別，但顯然她早已忘了我的存在。她決定和眼前的一五二公尺草原對決，並期待山頭會有舒適的椅子和汽水。我實在不敢和她說上面應該不太可能會有汽水，就算有，應該也會是熱的吧。

拉尼米德也是另一處幾乎要被剷平的僥倖之地。一九一八年此處曾規劃為住宅區。一位在美國發跡的英國人厄本．鮑頓（Urban Broughton）從建商手裡買下此區，並納入保護範圍。當鮑頓過世後，他同樣身為美國人的遺孀，將此地捐予英國政府。可以說，這塊原始而未遭破壞的淨土得以保留，完全源自於一位美國女性的慷慨大度。

我就這麼懷抱著激烈愛國的想法、調整背上的包包，前往溫莎一帶。

Chapter 6

A Great Park

偉大的公園

溫莎大公園爲古老溫莎森林的遺跡。溫莎就像是一小塊奇幻之地，歡愉之土，樹林、農地以及如詩如畫的莊園工人小屋、蜿蜒奇幻的無人祕徑。溫莎公園占地一〇三六〇公頃，地處倫敦市邊緣，但仍舊無法掩蓋獨特光輝。

◆

一九一七年，當英國衛生部在美國高等學院張貼「你希望到英國接受精神科護士的訓練嗎？」的海報後，一連串不可思議的小事猶如雪球滾動般接連發生。

很顯然，這張海報吸引人的程度是零，也因此沒有引起太多注意。這種海報應該一收到就會被扔進垃圾桶對吧。但奇怪的是，有一張貼在愛荷華大學宿舍布告欄的護士招募海報竟然吸引到我兩個住在狄蒙市的好友，伊麗莎白·鮑福·瓦頓（Elsbeth 'Buff' Walton）以及芮恩·泰格史坦（Rhea Tegerstrom）。這兩位奇葩看到海報後不但反應不錯還打算有所回應。幾個星期後，她們就以見習護士身分出現在數千公里外薩里郡維吉尼亞湖城（Virginia Water）的哈洛威精神療養院（Holloway Sanatorium），穿著天空藍的制服、頭頂白色小帽。

我的人生向來都由他人決定的小事所掌控，不過本人虧欠最多的絕對是鮑福與芮恩，正因為她們毅然決然勇赴海洋的另一端，我的生命也就此有了天翻地覆的改變。如果沒有她們，我絕對不會想來英國，也不會遇見我的太太，讀者們手中的書可能會變成《我在皮奧里亞的四十年》（*My Forty Years in Peoria*）。老天保佑這兩位女士。

隔年，當我結束夏日歐洲便車之旅時，決定到英國看看古怪的鮑福與芮恩，她們似乎過得不錯。原本我打算直接從英國返回狄蒙市，不過那天我們似乎在溫莎公園東側恩格爾菲爾德綠地（Englefield Green）的巴利摩爾酒吧玩得太盡興了，因此她們提議我也在醫院找份差事。她們勸說我，精神療養院最缺人手。因此隔天我就魯莽地投了履歷，對方也欣然接受。這跟加入軍隊沒有兩樣。我被引導到地下一樓的儲藏室，醫院給了我兩套炭灰色的制服、一條細細長長的黑色領帶、兩件白色上衣、三件摺疊得整整齊齊的白色實驗室外套、一些床單和枕頭套、一串鑰匙，以及一堆我還來不及看清楚就已經收下的東西。我被分配到男寢室的其中一間，並負責照料杜克病房。我搖身成為國民保健署的僱員、英國居民、某類成年人以及全職的外國佬，這全是我在二十四小時前從沒想過的。很快地，我遇見了一位個性奔放的實習護士辛蒂亞（Cynthia），並同時愛上了她和英國。四十年後，辛蒂亞與英國仍是我的最愛。

我的英國生活就從這裡開始。好久沒回來了，我打算在這一帶晃晃，好好回味我早年的不列顛生活。因此，在這不太英國的湛藍夏日清晨，我從溫莎附近的旅館出發，沿著寧靜如昔的必經「長路」（Long Walk），步向溫莎大公園，那裡可說是我過去的一切所在。

溫莎大公園為古老溫莎森林的遺跡。溫莎就像是一小塊奇幻之地、歡愉之土，樹林、農地以及如詩如畫的莊園工人小屋、蜿蜒的無人祕徑（唯有與莊園洽公者得以使用）。溫莎公園有湖泊、超大草坪的馬球場、四散的雕像以及裝飾物、成群放養的鹿兒，還有偶爾會加上圍欄的皇室活動範圍，如女王童年時曾度過許多時光的溫莎城堡。溫莎公園占地一〇三六〇公頃，地處倫敦市邊緣，但仍舊無法掩蓋獨特光輝，不過相比之下，溫莎公園的旅客數少，也鮮有人造訪一探皇室私人生活。

長路的終點為平緩的雪丘（Snow Hill）頂部，上頭擺放著喬治三世的騎士雕像，在此可一覽溫莎城堡與附近鄉村的環繞視野。據傳，亨利八世曾經縱馬至此聆聽宣告處決安妮·博林（Anne Boleyn）的隆隆炮聲。這裡一切安好，唯有飛機從我頭頂快速掠過，拋下惱人陰影，並準備在東方八公里遠處的希斯洛機場降落。飛機離我極近，機身底部的型號一覽無遺，引擎聲震爆耳膜，這裡的飛行噪音遠勝於洛斯貝里，畢竟溫沙就在飛行路徑範圍內。天啊，真無法想像如果東倫敦人得忍受希斯洛機場的第三跑道區。希斯洛機場每年起降的飛機已達五十萬次。若有第三跑道相助，每年起降飛機將達七十四萬次。到底要到什麼時候人類才能學會見好就收呢？

我們應該已經到底線了吧。你想想看上一次你訂倫敦到紐約或巴黎或墨爾本的機票時，有多少選擇？超多吧？有各式各樣的選擇，不管是航空公司、出發時間、回程時間。有超過百分之五〇的選擇根本不需要存在。有個理論是如果希斯洛機場不擴編，那其他歐洲機場也會接手業務。每年戴高樂機場的載客率較希斯洛機場少了千萬人次，但前者擁有四條飛機跑道，後者則擁有兩條飛機跑道。阿姆斯特丹機場較希斯洛機場少了兩千萬人次，但卻擁有六條飛機跑道。人們的說法是如果希斯洛機場不擴增跑道數，就會失去其競爭力。但是我的問題是，這種問題要發生的話早該發生了。

讓我告訴你多了兩條飛機跑道後會發生什麼事。希斯洛機場會有更多的起降班機，只是機型較小。這就是美國機場的下場。從前，每日約有四到五架標準尺寸的客機從芝加哥飛往丹佛、聖路易斯或明尼阿波利斯。現在，每日班次增為數十次甚至更多，但是都是小型的區域型客機，裡面坐著三十個動彈不得還得把腳放在兩眼之間的乘客。你有了更多的選擇，但服務品質大大降低。如果你增加了小型飛機的班次，意味著機票銷售不佳的班次必須被取消，而所有乘客都得改搭下一個班次。

你知道希斯洛機場的建造地點完全是個意外嗎？二戰後，加拿大商人阿爾弗雷德·克里奇利（Alfred Critchley）以推廣賽狗賺了一大筆橫財，他接著投入水泥事業，並慫恿小型水泥商加入夢幻企業藍圈（Blue Circle）水泥公司，以此累積巨大財富。戰爭時期，克里奇利協助成立飛官訓練計畫，正由於他對飛行的一丁點了解又具備傾倒水泥的知識，因此戰後順利獲得建造新機場以取代克羅伊登舊機場的機會。我一直以為某些重要而實際的因素主導了希斯洛機場的選址——像是地基的多孔程度或是地下水位深度，但是事實上真正的原因是因為此地恰巧介於克里奇利的倫敦辦公室與桑尼岱爾（Sunningdale）的私人住宅之間。

克里奇利於一九六三年過世，當時希斯洛機場還不是現在的龐然巨物，克里奇利根本不知道他給全世界帶來了什麼罪孽，他過世前機場原址都還是一片祥和與美好。我剛好有三捲希斯洛當年拍攝的Viewmaster幻燈片，我很寶貝這些幻燈片，裡面只有十六架飛機和數十名穿著典雅的旅客。一名有著帥氣鬍子的男人似乎掌控了整個塔臺。飛機航廈看起來新穎、現代，而且很空。所有等待登機的旅客看起來極度幸福。當旅客登機後，幸福不減。空姐好像不只會給你一大托盤的食物，還會微笑著等候你把食物吃光。

那真是最好的時代，與今日不可相提並論。你能相信曾經有一天飛行餐點令人興奮、空姐看見你也很開心嗎？那時候，坐飛機是一等一的好事，因此你會穿上最體面的服裝。那就是我生長的年代：百貨公司、電視餐、電視本身、超市、快速道路、冷氣機、露天電影院、立體電影、電晶體收音機、在院子裡的烤肉、坐飛機旅行，這些都是當時嶄新而神奇的點子。天啊！我們竟然平安度過一切沒有因為過度神奇的世界而頭暈目眩。我記得有一天我爸帶回來一臺插電後會發出超惱人噪音的機器，它會把冰塊變成剉冰，我們全樂歪了。我們真的很像笨蛋，但是快樂無比。

我在公園裡愉快漫步，並在主教之門（Bishop's Gate）附近轉往樹林密布通往恩格爾菲爾德綠地的小道。恩格爾菲爾德綠地正如其名，自然有著寬闊美麗的鄉村景色。我猜此地約一．二至一．

六公頃，四邊都有著大型獨棟住宅。小鎮南方盡頭有間巴利摩爾酒吧，現場看起來比我印象中小很多，但仍有著自己的風格。我突然意識到，上次造訪巴利摩爾酒吧可能是四十年前了。酒吧還沒開門，我從窗邊探頭觀望，好險，酒吧看起來沒什麼驚人的大變化。我記得鮑福的男友本恩曾經指著對面綠浪邊緣的大房子，跟我說那是寫下《聖徒》（*Saint*）系列偵探小說的作家萊斯利．查特里斯（Leslie Charteris）的房子。這讓我嘖嘖稱奇。畢竟我們在愛荷華州從來不知道名人的家在哪，當然也是因為愛荷華州根本沒有名人吧。

我應該算不上是萊斯利．查特里斯的粉絲，真的不知道他是誰，不過每個月我老媽都會在超市花二十五分錢買一本科幻小說《聖徒》，她總是讀得津津有味。這說明了一切。查特里斯不單是知名作家，他根本就是雜誌的化身。每當我經過那間大宅院時，我總是拖拖拉拉磨磨蹭蹭希望可以藉此遇見才氣縱橫的查特里斯，不過我沒那好運。我本來幻想他是個極富品味的英國男人，就像他在書中創造的角色山姆．譚普勒（Simon Templar）。不過後來我才知道查特里斯是半個中國人，一九〇九年他出生於新加坡，本名萊斯利．殷（Leslie Yin）。所以如果我真的見得本人的話，恐怕會以為他是查特里斯的草藥師之類的。當時我不知道原來查特里斯過著如隱士般的偏執生活。雖然羅傑．摩爾（Roger Moore）主演的電視劇讓查特里斯聲名大噪，不過他早就停筆，改讓影子作家代勞。影子作家比你想像的常見喔，本書的作者其實就是安迪．麥克納伯（Andy McNab）。

恩格爾菲爾德綠地只要沒了綠地就啥都不是，現在看起來更像是處於放棄治療的狀態。以前這裡還有銀行、肉鋪、蔬果店，現在早已人去樓空，只剩一些咖啡店和小餐館以及家家戶戶門前的垃圾子母車。誰知道這些人為什麼住在這裡，不過我肯定他們非常善於製造垃圾。

恩格爾菲爾德綠地再過去的艾罕山山頂附近有繁忙的A30快速道路，以及倫敦大學的前哨站皇家哈洛威學院（Royal Holloway College）。皇家哈洛威學院地處倫敦郊區邊緣高地上，為巨大的英式凡爾賽宮建築，出資者為專利藥商與慈善家湯瑪斯・哈洛威（Thomas Holloway）。皇家哈洛威學院為十九世紀時全世界最宏偉的建築物之一，直到今日，初次造訪者仍不免為其龐然之姿所震撼。主建築從前至後約一五二公尺長，環繞約〇・五公里。建築物含八百五十八間房間以及兩座寬闊庭院。不過凡爾賽宮為皇室之居，而皇家哈洛威學院則為女子學院，在當時女子學院仍舊相當罕見。沒有人知道為什麼湯瑪斯・哈洛威與夫人決定捐贈大筆財富興建女子學院，更沒有人知道為何他們又在四公里遠處的維吉尼亞湖城建造了遙相呼應的哈洛威精神療養院，以照顧精神錯亂的病患們。

兩座建築物皆由建築師威廉・亨利・克羅斯蘭（William Henry Crossland）所打造，他在建造了兩棟巨型建築物後，旋即奇異地進入事業清淡期。在往後的二十二年歲月裡，克羅斯蘭再也沒有插手任何建築計畫。相反地，他沉浸在與小他十八歲的女星伊麗莎露絲・豪特（Eliza Ruth Hatt）的戀愛裡，還與她共組第二個家庭，然而他仍舊與原本的家庭維繫著良好關係。通常，他會花不少時間陪伴元配與小孩，再花另外一部分時間照料伊麗莎露絲・豪特與兩人所生的小孩。最終，兩個家庭耗盡他所有精力與財富，元配與情人也都對他失去了耐心，一九〇八年，赤貧的威廉・亨利・

克羅斯蘭獨自於倫敦的廉價旅館過世。

這絕對說明了什麼。

我沿著貝克漢巷（Bakeham Lane）慢行至維吉尼亞湖城，貝克漢巷和其他古怪的英國道路一樣，在半途又改名為卡洛丘（Callow Hill）。卡洛丘似乎比以前更為繁忙，垃圾紛飛，不過基本上來講，仍舊是條綠蔭繁茂的優雅小路。想想真的很不可思議，為什麼人類能牢牢記住自己曾經頻繁經過的小路的細節，我感覺自己記得這一切——私人車道的弧度、房屋屋頂的形狀、前門扣環。過去十多年來我從沒回想起這些細節，不過現在卻清晰記得。其實我平常連自己吃過的早餐，或是兩個星期內沒碰面的人的名字都記不住。

我終於走到基督城路（Christchurch Road），這條筆直優雅的大道可以直通維吉尼亞湖城。以前這裡是我印象中最美的街道之一，將近一．六公里長的道路兩旁有著黑黑俏皮的房子，掛滿亂七八糟的創意美勞手工藝品、幾乎每戶人家都有著混亂而可愛的三角牆、前門與隨興的煙囪頭，每戶人家堪比小天堂，有著綠浪滾滾的灌木叢與鮮豔欲滴的玫瑰花。就像我在《哈！小不列顛》裡說的，這裡像是讓人跌進一九三七年《居家生活》（*House Beautiful*）雜誌裡面。現在，小房子全都消失了，財團將之買下改建為類似俄羅斯黑幫風格的超大宅院。

維吉尼亞湖城鎮中心也大大地改變了。所有我記憶中美好的事物都已不復存在。都鐸玫瑰

（Tudor Rose），全世界最可怕的餐廳也已消失在地表上，那裡的食物除了豌豆以外全都是黑色或深褐色，而豌豆則是淡灰色，我想我應該是唯一會懷念都鐸玫瑰的人吧。此外，魚販、旅行社和蔬果店也都關門大吉了。我忘記是哪一間商店還擁有女王母后頒授的皇家認證，女王母后的品味總是不凡。村裡唯一的一間銀行巴克萊銀行（Barclays Bank）已撤走。銀行門口的告示牌指示客戶轉往徹特西（Chertsey）進行交易。更可惜的是，連兼具作家、演員、導演身分的布萊恩·福布斯（Bryan Forbes）開的書店都已經消失。那間書店堪稱完美。我曾在裡頭花上數個小時，你可以在那讀完整本書。布萊恩·福布斯偶爾會出現，這對我這愛荷華小子來說，實在是不可思議。有一次我還目睹他和法蘭克·繆爾（Frank Muir）聊天，我差點沒當場暈倒。

我也曾在這間書店裡徹底感受到自己的男人味。有一天我在裡頭讀書，突然精神療養院的病患亞瑟（化名）走了進來。亞瑟年約四、五十歲，當天他打扮出奇地雍容華貴。他和其他病患一樣，都來自富裕優渥的家庭（此醫院自一九四〇年代以來就已成為私人醫院）。亞瑟穿著粗呢絨製的鄉村紳士風格外衣，實在很難讓人將他與精神疾病聯想在一起。可是，亞瑟的奇怪行為讓他必須永遠待在精神療養院內。他無法忍受陌生人對他說話。只要有人對他微笑或道早安，他就會氣得七竅生煙，並開始一連串激昂而富有創意的咒罵。其實全鎮的人都知道他的毛病，所以通常沒人會干擾他，讓他做自己的事。不過，那天掌管書店的是一位新來的甜美年輕女孩，她完全不知道亞瑟的怪癖，並問他是否需要幫忙。

亞瑟的反應是驚訝大過於憤怒，畢竟已經好幾年沒有人會在公開場合和他交談。

「妳竟敢跟我說話，妳這淫蕩的婊子。」他齜牙咧嘴咒罵道，並開始加速攻擊。「妳不准靠近我，妳這生膿包、腿開開的撒旦女兒。」只要亞瑟被激怒，總是會源源不絕地創造出怪異辭藻。那女孩以恐怖電影女主角淋浴時被猛力拉開浴簾，並被匕首攻擊時的驚駭表情看著亞瑟。

我挺身而出並用強硬的語氣說道，「亞瑟，把書放下，趕快離開。」

你只能用這招對付亞瑟，就是堅定地回應他。亞瑟溫順地把書放回架上，安靜地離開書店。

年輕女孩用純真感激的眼神看著我。「謝謝你。」她深吸了一口氣。

我用一種帶著勝利者卻又羞怯的表情回應她，賈利．古柏（Gary Cooper）在電影裡不都是這樣。

「我很開心能夠幫上忙。」我說。假如我帶著牛仔帽的話，應該會摩挲一下帽沿吧。

門突然打開了，亞瑟探頭進來說，「我晚上可以吃布丁嗎？」他很焦慮地問道。

「我還沒決定。」我的語調很尷尬，「要看看你晚上乖不乖。」

亞瑟準備要走，但我把他攔住了。

「還有，亞瑟，你以後不准再打擾這位小姐了。」我補充道。「你知道嗎？」

他喃喃致歉並偷偷摸摸地離開。我給了女孩另一個賈利．古柏風情的微笑。她對我崇拜得無以復加。這有點好笑，不過有些時候你就是有能力在瞬間改變事情走向。誰知道，剛剛的情況有可能變得多糟呢？畢竟她只有一百二十多公分高還圓滾滾的，我握了握她的手，祝福她有愉快的一天。

維吉尼亞湖城向來是權貴之地，巨大的屋舍前有著專屬道路，附近不乏貴族專享的溫特沃斯（Wentworth）高爾夫球場。但是維吉尼亞湖城邊緣仍有著較為樸實的住宅，當年我在《泰晤士報》（*The Times*）擔任記者時，就與太太和小孩們在其中一間戰前時期建造的磚屋度過約莫六年的快樂時光。我們住的社區稱作川普綠地（Trumps Green），當我走到那區域附近發現一切依然如昔時，自然鬆了一口氣。我們附近的馬路似乎停了更多的車子，不過除此之外，大致上沒什麼改變。房子附近有著數間小商店，提供我們日常所需——肉鋪、郵局、派報社、小雜貨店，莫里先生開的五臟俱全的五金行更是堪稱奇景之一。

我很愛莫里先生的小店。他從來不會讓我失望。不管你的購物清單上有什麼——亞麻籽油、兩吋釘子、煤桶、小罐銅油，莫里先生都賣。我相信就算你跟他說，「我需要一一四公尺的拒馬、船錨和八號的母夜叉服裝。」莫里先生也會立刻從鳥飼料罐和骨粉之間找到你要的東西。

莫里先生的情緒總是很歡愉高昂。問他生意如何，他老愛說：「不好，但是總比更壞好。」對我而言，莫里先生就是失落世界的守護者。當我看見莫里五金行的招牌一如往常而窗戶內一樣堆滿雜物、工具時，心情立刻雀躍了起來。當人類文明終於崩毀、殭屍橫行、北海淹沒英國海岸時，莫里先生還是會繼續挺著，繼續賣樟腦丸、蒼蠅拍、種子和鍍鋅材質的手推車。當英國沉沒至海平面以下時，莫里先生依舊不死，他會站在梯子的高處，成為最後的生還者。

我推開了大門，滿心期待再度看到他。莫里先生總是記得我。我相信他記得所有的老顧客。然而站在櫃檯後的陌生男子嚇了我一跳。莫里先生永遠都不會離開店面的啊。我發誓，如果你半夜到莫里先生的店，你會在黑暗中看見他佇立在櫃檯後面等待開店的時刻。

「莫里先生放假了嗎？」我問。

「他不在了。」那位男子用安靜又迷離的語氣回答。

「不在了？」

「他死了，不好意思。嚴重的心臟病發。大概四年前了吧。」

我瞬間說不出話來。「可憐的人，」最後我這麼回應，但其實我在想的是自己。畢竟我和他是同年紀的人啊。「太慘了。」

「嗯。」

「太糟糕了，可憐的人。」

「對。」

我真的想不出來還能說什麼了。突然想到，我根本不知道莫里先生是否有家庭或任何其他關於他的私事。但誰有辦法知道呢？「午安，莫里先生。給我一袋樟腦丸，對了，你感情狀況穩定幸福嗎？你是異性戀還是什麼戀呢？」除了五金世界以外，我對莫里先生一無所知。所以，我只能說聲謝謝，然後抱著灰暗的心情離開。

我踱步回到市區，回到舊精神療養院的附近，現在已改為叫做維吉尼亞公園的建物，四周有圍牆環繞，大門還有門禁設備。一九八〇年代時，精神療養院關閉，醫院主建築也改為公寓。原本療養院的廣場裡有花園和板球場，現在則是灌滿水泥的高級度假屋。我翻開亮晶晶的手冊，上面寫你可以以八十九萬五千英鎊的價格買到「精緻的鄉村豪宅、特級的重修別墅」。啊，不對吧，這裡根本不是什麼重修別墅，而是曾住著一群極度精神錯亂的病患，他們幾乎都來自英國最富裕的家庭。你今晚躺著的地方就是伯雅頓女士愛撒尿的角落啊。

從前，那裡是美好的隱居之處。人們在美麗的宅院裡迷失、晃蕩。對我而言，以建築師威廉・亨利・克羅斯蘭為湯瑪斯・哈洛威所打造的兩座建築來說，療養院更為特別。療養院也有廣大的臨街面，不過卻被中央的三角牆與小塔分隔成兩邊，不僅凸顯了細膩迷人之處，也少了壓迫感。我一直記得某個六月傍晚，剛剛成為療養院僱員的我從高處往下眺望，那真是我所見過最美好的景色。當時，哈洛威療養院的僱員正和另外一間療養院的員工比賽板球。屬於傍晚時刻的細長陰影掠過草叢。一群具有危險性的病患們帶著鐮刀、長柄鋤與大剪刀排成一排走過菜園。那時的英國真的是個無以言喻的美好地方。

我只能說，一切全都消失了。當療養院關閉時，病患們全被送至徹特西綜合醫院裡的新單位照顧。一開始和以前一樣，病患們還被允許自由地走動，但是最終不得不取消，過去病患們得以在熟悉的地方活動，但現在病患們會跑到不該出現的地方，和正在等待的病人討菸，或是謾罵其他病患為醜陋婊子等。一切的行為都不符合高效率、現代化綜合醫院的形象。因此，療養院病患們終被隔離，病患們多半陷入永久的渾噩之中，浮浮沉沉，沒有人有時間再喚醒他們。

回憶之所以美好正是因其為回憶。若回溯過往，我認為自己落腳英國時正是英國最完美的時代。這聽起來有點矛盾，畢竟英國當時國力不強。英國於接二連三的危機中淪陷，並被稱為歐洲病夫。當時的英國絕對不比今日。不過，那時候的圓環滿是鮮花，每個村鎮都有圖書館和郵局，那時候有很多診療所，並提供公有住宅給需要的人。當時的英國如此舒適、開明，療養院會讓員工和精神病患在維多利亞式的宅院裡盡情地打板球比賽。如果我們當時有能力做這些事，難道現在沒有嗎？我真的很希望有人能和我解釋，為什麼當英國越來越富裕時，英國人卻自忖匱乏。

所有哈洛威療養院的病患都瘋得極致，也因此成為療養院的長客，不過若療養院整體組織具足效率的話，病患們每天都可以出來買甜點、報紙或在都鐸玫瑰喝杯茶。對外來者來說，或許這很新奇，城鎮的居民們依然進行自個兒的日常活動，但是卻同時包容地對待頭腦混亂的病患們，任由他們激動地對空辯論或是站在麵包店外以鼻頭抵住玻璃窗戶。這應該就是最進步的社區吧，療養院員工可以在夏日傍晚打板球，而瘋子們可以四處漫遊與陌生人交談，也不會引起騷動或批評。這真的太令人讚歎了，幾近完美。真的。

那是我深知的英國，我真希望英國能重返當日。

Chapter 7

Into the Forest

深入森林

新森林其實不新也不是森林。該處在諾曼人征服英格蘭時期就已存在，雖然有小部分面積的樹林奔長，但絕大部分爲開闊的石楠樹叢，基本上很難讓人聯想到所謂的森林。新森林向來以野馬奔騰著稱於史，牠們縱橫四方，並以絕美姿態呼嘯而越城鎮村莊。

◆

I

每年我和老朋友丹尼爾・瓦爾斯（Daniel Wiles）、安德魯・歐爾米（Andrew Orme）相約一起登山一或兩次，今年還有來自加州的朋友約翰・法林（John Flinn）加入。我們曾經走過奧法堤（Offa's Dyke）、里奇韋（Ridgeway），跋涉行過峰區（Peak District）、約克郡岱爾區（Yorkshire Dales），沿著泰晤士河源頭逼近入海口，基本上就是伍利奇（Woolwich）城郊，還攀爬至多塞特郡（Dorset）的頂峰，以及數不清的冒險與挑戰。有一次我們慘遭泰晤士河畔的天鵝圍擊，相信我，你最好拔腿就跑，除了這樁慘案以外，行程裡我們碰到的多半是表情堅忍不拔而勇悍的牛群，當然，我們三不五時就會嚼嚼舌根抱怨東抱怨西。

今年出於某些狀況，我們只能相聚短短三天，因此決定在我非常中意的新森林（New Forest）心臟地帶的林德赫斯特（Lyndhurst）附近的飯店碰面。以前我在新森林附近的基督城住過兩年，當時在伯恩茅斯（Bournemouth）工作，常常在週六時閒閒四晃。那地區頗美。我必須向非英國籍的讀者解釋一下，新森林其實不新也不是森林。該處在諾曼人征服英格蘭（Norman Conquest）時期就已存在，雖然有小部分面積的樹林奔長，但絕大部分為開闊的石楠樹叢，基本上很難讓人聯想到所謂的森林。在過去，森林意指狩獵之場，可以為百木叢生之地，但也非絕對。所有英國過去最偉大的森林包括史伍德森林（Sherwood Forest）、查恩樹林（Charnwood），與雅頓莎士比亞之森（Shakespeare's Forest of Arden）皆規模銳減，甚至削減至零。唯有新森林依舊保有原初之浩大。

新森林向來以野馬奔騰著稱於史，牠們縱橫四方，並以絕美姿態呼嘯而越城鎮村莊。現在林德赫斯特成為森林的非官方中心點，旅客絡繹不絕。全英國的人都喜歡造訪林德赫斯特，並在此飽嘗始料未及的塞車之苦。我想，全英國沒有任何城鎮像林德赫斯特一樣如此遭受車水馬龍的痛苦，卻幾乎坐以待斃。在任何尋常的夏日，林德赫斯特可聚集約一萬四千輛汽車，蜂擁排隊等待在高速公路的單向號誌燈的丁字路口前。

恐怖的是，政府當局竟然找來高速公路工程師解決問題。我個人認為，全世界最沒有解決問題能力、特別是對道路問題毫無天分的，就是高速公路工程師。他們不但照表操課並且完全忽視車流因素，還時常將壅塞現象擴大。數年前，他們曾經在林德赫斯特推廣糟糕至極的單向環繞系統，該系統的基本概念就是盡可能地讓原本可以順向而過的車輛，橫衝直撞地衝往寧靜的郊區。單向環繞系統確保所有的駕駛者終會開往錯誤的道路，幾乎無人能免，駕駛通常得多開兩回合才能安然離開——第一次駕駛發現嗚啊開錯車道了，不過也沒法回頭，第二次再趕快擠入對的車道。我猜，林德赫斯特每日根本沒有一萬四千車次的造訪量，而是數千輛汽車不斷地重複在那圓環打轉。

通常在地人都會在抵達林德赫斯特前繞到便道並環繞城鎮而過，這樣不但能提早抵達終點，還能解決林德赫斯特的壅塞問題。我試著這麼做。我在派克丘（Pikes Hill）調頭轉往艾莫莉丘陵（Emery Down）的方向而去。但是赫然發現那些狡詐的道路工程師將便道縮減為單向道，並減少可迴轉的地方，以盡可能地全面控制車輛方向，也因此，現在便道和林德赫斯特一樣壅塞。這些蠢蛋真不是蓋的——他們確保每一公尺的道路都差不多毀滅，甚至製造出比原始問題還巨大的災難。我花了一小時又二十分鐘才回到原點，又花了半小時才回到大街上的旅館。

我的登山夥伴們也沒有比較幸運，所有人都深受交通混亂之苦。當我們全員集合時，已經一點了，當務之急就是找點東西填飽肚子。林德赫斯特周邊有個叫天鵝綠地（Swan Green）的景點，復古的茅屋圍繞著綠地。不少軟糖包裝都以天鵝綠地為主視覺。我們打算在天鵝綠地對面的天鵝旅館

（Swan Inn）相伴吃喝一頓，解除開車的疲勞。我們仔細地研究了一下菜單，在吧檯前點餐。

「嗯，我們現在不接餐了。」年輕的酒保對我們說。「現在廚房太忙了。」他又補了一句。

我們探頭張望了一下。廚房一點也不忙。

「那要等多久呢？」我們問。

他看了看寂靜的廚房說，「不確定喔，四十五分鐘左右吧。」

情況有點詭異，畢竟天鵝旅館一直以自家餐點為豪，而非單純喝喝啤酒的酒吧，黑板上寫著密密麻麻的主廚推薦餐點，餐桌上也擺放好了餐具和菜單。

「不好意思我想確定一下，」我提問，「星期天下午是遊客最多的時候吧，你很意外有人走進來說要吃午餐嗎？」

「我們星期天人手不足啊。」

「星期天不是最忙的嗎？」

他直接了當地點點頭。

「是沒錯。」

「然後大家都去放假了？」

「沒辦法，今天是星期天啊。」他又重複了一次，好像怕我沒聽懂一樣。

安德魯推了推我的手肘打算把我帶開。他一定有偷看平常太太是怎麼對付我的。我們回到林德赫斯特找到一間可以提供我們午餐，又不會讓廚房陷入崩潰的咖啡廳。就在精神大大恢復之後，我們沿著黑樹林與樹叢漫無目的地遊蕩，迎向美好的探險之旅。

散步的美妙不可言喻。比爾．布萊森已經把一生之中所遇見的所有可悲的蠢蛋都拋在腦後，蠢蛋灰飛煙滅，世界只剩平和、溫暖與快樂。和朋友們一起散步，妙感更是加倍。林德赫斯特讓旅客步伐闌珊，人們往往聚集到外圍城鎮柏頓班奇（Bolton's Bench）一帶，那裡有幾棵著名的紫杉木，更重要的，停車場就在那裡。我曾經讀到美國人平均步行一八三公尺就要回到車上，我猜英國佬也好不到哪裡去，而且他們可能在躲回汽車前還會四處丟點垃圾、弄個刺青。

當我們離開林德赫斯特進入茂密樹林時，幾乎獨享了整座森山，這真的太棒了。今天滿適合散步。陽光明媚，氣候溫暖。許多野生小馬嚼著草。野花四處綻放，頻頻隨風搖曳。安德魯是我們的自然史嚮導，一一為我們解釋植物的名字——女士褥瘡、黃牛痘、癢癢我內褲、噴嚏、老屁股縫。我沒有帶筆記本，不過基本上他介紹的植物名稱差不多就是這種風格。

請讓我介紹一下登山夥伴：

丹尼爾．瓦爾斯是退休的電視紀錄片導演。我們在二十年前製作《南岸節目》（*South Bank Show*）時認識，並一直維持友誼關係。他喜歡在傍晚時吃冰淇淋和睡懶覺。

安德魯．歐爾米是丹尼爾的老朋友，真的，他們在寄宿學院時代就認識了，那時他們還是蒼白、瘦弱、纖細的小朋友。他們老愛談住宿學院的往事。安德魯是我們之中最聰明的——他上過牛津大學，所以我們老愛在女老闆面前拱他，也讓他負責拿地圖和做一切決定。

約翰・法林以前是《舊金山紀事報》（*San Francisco Chronicle*）的旅遊編輯，不過現已退休。法林仍不時撰寫旅行散記，也頻繁造訪英國，因此可以成為我們固定的登山夥伴。法林熱愛棒球，並對模特兒雪莉兒・蒂格絲（Cheryl Tiegs）念念不忘，他讓我也開始瘋迷蒂格絲，她永遠以四十年前的青春模樣活在我倆心裡。

我們刻意不在非登山日碰面，因此每次登山時才會有源源不絕的話題。安德魯和丹尼爾邊走邊聊公立學校的往事，不就是體罰和蒸布丁。通常他們一碰面就會談論不休。約翰和我喜歡談美國政治和棒球。他也有一堆關於加州的詭異故事。這次他說有個加州老兄在家附近被公園警衛電擊重傷，只因為他不把狗繫上狗鍊。

「因為不繫狗鍊就被電擊？」我問。加州不乏匪夷所思的事情。

「不完全是這樣。警衛本來試圖把他趕出去，不然就要電擊他，沒想到他就心臟病發作，差點丟了性命。」

「官方單位常常在你們那邊的公園電擊人？」

「有個行動團體的訴求就是把狗上狗鍊。他們開始展開鎮壓了。」

「武力鎮壓？」

「哎，他們沒有常常電擊人啦。那時候公園警衛要那男的等一下，她想檢查對方的身分……」

「公園警衛可以盤查身分？」

「看起來是可以的，但是她不知為何弄了老半天，那男的開始不耐煩說，『聽著，妳要麼把我登記起來，不然我要走人了。』但警衛不接受，在幾分鐘的交涉之後，那男的說，『這根本浪費時間。我還有事要忙，而且妳沒有扣留我的權力，畢竟妳只是公園警衛好嗎，我要走了。』他調頭就走。」

「然後她就電擊他？」

「我記得，就在肩胛骨之間。」

我們討論了這檔事一會兒後，開始繼續聊雪莉兒・蒂格絲。

因為出發時間太晚，所以我們並沒有走太遠——我們走了約五公里，直到巴克勒哈德（Brockenhurst）附近的巴爾默草坪（Balmer Lawn）。傍晚陽光讓景色顯得更為奪目。我們就站著觀賞美景幾分鐘，再調頭返回林德赫斯特。雖然沒有太過刺激，不過這也是不錯的開始。

我回到飯店洗個澡，坐在床邊看電視，等著喝酒。我懷疑，千百年來，除了臥病在床的人以外，還有任何人會看 BBC One 頻道嗎？我轉了一下遙控器看看還有什麼選擇，唯一能看的應該是邁克爾・普迪路（Michael Portillo）的節目，他穿著粉紅色上衣和黃色長褲在北英格蘭搭火車旅行，手裡還拿著破爛旅行書。他三不五時會跳下火車，花個四十秒聆聽地方史學者描述一些原本存在於當地但早已消失的事物。

「所以這裡原本是蘭開郡（Lancashire）最大的義肢工廠？」邁克爾會這樣問。

「是的。全盛時期曾有一萬四千名女工在這裡工作。」

「天啊。但是現在變成阿斯達（Asda）超市？」

「是的。」

「天啊，也是發展不錯啦。好吧，我要去奧爾德罕（Oldham）參觀羊毛鞋了。再見。」

這真的是唯一能看的節目。

晚餐時我提了一下剛剛的節目。「我還滿愛邁克爾・普迪路的啊。」丹尼爾說。不過丹尼爾根本沒有不喜歡的人。他還跟我說很多衛星電臺的工作人員數目比觀眾還多。

我和大家報告個人觀察，這世界已經被蠢蛋控制了。他們認為這就是年紀大的痛苦。你活得越久，越知道世界屬於其他人。後來才發現，丹尼爾的狀況比我還糟。他有一整個關於「回到過去」的清單。我是不記得他清單的所有內容啦，但是其中包括了離開歐盟、恢復以黃金價格為標準、恢復死刑與大英帝國、恢復家送牛奶以及禁止移民。

「我就是移民啦。」我提出異議。

他嚴肅地點點頭。「你可以留下，」他通融了，「但是你必須知道自己是在永久的緩刑期間。」

我向他保證，我內心一直覺得自己正是這樣。

剩下的時間我們都在狂飲啤酒，繼續數落活著的不是，不過既然讓我過得不爽快的原因是記憶差，因此我根本記不住我們叨唸了什麼。

II

林哥·史達（Ringo Starr）曾經和我比鄰而居，但是至少有半年以上的時間我毫不知情。我曾經和太太居住在桑尼岱爾的舊工人小屋區一小段時日，而我所謂林哥是我鄰居的意思是，我的後門籬笆正面對著林哥的私人土地。林哥的房子在數百公尺遠處的綠色山坡上，並被嚴密的樹林包圍著，不過以某種程度來講，林哥依然算是我的鄰居吧。我聽說林哥是和真的住在我隔壁的鄰居多奇（Dougie）買的房子。

「什麼，你竟然沒遇過他。」多奇說，「他常常去納格斯海德飯店（The Nag's Head）啊，他人還不錯。」

我回家對太太說：「你猜猜誰住在那大房子裡？」

「林哥·史達。」她說。

「妳怎麼知道？」

「當然。我們常看到他啊。上次在五金行我還排在他後面。他買了鎚子。他真的很好，還跟我打招呼。」

「林哥・史達和妳打招呼？披頭四和你打招呼？」

「他已經不是披頭四了。」

我不理她。

「披頭四的林哥・史達在我們家附近的五金行買鎚子還和妳打招呼，妳竟然都沒想到要告訴我？」

「只是買鎚子而已。」

這就是英國佬，他們總有一堆類似的故事。事實上，他們還跟我說過更離譜的故事。我不知道為什麼話題會回到披頭四身上，不過隔天我們在茂密的森林步道，我和大家說了林哥的小故事。夥伴們很讚賞地點了點頭。丹尼爾沉默了一下才說：「我在大學的時候，有次和約翰・藍儂（John Lennon）瞎混了一下午。」

我立刻察覺到丹尼爾的故事已經徹底擊倒五金行傳奇。

「真的嗎？」我問。「你們幹麼了？」

「我在訪問他。而且我相信那就是『消失的訪問』。」

天啊，這聽起來比我的故事好上百萬倍。

「你和藍儂做了消失的訪問？」

「我想是噢。」

「是怎樣啊？」

「嗯，那是一九六七年。披頭四剛做完《比伯軍曹寂寞芳心俱樂部》（*Sgt. Pepper's Lonely Hearts Club Band*）專輯。我當時讀基爾大學（Keele University），和同學莫里斯·欣德（Maurice Hindle）一起寫信問藍儂能不能接受學生雜誌的採訪，我們沒打算會收到他的回覆，更別提做什麼訪問了，但他說，『好啊，你們不如來我韋布里奇（Weybridge）的家一趟。』所以我們就搭火車到韋布里奇，藍儂到火車站接我們。」

「約翰·藍儂到韋布里奇火車站接你們？」

「還開迷你寶馬（Mini Cooper）。那真的很超現實。我們整個下午都待在聖喬治丘（St George's Hill）的藍儂家。他人很好，很普通。他也沒比我們老多少啊，不是嗎？而且我想他應該很渴望能和一些普通人交談。房子是一團亂。他和辛西亞（Cynthia）剛分開，家裡沒有任何乾淨的盤子或什麼的。我們打算喝點茶，但連個乾淨杯子也沒有，所以只好洗了幾個杯子，不過我記得當時心裡這麼想，『天啊，我和約翰·藍儂一起在廚房洗小茶杯。』我負責問藍儂新專輯的部分，莫里斯負責拍照。等我們回到學校後，莫里斯打算自己沖照片省錢，卻把底片都沖壞了。他銷毀了我人生中最燦爛的一天。我那時候真的很想把他碎屍萬段。」

我想我們都很了解他的心情。

「藍儂後來再也沒做過類似的訪談了。」丹尼爾繼續說。「那個訪談被稱為消失的訪談，但其實根本沒消失過，因為錄音帶一直在我這啊。四十年後，我們以兩萬七千英鎊的價格在倫敦拍賣掉了錄音帶。買主是硬石餐廳（Hard Rock Cafe）。」

「哇。」我們發出整齊的讚歎聲。

我突然覺得千萬不要再說作家萊斯利．查特里斯的故事了。

「不過你的林哥故事還是很可愛啦。」丹尼爾很大方地對我說。

約翰突然想起來十四歲的時候曾經看到雪莉兒．蒂格絲從公寓走出來，他跟著她走過好幾條街直到她消失在另一棟建築裡。丹尼爾和安德魯不是很關心雪莉兒．蒂格絲，他們繼續討論犬齒和早晨洗冷水澡之類的鳥事，而約翰則是不停地回憶他如何快步走過並超前蒂格絲二十幾公尺，再一派輕鬆地調頭回來，好目睹蒂格絲的美貌。他在四個街口的範圍內做了十一次調頭的把戲，但因為裝作若無其事的樣子，所以蒂格絲完全沒注意到他的存在。我真的很愛這個故事。

我們就這樣度過了早晨的森林散步。

我們的目標是敏斯塔德（Minstead），北方森林空地間的村莊。安德魯認為這條步道相當值得一探——步道確實不錯，只是我們等同於走過漫長而不間斷的整座森林，此外，敏斯塔德也有很美的教堂。意想不到的是，敏斯塔德教堂墓園裡有創造夏洛克．福爾摩斯（Sherlock Holmes）的作家亞瑟．柯南．道爾（Arthur Conan Doyle）的墓碑。

因為降靈學（spiritualism）[6]的緣故，柯南·道爾曾在一百年前造訪新森林。一百年前，降靈學會莫名地得到許多關注。除了柯南·道爾以外，首相阿瑟·貝爾福（Arthur Balfour）、自然學者阿爾弗雷德·羅素·華萊士（Alfred Russel Wallace）、哲學家威廉·詹姆士（William James）與著名的化學家威廉·克魯克斯爵士（Sir William Crookes）等，都是狂熱的信仰者。一九一〇年左右，降靈學的信徒越來越多，甚至想成立屬於自己的黨派。不過，柯南·道爾的熱誠絕對勝過其他人。他寫了將近二十本關於降靈學的書，擔任國際降靈學會會長，並在倫敦西敏寺附近開了一間通靈書店與博物館（其建築於二戰中炸毀）。我猜，會通靈的道爾早就料想到有這一日吧。

不過問題在於就算以最寬容的宗教標準來看，道爾對降靈學的著迷也太超過了。他認為花仙子與森林精靈都是真的，甚至還寫了一本《花仙子降臨》（*The Coming of the Fairies*），堅信祂們的存在。道爾透過幾次的降靈會認識了美索不達米亞尊者菲尼亞斯（Pheneas），他不但給道爾許多生活上的指引，還警告他即將到來的大災難。道爾在《菲尼亞斯之言》（*Pheneas Speaks*）一書中透露一九二七年世界將被大洪水與地震劇烈撼動，其中一個大陸將會沉沒於海。當預言的災難未如期發生時，道爾辯解菲尼亞斯所指的年分有誤（因為他使用美索不達米亞曆，不然咧），不過他們確信災難總有到來之日。

在菲尼亞斯的指示下，道爾在敏斯塔德買了一間房子，白天他會靜坐森林裡拿著相機，希望目睹精靈降臨（這從來就沒有發生過）。到了傍晚，他還會弄個降靈會，和身分顯赫的死者對談。查爾斯・狄更斯（Charles Dickens）和約瑟夫・康拉德（Joseph Conrad）紛紛請求道爾幫他們完成死前未竟的小說。而曾經嘲笑道爾並剛巧過世的傑羅姆・克拉普卡・傑羅姆（Jerome K. Jerome），則透過第三者表示：「請轉告亞瑟我錯了。」道爾將所有事蹟視為不證自明的降靈學證據。特別的是，儘管迷戀降靈學，道爾仍舊繼續創作風靡全世界的福爾摩斯系列，並展現強悍的邏輯思考，我想他一定強忍著不讓福爾摩斯弄降靈會破案吧？不過如果真的這樣鋪梗那也挺棒的啊。

一九三〇年道爾過世（不過降靈派是不會死的，他們只是僵直不動而已），並葬於薩塞克斯郡克羅伯勒（Crowborough）舊居的花園裡。當道爾夫人過世時，選擇合葬於同一處。一九五五年，當道爾之屋拍賣時，新屋主相當抗拒花園裡有死屍的創意，決定把道爾夫妻挖出來，重葬於敏斯塔德的聖徒教堂（All Saints）墓地。當時屋主的遷墓行為曾掀起波瀾，畢竟拒絕死亡的降靈派和基督教根本是兩碼子事。不過，道爾最終仍舊安然長眠於敏斯塔德聖徒教堂墓地達半個世紀之久。

聖徒教堂富麗堂皇，有多層次的佈道壇和相當獨特稱作「客廳長椅」的側房，讓馬爾鄔城堡（Malwood Castle）堡主可以在舒適環境下聆聽佈道。我們謹慎打量客廳長椅再到附近的忠僕酒館（Trusty Servant）吃飯。這是一間老酒館，但是又用非常做作的方式重新裝潢過，讓我覺得渾身不

6——十九世紀末至二十世紀初相當流行的招魂術。

自在，這就像飯店老愛把書排排放在酒吧裡然後說那叫圖書室。忠僕酒館價格不菲。乾酪松子青醬雞肉漢堡要價十二．七五英鎊。油封鴨佐白菜、醃大黃瓜和紅醋栗漿果要十六．二五英鎊。我寧可付錢請別人幫我吃這些東西。不過餐廳裡一堆人開心地大嚼大嚥。我忿忿不平地點了八．五英鎊的簡餐。

午餐後，我們步行至距離敏斯塔德約四公里遠的魯夫斯之石（Rufus Stone），魯夫斯國王也就是威廉一世之子威廉二世，曾在西元一一〇〇年的夏天，在此遇險。當時魯夫斯與密友們正在狩獵，卻讓沃爾特．泰瑞爾（Walter Tyrrell）誤以箭頭穿胸，當場死亡。魯夫斯死不足惜。他又矮、又肥、有著沒光澤的金髮與暴烈性格（魯夫斯正是粗暴之意）。他不但無禮、淫蕩而且陰陽怪氣。他終身未婚，也似乎不在乎有沒有人繼承王位。泰瑞爾堅持自己無刺殺國王之意，箭頭誤射樹頭後轉而刺入魯夫斯胸膛，不過沒人相信他的鬼話。據傳，泰瑞爾為求自保，縱馬奔向法國，還讓馬兒穿上反置的馬蹄，以此惑人耳目。

魯夫斯之石是塊黑色方型尖碑，約一二二公分高，三面銘刻紀念文。沒有人知道這裡到底是不是魯夫斯墜馬之地，甚至此地究竟是否為狩獵點都不得而知。此外，也有專家認為魯夫斯死於東南方數十公里遠的博利厄（Beaulieu）。我知道，魯夫斯早已遠逝，不過看見如此簡樸隨便的英王石碑，仍舊讓人感到意外。

基本上，若要體會散步的樂趣，必得通過自身的行走而非閱讀。因此，我不想挑戰讀者的耐性逐一贅述第三天的登山行程，只能說，過程相當愉快，我們還恰巧經過具有文學象徵意義的卡夫諾爾（Cuffnells）豪宅。卡夫諾爾為愛麗絲・利德爾（Alice Liddell）的家，她正是《愛麗絲夢遊仙境》（*Alice's Adventures in Wonderland*）作者所參考的角色對象。我知道年幼的愛麗絲曾居住於牛津並誘發口吃數學家查爾斯・路特維奇・道奇森（Charles Lutwidge Dodgson）[7]的想像力，為討好她而寫下無數故事，採集成冊成為《愛麗絲鏡中奇遇》（*Through the Looking-Glass*）等書。但是我從未想過後來的愛麗絲過得怎麼樣？原來，成年後的愛麗絲美貌動人，並且在新森林過著相當不快樂的生活。

事情原本可以有不同的結局。愛麗絲年輕時被維多利亞女王最年輕的兒子奧爾巴尼公爵利奧波德（Leopold, Duke of Albany）所追求。愛麗絲不僅貌美並且相當富有智慧；她的基因想必會對皇室帶來些許的提升作用。可惜女王因為愛麗絲的平民身分拒絕婚事，利奧波德只得轉而尋找其他受精目標。愛麗絲最終選擇與個性善良的平民雷金納德・哈格里夫斯（Reginald Hargreaves）共度一生。

哈格里夫斯於卡夫諾爾豪宅長大，並繼承了這間離林德赫斯特八〇〇公尺外的豪宅與土地。卡夫諾爾豪宅確實為該區域數一數二的私宅，擁有十二間臥房、巨大的會客室和餐廳，以及將近三〇

7——知名童書作家，筆名路易斯・卡羅（Lewis Carroll），著有《愛麗絲夢遊仙境》與《愛麗絲鏡中奇遇》等世界知名著作。

公尺長的柑橘溫室。哈格里夫斯與愛麗絲過著平靜而單調的生活，經濟狀況每況愈下。哈格里夫斯不善理財，他以拋售土地的方式勉強維持生計，直到土地盡皆落入他人之手為止。兩人共生了三個兒子，其中兩個死於第一次世界大戰，第三個兒子則在倫敦過著浪蕩豪放的生活。一九二六年，哈格里夫斯突然過世，愛麗絲從此鬱鬱寡歡地獨居於殘舊的卡夫諾爾豪宅。愛麗絲性格漸趨暴躁古怪，對待傭人惡毒無情。一九三四年，愛麗絲享年八十二歲。卡夫諾爾豪宅成了斷壁殘垣，最後遭到拆除。今天，卡夫諾爾豪宅早已消逝，只剩一片無盡的樹林。來往的散步者，難以想像曾經有幢豪宅隱立於此。

我們在隔日早晨分道揚鑣，但是關於樹林冒險的故事還沒講完。我們在林德赫斯特時留宿於皇冠莊園飯店（Crown Manor House Hotel）。對我們來說，那飯店還算可以接受，飯店員工沒有超級熱情、友善或有效率，不過還可以啦。就在我們結束登山行程後不久，安德魯傳來南安普敦《南方每日回聲報》（*Southern Daily Echo*）的有趣文章，質疑飯店的衛生問題。文章如此寫道：

> 南安普敦的飯店因爲在鼠疫肆虐的區域製造食物，被罰鍰兩萬英鎊。林德赫斯特的皇冠莊園飯店已經第二次遭檢疫員舉報，於南安普敦裁判法庭承認五項違反食品衛生的犯行，並因此關閉廚房。其中兩項違規行爲位於「鼠疫橫行之區域」進行食品加工、製造與分送。

「我覺得他們的胡椒味道滿妙的。」我調侃道，不過其實我對報導感到相當震驚，原因有二。第一，讀者當然也會覺得待在骯髒粗劣的飯店令人感到不快，不過我訝異的是，現在我們竟然可以在日報裡讀到這類型的新聞。一九七〇年時，我曾在南安普敦《南方每日回聲報》位於伯恩茅斯的姐妹報工作兩年，我不認為那年代會讓記者報導骯髒的飯店或餐廳。當然，那不是因為當時的飯店沒有老鼠，而是因為很多事情只會在檯面下流傳。

那時的英國本身就是個謎團。一切事物，包括英國人本身，都活在祕密狀態裡。他們把房子蓋在樹籬後方，在窗前加上網狀窗簾，好躲避外來者的眼光。幾乎所有的政府作為都無法攤在陽光下檢視。當時甚至有確保人們活在黑霧之中的《公務祕密法》（*Official Secrets Act*）。如今回想起來，一切都顯得不可思議。當時英國政府視為機密的資訊包括：食品化學添加物、年長者失溫率、香菸與一氧化碳的關係、核電廠附近居民的白血病比例、特定道路的車禍數據，甚至連道路拓寬計畫都可以弄得神祕兮兮。事實上，根據《公務祕密法》第二條規定，所有政府資訊在公布前，皆為政府機密。

有時候，情況不免顯得可笑。冷戰時期，英國正建造推動彈頭的火箭，並且需要實地測試。這在當時為政府最高機密，甚至還有個帥氣的祕密代號：黑騎士。不過問題在於英國太小也沒有無人沙漠區能進行祕密測試。事實上，英國沒有任何堪稱隱密的地點。總而言之，英國政府決定在懷特島的著名觀光景點尼德爾斯（Needles）進行火箭施放。英國本島可以清晰見得尼德爾斯居民的一舉一動，數公里遠外的人們都可以觀賞火箭升空。我的朋友曾說以前全鎮的人都會跑到南安普敦的海灘觀看火箭的黑煙、火焰。雖然圍觀者達數千名，不過火箭測試仍舊定義為官方機密。沒有任何報紙會報導火箭施放，也沒有任何官員會提及此事。

倫敦的郵政塔（Post Office Tower）更妙。曾經有十五年左右的時間，英國郵政塔為全歐洲最高的大樓，並徹底左右了倫敦的天際線。然而由於肩負衛星通訊之重任，因此其存在被定義為官方機密。在一九九五年以前，郵政塔都不曾出現在英國陸軍測量局頒布的地圖上。

因此，我很高興英國食品標準局（Food Standards Agency）將檢驗報告公諸於世。你可以瀏覽全英國餐廳、小吃店的衛生檢驗結果。事實上，我發現這還挺花時間的。我瀏覽了所有常造訪的餐廳的分數，發現兩間愛店都以骯髒而出名，也因此絕少再踏入那兩間店裡。可怕的是，很多檢驗報告都是舊的。絕大部分的檢驗報告都為三年前的舊檔案。原因是地方食品檢驗單位的預算被大筆刪除。或許對生活在這個世代的我們來說，減省稅金的重要性遠高於不被小餐廳毒死吧。

閱讀完皇冠莊園飯店的報導後，心情激動的我做了從未做過的事：我開了貓途鷹網站（Tripadvisor）的帳號、設定密碼並上傳評論。其實我沒有真的寫什麼評論，只是提醒讀者該飯店因老鼠問題而受到罰款，並提供相關報導的連結。我自己的感覺是，如果我正巧要訂旅館，我會很感激有人提醒我該飯店因為廚房有老鼠而被罰款。數日後，貓途鷹網站寄給我一封信：「我們無法刊登你的評論，因為該則評論與本網站主旨不符……我們希望旅客提供關於設施、服務或建築本身的第一手經驗。我們拒絕刊登過於浮泛而非出於本身遊覽經驗的討論。我們拒絕刊登二手資訊或傳聞（非證實的資訊、傳言或第三者提供的報導、建議或經驗）。」

你看到了嗎？法庭判決、政府衛生檢測以及其他二手資訊，對旅遊飲食網站而言，毫無重要性。在我撰寫此書時，貓途鷹網站相當推崇皇冠莊園飯店的品質與衛生，你看不到任何過去曾經發生過的災難。

我們用比較情境式的方法來思考一下好了。想像你現在喝個大醉，跑進深夜的烤肉店，肉串上的肉看起來根本沒有處理過，骯髒燒肉店員工身上的油垢感覺也要逼死人了。但是不管如何，你還是貪心地點了一串烤肉準備入口。說真的，這間想像的烤肉店已經足以讓人乾嘔，但是恐怕都還沒有到達要被罰鍰一萬六千英鎊外加四千英鎊訴訟費的噁心程度。事實上，說不定你這輩子都還沒走進任何衛生評鑑為零的餐廳，而且廚房還被法院判決關閉兩次。

這可能就是貓途鷹網站會推薦你的晚餐地點。

Chapter 8

Beside the Seaside

海灘

今天天氣適合散步勝過做日光浴，氣溫涼爽多雲。有不少人待在沙灘上，裝作一副很享受的樣子。從那天開始我知道，即便英國人很開心地做某件事，也絕對不代表那件事很有趣。基本上，我的理論完全正確。

◆

英格蘭是個複雜的地方。她擁有五種不同的郡，各有各的歷史、功用與邊界。首先，有部分為歷史郡，比如：薩里郡、多塞特郡和漢普郡。多數具歷史延續性的郡都仍保留至今，也有的被切割為更小的單位甚至取消，或者雖然存續至今但僅有充當老古董的價值與回憶功用。數年前，亨廷登郡（Huntingdonshire）成為劍橋的一部分，但是很多人還是會說自己住在亨廷登郡。密德塞克斯郡（Middlesex）遲至一九六五年才升格為郡，不過密德塞克斯郡板球俱樂部（Middlesex County Cricket Club）與密德塞克斯大學（Middlesex University）早已存在良久。

再來就是行政郡，其主要的功能只是劃定地方議會的行政邊界而已。行政郡就像是肥皂泡沫一樣忽起忽滅，例如漢伯塞德郡（Humberside）於一九七四年設立，於一九九六年廢除；相反的，拉特蘭郡（Rutland）在一九七六年廢除，但在一九九六年又恢復。

第三種是郵政郡，其邊界也早已更動遷移。舉例來說，郵政地圖上的柴郡（Cheshire）恐怕與歷史性地圖上的柴郡大不相同，當然行政邊界也早已變動。

郵政郡之後則是名譽郡，其下設有郡尉（或都郡）常駐，負責接待皇室拜訪或照料任何需要有人別滿勳章並配戴長劍的場合，不過名譽郡和郡尉本身實在沒有任何實質功用。

最後則是根本算不上是個郡的公爵領地——康瓦爾郡（Cornwall），康瓦爾人對這件事異常敏感，可說是相當棘手的公爵領地。

剛剛說的還只是英格蘭郡，威爾斯與蘇格蘭的郡則更為複雜。當然，錯綜複雜的郡不時會把人搞得一頭霧水。我在《泰晤士報》商業版工作時常常會在編輯桌上討論類似的問題：

「赫爾（Hull）在哪裡？」

「北方上面。」一定有人會滿腹信心地回答。

「不是啦，我是說在哪個郡？」

「嗯，不知道。」

「我覺得應該是在東約克郡（East Yorkshire）。」有人會答。

「真的嗎？」

「應該不是。好吧，可能不是。有誰可以確定啊。」

「不重要啦，」接著會有人插話，「就算有東約克郡，赫爾也不在東約克郡，而是在林肯郡（Lincolnshire）。」

「我其實覺得赫爾在漢伯塞德郡，或是克里夫蘭郡（Cleveland）。」現在可能已經是第五個或第六個人在發表意見了。

「克里夫蘭是美國的城市吧。」有人會自告奮勇地說。

「北方也有個克里夫蘭郡啊。」

「真的？什麼時候開始有的？」

「不知道。我不確定那是一個郡或是行政單位。」

這種辯論可以長達好幾個小時，直到最先提問的人放棄，決定直稱赫爾就好了，省掉其他的麻煩。

我對伯恩茅斯這個小地方和附近的基督城還滿了解的，過去我頻繁通勤兩地之間。一九七四年以前，伯恩茅斯和基督城同屬漢普郡，但重劃郡線後，兩地被納入多塞特郡。政府用意為將人口爆炸的漢普郡的負擔轉移至多塞特郡。不過顯然並不是所有人都得知這項消息，因此就算到了一九八○年代，連《泰晤士報》都還將伯恩茅斯誤植為漢普郡。有一次，我跑到國家版編輯部找執行副主編，跟他說記者將伯恩茅斯歸為漢普郡。

「所以不好嗎？」

「嗯，伯恩茅斯不在漢普郡。」我緩緩說明道。

「當然是，你想清楚。」他別過頭繼續工作。

「不是，伯恩茅斯在多塞特郡，我在伯恩茅斯的報紙工作了兩年。在當地工作的人不可能會搞錯郡的歸屬吧？」

國家版執行副主編對商業版副主編顯然不太尊重，不過我也認為事出有因。有時候我們看起來真的很像文斯．沃恩（Vince Vaughn）在《鐵男躲避球》（*Dodge Ball*）電影裡率領的爛球隊。

「我們會查查看。」副主編這麼說。

「你不用查，這是事實。」我說。

「我已經說我們會查了。」

畢竟年代久遠，我不記得自己說的每一個字，不過我記得好像有「屁眼」之類的。

「無聊的混帳。」我走掉時副主編罵道。

「他根本就是美國人好嗎？」一名編輯部員工惡劣地補了一刀。

隔天一早，我翻開報紙時，發現伯恩茅斯仍舊歸屬在漢普郡。國家版的編輯們除了一、兩個位子較低階的人以外，都是一群垃圾。

反正，基督城絕對是在多塞特郡，距離林德赫斯特約四十分鐘，我人已經在這了。

我一直對基督城懷抱著特別的情感。新婚時，我在《伯恩茅斯回聲晚報》（*Bournemouth Evening Echo*）擁有一份還不錯的工作，當時我和太太住在普魯威爾（Purewell）一間炸魚薯條店鋪樓上的租屋處，後來才在伯頓（Burton）郊區偏遠處附近買了間房子。這間白色小屋有美麗的花園、前廊還有別緻的紫葉歐洲山毛櫸，絕對是完美的「人生第一間屋子」。我們從一對和藹的白髮老夫妻手上買到這間白色小屋，他們已在此生活數十載，並且很希望我們能好好照料庭院，我們真摯地答應他們，並在生活於此的兩年內悉心打理一切。

我很久沒回來了，猜想房子應該比記憶中來得小很多，通常回憶總是有美化的作用。我在熟悉的街道上開來開去卻沒見著小白屋，只好停車，親自走走看看。唯一一棟門口有種紫葉歐洲山毛櫸的房子，看起來超級陌生。

我站在前門張望並偷看了一下信封確認這是老白屋的位置沒錯。不過，屋子和封存在美好回憶中的那間看起來完全不一樣。前門花園已經被柏油掩埋。唯一的裝飾物是垃圾子母車和黏著枯敗植物的赤陶色盆子。原本的迷你玻璃溫室被拆除，我完全看不出來屋主的動機為何？更莫名其妙的是，房屋正中央具設計感的拱形窗也沒了，取而代之的則是長方形的雙層鋁窗。

幾乎整條街的屋主都只在乎停車位，無心打理環境。新綠花園，明媚的日常風景，都已凋零。

花時間尋找舊日美好根本浪費時間，當回憶直面而來時，留下的只是遺憾。

我返回基督城，擔心會遇到更多毀滅事物，不過現實情況讓我鬆了口氣。大多數的美好事物依舊存在，倒是以前矗立著慘藍色大型儲氣罐的半工業區，已經消失無蹤。原本的煤氣廠區被氣氛溫暖的時尚住宅與養老院所取代，至少「港灣」或者「海景綠茵」住宅區聽起來比「天然儲氣公司」或「誰知道哪天會氣爆」之類的名字浪漫多了，也比較有人氣吧？

第一眼看起來，市中心大街與昨日無異。建築物的風格、尺寸殊異，混亂雜處卻製造出千百年來英國城鎮特有的一體氛圍，英國的城鎮現在都沒這能耐了。雖然建築物都沒變，但是裡頭營生的店鋪倒是換了全新的一批，如果仔細想想這幾年來英國大街上消失的店鋪類型，確實會讓人吃驚；多數的肉鋪、蔬果店、魚店、鐵店、修理店、瓦斯行、電路板商行、房屋抵押貸款協會、旅行社與獨立書店以及所有耳熟能詳的品牌——富里曼（Freeman）、哈迪與威里斯（Hardy and Willis）、伍爾沃斯公司（Woolworth's）、狄龍與歐塔卡書店（Dillons and Ottakar's bookshops）、倫恩保利（Lunn Poly）、多爾希（Dolcis）、收音機出租（Radio Rentals）、理查德商店（Richard Shops）、比提斯玩具商店（Beatties）、耐托（Netto），約翰・孟席斯（John Menzies）、陸海軍商店（Army and Navy Stores）、瑞比藍（Rumbelows）都已消失，這還只是冰山一角。我猜我從來沒走進過瑞比藍裡面，誰知道他們賣什麼？不過這無法阻擋我的思念。以前我們住在基督城的時候轉角有間很搶眼的科特（Court's）家具展示中心，現在早沒了。我本人確實沒光顧過科特，我想全基督城的人都沒那閒功夫吧，難怪這些商店就此銷聲匿跡。

原本科特旁邊的郵局現在也不見了。我為消逝的大街郵局哀悼，雖然，我也從沒進過那間郵局。英國郵局折磨人的程度不下蘇聯政府，光是半小時的排隊就會讓你欲哭無淚。有人知道嗎？在英國郵局的尖峰時刻可以同時進行兩百三十一種交易——電視執照更新、提領退休金或家庭津貼、汽車稅金、提款或存款、購買溢價債券、收取包裹等。若白髮蒼蒼、重聽的老先生老太太願意排整整一個小時的隊伍，那麼僅僅只要花一個銅板，就可以辦好上述事項。

雖然店鋪形式早已改變，但是基督城大街仍舊生氣蓬勃。原本在我那年代就過氣的麥加賓果屋，轉為瑞吉戲院後，時間一久光彩盡失。不過在區議會和非營利組織的合作整修下，目前已經重新上了軌道；除了播放新舊電影、劇場錄影、講座或衛星播放皇家歌劇院、皇家莎士比亞劇團的節目以外，還有數不清的文化活動。我深受感動。基督城的餐廳看起來也比以前用心，酒吧看起來比較乾淨，超市的進貨也更國際化了。基督城已經成為我心中的模範城市。

我也逛了一下基督城修道院（Christchurch Priory），這應該是全英國最大的教區教堂，看起來還滿不錯的。我行過造船廠來到當年和太太住的公寓（很開心看見樓下的炸魚薯條店還在營業）；走過荒涼小徑來到如沼澤般鄰近慕德佛德（Mudeford）不遠的碼頭，碼頭視野遼闊如夢，甚至可遠眺對岸壯觀優雅灰濛濛的修道院。這就是英國，當英國以最美好的那一面迎人時，真的無處可比。

我在慕德佛德河岸邊選了間不錯的咖啡館吃午餐，接著開了約八公里路到伯恩茅斯。撰寫《哈！小不列顛》那本書時我曾經住過伯恩茅斯的聖廷苑飯店（Pavilion Hotel），該飯店古典、舒適，一直都很想再次造訪，不過，聖廷苑飯店早在二〇〇五年就關閉。我花了一段時間才搞清楚狀況，因為當我在谷歌（Google）搜尋聖廷苑飯店時，有十七間旅館代訂網站的頁面跳出來，並保證會以最優惠的價格幫我預約訂房。其中有一間是位於加州亞瓦隆（Avalon）的聖廷苑飯店。

網路總是讓我暈頭轉向，這東西怎能如此的有用卻又同時如此的混帳呢？難道谷歌認為既然我在找伯恩茅斯的聖廷苑飯店，不妨順道看看加州的聖廷苑飯店嗎？我知道谷歌的背後邏輯是演算法，不過難道沒有人可以稍微檢視一下運算結果嗎？好吧，或許網際網路純粹就是數位資訊的整合，缺乏腦袋和情感，事實上，這點和那些資訊工程師不謀而合。

總之，眼前有十七間網站保證可以讓我訂到已經不存在的飯店。貓途鷹網站顯示聖廷苑飯店擁有四．七顆星的高分，「以特惠價格預約聖廷苑飯店！」網站用誇張的斜體字催促讀者。出於好奇，我點了點手中滑鼠，當然，貓途鷹網站頁面上根本沒有聖廷苑飯店，因為它根本不存在啊。我恨網際網路，事實上，網際網路的功利主義讓可靠性、真相與精準度變得無足輕重。我們什麼時候開始標準變得這麼低的？

幸運的是，伯恩茅斯不缺有趣的飯店，太太早已為我訂好「好心情」商務旅館，好吧，我想正確名稱應該是東岩（East Cliff）飯店。我丟下包包，欣賞一下門邊花盆裡插的細枝後，就想衝出門好好看看伯恩茅斯。很巧的是，東岩飯店所處位置正好是我以前上班時下巴士的地方，所以我打算原路折返辦公室，看看我還記得多少往日細節。

以前我熱愛工作。當時還年輕，剛結婚，那也是第一份正式的工作。彼時英國海灘還獨霸一方。伯恩茅斯擁有南岸最著名的海灘，能在知名度假景點工作，自是本人的榮幸。我每天搭乘黃色雙層巴士從基督城，前往塔克頓（Tuckton）、森斯伯恩（Southbourne）和博斯庫姆（Boscombe）。我總是坐在上層的第一排，抱著如同七歲小孩參加校外教學的心情去上班。我在海景第一排的山腰下車，走幾百公尺穿過城鎮，爬過小山坡接著下了坡，來到《回聲報》在禮奇蒙丘（Richmond Hill）的裝飾藝術風格的巨型辦公室。辦公室裡的數百個人掌控了整座城鎮。我很享受這份責任感。

很快我就在聖彼得教堂（St Peter's Church）後方的森林墓園山坡發現了一條祕密捷徑。有一天早上當我在綁鞋帶時，剛好發現眼前正是詩人珀西・比希・雪萊（Percy Bysshe Shelley）遺孀瑪麗・雪萊（Mary Shelley）的墓碑，後者正是科學怪人之母。我從沒想到會在這裡看見瑪麗・雪萊之墓，我懷疑是否有人知道此事。瑪麗・雪萊曾經為了見定居於此的兒子來過伯恩茅斯一次，但是她留下遺願希望葬身於此，好與父母相伴。瑪麗・雪萊的父親為作家威廉・戈德溫（William Godwin），母親則是著名的女性主義者瑪麗・渥爾史東卡夫特（Mary Wollstonecraft）。瑪麗的要求顯得相當弔詭，畢竟她的父母早已過世許久，而且她與該城毫無關聯。然而，瑪麗的兒子遵守母親遺言，將遺體千里迢迢地從倫敦運來，並安葬於祖母身旁。而且，有人還把珀西・比希・雪萊（雪萊絕對是唯一以打水漂聲音當作藝名的詩人）的心臟也丟了進去。早在瑪麗過世的三十年前，雪萊於義大利海岸溺水身亡。雪萊本人從未見過伯恩茅斯。總之，伯恩茅斯最著名的墳墓（八成也是最擠的）裡放了四名亡者的（部分）遺體，這四位不但和此地毫無關係，其中三位生前從未來過伯恩茅斯呢。

我一直覺得這是唯有自己知道的祕密，畢竟鎮上的人都對雪萊之墓聞所未聞。不過有趣的是，竟然有人放了兩把花束在墓前，這代表有人惦記著雪萊夫人。當然，也有幾位悼念者以空塑膠袋代替花束，願上帝保佑這些傢伙。還有人在一位叫達克的老兄墳前獻上嘉士伯（Carlsberg）空啤酒罐，達克老兄死於一八九〇年，年代更為久遠。

以前在墓園對面的是國際商行（International Stores），威瑟斯本（Wetherspoon）企業將它買下後改造為瑪麗．雪萊飯店，酷吧，科學怪人之母正夯。飯店附近原本是福黛咖啡（Forte's café），那裡的咖啡機嘎吱作響的誇張程度和飛機起飛差不多震撼（咖啡喝起來好比濃稠機油加進幾滴牛奶）。以前我每天早上都會喝杯油垢咖啡，並努力閱讀報紙上的新聞與大幅廣告，試著融入英國生活圈和時事。就在一股緊張氣氛慢慢被醞釀出來時，我前往辦公室上班。

現在不會有人認為當個《伯恩茅斯回聲晚報》的副主編會有多焦慮、或擁有什麼了不得的新聞實權，不過在一九七〇年代，這份工作可把我累死了。問題在於我不太懂記者究竟該做什麼？因此很害怕主管會發現我的無知，並將我遣返愛荷華州。我認為自己能獲得這份工作完全是靠別人的憐憫。我不懂英式拼法、標點符號、文法與俗語，而且對英國多數區域的歷史、政治與文化根本一知半解。

有一天我負責編輯英國國家新聞通訊社（Press Association）的稿子，我完全看不懂對方在寫什麼，應該說，有些部分看得懂有些部分又很混亂。文章很明顯是關於康瓦爾郡西岸日益減少的漁獲量，總之整篇文章都與甲殼類和軟體動物有關，不過，文章中一直不斷提到毫不相干的北方鐵路站名稱。我不確定這是書寫錯誤還是英國國家新聞通訊社的寫手在鬧脾氣，這讓人摸不著頭緒。誰知道該怎麼辦，我反覆閱讀。文章大致上都還算流暢，但只要每隔幾段就會出現一個完全無意義的神祕鐵路站名。

我坐在辦公桌前束手無策，影印小弟走過來送了張紙條給我，他簡直就是救星。紙條上備註著：「請將康瓦爾郡那篇文章裡的所有可洛伊站（Crewe Station）都改為甲殼動物。（crustacean）」

我當時心想，「天啊，我永遠都不可能搞懂英國人。」我說得沒錯。還真沒搞懂過。幸運的是，和我工作的人不但人好、有耐心，也時常拉我一把。令人難過的是，過去曾關照過我的兩位同事傑克・史塔拉特（Jack Straight）與馬丁・布拉尼（Martin Blaney）先後於二〇一五年過世。我謹將兩位之名註記於此，以供懷念。

我找了一下以前喝早餐咖啡的地方，已經人去樓空，連附近五〇年代的拱廊都灰飛煙滅。我只好大步往禮奇蒙丘走去，看看老舊、失去光彩的《回聲報》辦公室。

數年前，公司把《伯恩茅斯回聲晚報》裡的晚字拿掉，畢竟現在還有誰會需要晚報呢？不過說實在的，報業根本無法挽救沒有人需要讀報這個事實。當年《伯恩茅斯回聲晚報》的每日銷售量為六萬五千份，這在當時根本還算不上好，不過現在每日銷售量僅剩兩萬份。光是近半年該報銷售量就下跌了百分之二十一。原本報社占據了整棟大樓，如今樓下已經轉型為「墨水」酒吧和另一間叫「影印房」的餐廳，兩間餐飲店都恰巧在裝潢中。不過，至少報社還在。二〇〇八年至今，英國至少有一百五十間地方報社倒閉，其中包括許多傳奇報社如《薩里先驅報》（*Surrey Herald*）和《雷丁郵報》（*Reading Post*）。滿慘的。如果沒有地方報社，有誰會告訴你有餐廳因為肥鼠而被罰款呢？

《伯恩茅斯回聲晚報》還不是最淒涼的。伯恩茅斯的市中心怎麼連平常日下午都顯得如此冷清？以前我住在這裡的時候，街道總是熙熙攘攘，每當我閉上眼睛回想，就會看見西裝筆挺的男士們和穿著夏季套裝的女性人來人往，但現在市中心看起來和鬼城差不多。伯恩茅斯的市中心總是透著古怪的可愛，兩棟大型商場被狹長而美麗的公園以音樂臺、花潭以及小溪分隔開來。以前，人們喜歡花園突如其來地岔進百貨商場，若你人在迪格爾百貨公司（Dingle's Department Store）必須穿過花園才能到海比泰特（Habitat）家具店或英式家居商城（British Home Stores）。但人們現在已經忘記了步伐該有的緩慢速度。所有人都想用最快的時間解決所有事情，他們剷除樹木與草坪後，把市中心也給遺忘了，花園兩邊自然顯得空空蕩蕩。

幾年以前，市政府曾經試著為老基督城路鋪設人行步道，那是一條有著優雅弧形的徒步購物街，隨處皆有長凳、花圃和時尚磚道，不過，由於磚道老是因為管道更新或地下水道工程而必須不時翻動，以至於路面露出坑坑洞洞的柏油修補痕跡，以及深深切入的黑色方形傷口。這就是英國緊縮政策可怕的地方。政府不是棄修補工程於不顧，不然就是用草率的方法胡做一通。事情通常會以緩慢的速度逐漸到達崩壞頂點，接著事情就會無法轉圜，落得悲慘的下場。歡迎來到伯恩茅斯。許多區議會以為自己可以偷偷刪減預算，沒有人會注意或在乎。可悲的是，他們說中了。

實情的確相差不遠。近年來，伯恩茅斯的觀光客人數繼續衰退。二〇〇〇年伯恩茅斯國內訪客人數為五百六十萬人次，至二〇一一年則跌到三百三十萬人次。在我那個年代，伯恩茅斯以多元性自豪，這裡有好的戲院、很酷的商店和餐廳、著名的小型交響樂團，不過這些全都不見蹤影了。交響樂團於一九九九年解散。冬季花園於二〇〇二年歇業。碼頭劇場則是不久前宣告關門。二〇〇二年，大型 Imax 影城開幕，卻在不久後就遭逢經濟危機，並於三年後倒閉。二〇一三年，議會支付七百五十萬英鎊將電影院大樓拆毀。當我經過電影院舊址時，地面上徒留巨大的無聲黑洞照映人間。

好險，海洋仍在。伯恩茅斯擁有絕美的一一．三公里長黃金海岸線，並以岩石、海灘小屋點綴其間。山崖樹林間則有獨特的山屋，矗立於絕景之處。我決定沿著海岸步道走到坎福德山崖（Canford Cliffs），一個有著許多老房子的社區，再行至較為富裕的布萊克濱海山區（Branksome Chine），沿著山崖頂繼續往前走。

今天天氣適合散步勝過做日光浴，氣溫涼爽多雲。有不少人待在沙灘上，裝作一副很享受的樣子。基本上在滿布雲朵的沙灘上做日光浴根本就是叛逆行事。另外還有小貓兩三隻在游泳，或是說……隨著海浪上下漂動。多年前我還在和太太約會時，她帶我到布萊頓的海邊。那算是我第一次見識英國的濱海活動。那天氣候相當暖活，我記得陽光明媚，許多人在游泳。英國佬發出尖叫聲讓我誤以為那是歡愉的表現，沒想到他們根本在求救。我天真地脫掉上衣跳進大海裡。英式海洋根本是液態氮氣。我感覺自己像是以影片倒轉的方式在移動，我深潛入海裡又以面朝海洋背潮沙灘的方式直挺挺地被海浪送出來，從此以後，我就再也沒在英國海邊游過泳了。

從那天開始我知道，即便英國人很開心地做某件事，也絕對不代表那件事很有趣。基本上，我的理論完全正確。

游泳過後，那位我即將託付終身幸福的可愛英國女孩帶我去海產貨車那兒買了一堆海螺。如果你沒吃過海螺，你可以試試把高爾夫球的表皮剝掉，再把剩下的渣滓吃掉，海螺正是如此完全無味、堅不可摧的食物，我老是把它藏在外套口袋裡。

沿著坎福德山崖走，不久你就會離開伯恩茅斯進入附近的城鎮普爾（Poole）。以前我一直認為坎福德山崖雖然沒有太多酒吧，但仍舊無損其完美的質地。坎福德山崖在海岸上方的森林崖邊有著社區步道，小巧的圖書館以及剛剛好的市中心。當我氣喘如牛地從海岸陡坡爬到城鎮中央時，發現景色完好如初幾乎和三十年前一模一樣，這讓我如釋重負。不過，等到我看見城鎮中心的商店早已一一離去時，不免感到錯愕與失落，蔬果店、肉鋪、書店、五金行與下午茶店，那些會吸引我目光與腳步的英國城鎮應有的一切，都已經被取代。很久很久以前，我常常幻想如果能在坎福德山崖買間大房子，每天兜轉在這些小商店裡採買日常用品，該有多美好，如今，房地產公司已經取代了我想像的一切。現在，住在坎福德山崖的人唯一能買的東西就是房地產，不過既然你已經住在那兒了，為何又會需要買房子呢？我想大家需要的不過是下午茶罷了。

最後我終於在一間還算樸素名叫「咖啡沙龍」（Coffee Saloon）的店裡找到一些東西吃，如同店名所暗示的，這是間會賣咖啡的酒館。酒館服務還不錯，茶也還可以，不過這和我記憶中的坎福德山崖相差了十萬八千里。我坐在那兒喝茶，一邊想，一切索然無味，這時我的電話響了。

我的手機很少會響，所以一時之間找不到它在哪。我摸遍了所有口袋、背包，終於在海螺之間找到手機。手機大概已經響了一陣子了。原來是我太太，她聽起來興奮莫名。

「你有孫女了，」她說，「快回來。」

Chapter 9

Day Trips

一日之旅

埃夫伯里巨石的形狀突兀詭異，羅列成陣，並以奇幻無比的姿態組合成巨石群，相較於巨石陣圓滑而整齊排列的景象，埃夫伯里巨石顯然更爲原始而陰森。埃夫伯里巨石群眞正撼動人心的原因是其規模與尺寸，而非外型美觀與否。

I ◆

位於漢普郡的諾爾丘（Noar Hill）東坡景色美不勝收。果園、草原、黑森林錯落有致地分布在闊野之上，村鎮房舍屋頂和教堂尖塔不時會突刺穿出森林天際線。諾爾丘寧靜、優雅、遼闊，基本上這就是英式風景的別稱；僻靜而遠離城鎮，不過其實繞過薩里山，倫敦市近在咫尺。事實上，諾爾丘距離皮卡迪利圓環或特拉法加廣場也不過一小時的車程。倫敦雖然喧囂繁華，但若想遠離都市塵囂，森林曠野也盡在咫尺之距，這就是倫敦之美。

倫敦綠帶計畫（Metropolitan Green Belt）提倡保留倫敦與其環狀地帶城鎮的農地與森林等自然地景，讓綠地在土地開發盛行期得以保留並豐厚壯碩，安然度過土地擴張時期。一九四七年城鄉規劃法案（Town and Country Planning Act）將此概念發揚光大，我認為該法案應為全世界最有視野、智慧，並且確實相當成功的土地管理政策。

但是，現在卻有許多人亟欲捨棄倫敦綠帶計畫。

舉例來說，數年來《經濟學人》（*The Economist*）一直爭辯應捨棄阻礙經濟發展的綠帶區域。《經濟學人》編輯曾經針對家鄉諸郡（Home Counties）[8]某處的一項智障設施撰寫社論言道：「綠帶區域阻礙大城市發展的可能性，應要予以廢除，或者至少弱化其所帶來的影響。綠帶區不僅增加了通勤時間，也不會帶給人們幸福感。」

誰說的，綠帶區域帶給我無比的幸福感。好吧，或許我與其他英國讀者抱持不同的觀點，畢竟本人來自都市蔓延急遽無度的國家。三不五時，我和太太必須從科羅拉多磯山脈的丹佛國際機場開車前往韋爾，拜訪在那工作的兒子山姆。我們得花至少兩個小時的車程才能到達韋爾，而前半段

8——指環繞倫敦周邊的地區，包括赫特福德郡（Hertfordshire）和肯特郡（Kentshire）等英國東南部地區。

時間都浪費在丹佛市打轉。我總是很訝異美國生活竟然可以製造出如此龐大的消費需求：百貨公司、物流公司、倉儲系統、加油站、巨型電影院、健身房、牙齒美白診所、商業區域、汽車旅館、丙烷儲存系統、專門停放搬家貨車及聯邦快遞專車與學校巴士的大型停車場、汽車經銷商、琳琅滿目的美食廣場以及無邊無際的郊區住宅，你必須穿越這一切迷障才可能見得遠山。

如果你從倫敦開車約四〇公里或四八公里，即可抵達溫莎公園、艾坪森林（Epping Forest）或博克斯丘（Box Hill）。但是如果你從丹佛開車約四〇公里或四八公里，你只會看到……更多的丹佛。英國應該也有必須的基礎建設吧，但是我不知道它們被隱藏在哪裡？我只知道，倫敦的基礎設施不會如同其他國家一樣破壞草原或農地景觀。如果這不是英國之光，什麼才是英國之光呢？

英國鄉村土地規劃很簡單也很不簡單。英國共有約二四二八一四〇〇公頃地，並有約六千萬人口，也就是說，平均每人擁有〇．四公頃地。每當政府選擇開鑿四公頃綠地將之轉為超級商城時，等同於有十個人會失去他們所享有的綠地。當你開發越多的土地時，意味著有越多人被迫犧牲掉原應擁有的空間。政府本應限制土地開發，這不是鄰避主義（nimbyism）[9]，而是基本常識吧。

如果只有《經濟學人》在那碎嘴提議毀掉倫敦綠帶區域的話，我是不會介意的，不過最近連《衛報》（*The Guardian*）都刊出一系列文章暗指菁英思維主導了倫敦綠帶計畫，以此防堵平價住宅，也因此《衛報》記者紛紛表示贊同將綠帶區打掉重建。倫敦政治經濟學院（London School of Economics）教授保羅．柴斯爾（Paul Cheshire）於《衛報》表示：「倫敦綠帶計畫等同於英國版的種族歧視分區制度，將下層階級與市中心分隔開來。」嗯，好，我知道我平常講了大量的廢話，不過這位保羅・柴斯爾教授更是登峰造極。

保羅・柴斯爾教授專文中，引用了都市計畫顧問柯林・瓦爾斯（Colin Wiles）在《為什麼我們應該在綠帶區興建住宅的六個原因》闡述的概念。這本書並沒有要掀起論戰的意思，所以我不想一一列舉或回應他提議摧毀綠帶計畫的六個理由（當然我絕對有自信能一一反擊），不過其中有兩個理由雖然錯得離譜卻又相當弔詭，因此我必須予以回應。

綠帶區最常被攻擊的點就是該處土地貧瘠而弱化，根本缺乏特殊性。好吧，讀者請自行判斷。根據英國鄉村保護委員會研究，英格蘭綠帶區包含三萬公里的步道區與行人通路權、二二萬公頃的森林、二五萬公頃的優質農地以及八九〇〇〇公頃的科學專業用地。這聽起來難道不值得保留嗎？如果綠帶區土壤過於貧瘠，那麼我們應該禁止興建任何建築，並要求土地擁有者修復地力，或將土地賣給願意修復土壤的買主。如果我們允許土地擁有者賣出貧瘠土地並快速獲取暴利，那無疑是讓現狀雪上加霜。

另一個瓦爾斯常拿來攻擊綠帶區的說法就是綠帶區根本無用，它只會迫使人們越搬越遠，落腳

9 —— 源自 Not In My Back Yard（NIMBY），指某項發展計畫受到鄰近地區居民反對之意。

在可付得起房租的其他城市。不過瓦爾斯提不出任何佐證的理由，他唯一的觀察就是……確實有很多人住在倫敦之外。如果瓦爾斯想證明自己的說法，他必須解釋為什麼數百年來，就算美國沒有綠帶區，人們依舊選擇越搬越遠。事實上，人們越搬越遠的理由和房租無關，畢竟郊區住宅往往更為高價。事實上，人們在都市邊緣尋找的正是英國所擁有的：鄉村。

另一個較為有力的說法則是綠帶區讓大片土地脫離市場結構。沒錯，說得很對，而且這正好就是綠帶區的概念。可是，綠帶區並非閒置土地啊，它提供野生動物棲地、製造氧氣、隔絕碳與污染源、生產食物、提供安靜的自行車道與人行步道，讓土地維持靜謐優雅的氛圍。綠帶區早已瀕危。過去十年間，綠帶區已大動土木興建五萬五千戶住宅。同時，根據英國林地信託機構（Woodland Trust）研究，薩塞克斯郡也因為土地開發失去十三座古老森林。事情已發展至令人擔憂的地步，何須推波助瀾？

英格蘭東南區人口稠密的程度早已堪比荷蘭，好在廣闊的綠帶區緩衝其害，並提供居住者看似永恆的舒適感——這正是多數英國人珍惜、熱愛綠地的原因。我們到底為什麼要放棄綠地？即便最保守的研究亦認為英國擁有足夠的已開發土地，也就是所謂的「棕地」（brownfield land），足以在可接受的密度範圍內建造數百萬戶住宅。那麼為什麼柯林．瓦爾斯沒有提到在棕地區域建造的可能性？

事實早被混淆。當《衛報》刊登瓦爾斯的文章時，還同時登了一篇以〈為什麼薩塞克斯郡的高爾夫球場面積大過住宅區〉為標題的文章。此篇文章以之前提過的保羅・柴斯爾教授的研究立論，柴斯爾宣稱薩塞克斯郡住宅區用地僅占全區的百分之二・五，甚至低於高爾夫球場用地，作者顯然想凸顯英國土地濫用問題的嚴重性。不過，感謝「第四電臺」（Radio 4）的《或多或少》（*More or Less*）節目勇於質疑並努力尋找真相，我們才發現保羅・柴斯爾使用數據的方式過於草率。原來，柴斯爾僅計算住宅區實際屋舍的部分，花園與其他土地的使用面積則被排除在外。所以，如果薩塞克斯郡的房屋以毫無間隙的方式擠在一塊兒，那總體面積確實會比高爾夫球場用地還小。可惜，柴斯爾並沒有讓讀者了解此數值來源之荒謬，《衛報》或其他文章也無意加以釐清。如果將花園等土地面積加總進來，薩塞克斯郡的住宅區占全區的百分之一四，這比全英國的平均數值還高了三倍。簡單來講，薩塞克斯郡根本沒有土地濫用的問題，住宅區的設置也合乎情理。不過，現在你可以看到無數的網路文章引用保羅・柴斯爾教授的數據，我必須得說，這真的令人痛心。

好吧，原諒我不斷地抱怨。我們應該在還來得及的時候好好看看英國鄉村風景。感謝我剛出生的孫女（美麗的羅希，謝謝妳），我因為她而受到數日的行動限制，以防任何人突然想到我這外公還有什麼用處。我決定花幾天時間逛逛家裡附近的樹林，此趟地方文學之旅就由造訪兩位名作家吉爾伯特・懷特（Gilbert White）與珍・奧斯汀（Jane Austen）開始。我站在諾爾丘山坡上盡覽美景，還得感謝政府提供如此階級化的景致呢。

諾爾丘在過去不遠處就是塞爾伯恩（Selborne）小鎮，以及兩間酒吧和包含一間郵局的小鎮購物中心。大街正中央就是塞爾伯恩之子吉爾伯特．懷特的家。基本上，人們不是對吉爾伯特．懷特知之甚詳，不然就是一無所知。事實上，我認為許多覺得自己早已摸透懷特的人，根本就不了解他。一七二〇年，吉爾伯特．懷特出生於此地，並於七十三年後過世。他一生中除了耕種植物、坐看四季流轉以外，並沒有太大的波瀾起伏。懷特個性低調，終身未婚，不諳世事，他甚至認為「薩塞克斯丘陵地（Sussex Downs）壯闊多變」。他一生勤寫筆記與信件，並因此撰成《塞爾伯恩自然史》（*The Natural History and Antiquities of Selborne*）。理查德．梅比（Richard Mabey）曾經讚譽此書為「英語文學史上最受推崇的自然史相關書籍」。

吉爾伯特．懷特耗費終身時光，成就此書。一七八八年《塞爾伯恩自然史》出版時，懷特已屆六十八歲高齡，距其仙逝僅有五年的光陰。該書包含數封懷特寫給其他自然學家的信件，文風散漫，並以破除時序邏輯的方式呈現。不過，此書影響後世深遠。塞繆爾．泰勒．柯勒律治（Samuel Taylor Coleridge）、約翰．康斯特勃（John Constable）和維吉尼亞．吳爾芙（Virginia Woolf）都是懷特的仰慕者。查爾斯．達爾文（Charles Darwin）認為自己深受懷特的影響，並因此成為生物學家。兩百二十年來，《塞爾伯恩自然史》從未停止出版。據稱，此書為英語文學裡最頻繁出版的第四本書籍。

懷特的家稱為瓦克之屋（Wakes），並已改為博物館。不過奇怪的是，博物館還專門紀念探險家法蘭克與勞倫斯・奧茲（Frank and Lawrence Oates），這兩人與懷特、塞爾伯恩甚至整個漢普郡都沒有任何關聯性。奧茲紀念館在此的唯一原因，是因為奧茲家族中的富豪羅伯特・華盛頓・奧茲（Robert Washington Oates）知道瓦克之屋可以用來紀念他的表哥勞倫斯與舅舅法蘭克後，決定花錢買下房子。

即便如此，瓦克之屋仍舊展現非凡的璀璨時光，並以吉爾伯特・懷特為主角。地下一樓主房內有一座以等身比例雕塑的吉爾伯特・懷特肖像，栩栩如生。我還滿訝異懷特本人身形如此嬌小——他身高不過一五二公分、體重少於四五公斤，實在難以想像如此瘦弱的雕像是以寬宏大度的懷特為本打造而成的。

附近玻璃展示盒內呈現了《自然史》原始手稿影本，以及所有曾出版過的《自然史》複印版本（約有一百多本）。根據玻璃盒旁的說明，懷特的原始手稿被綁在他的寵物西班牙臘腸犬的身上。我想像臘腸犬死亡的時間想必非常巧妙，牠應該不是犧牲品吧（！），不過註解沒有多加說明。

懷特在這裡度過一生，而所有房間也保持在懷特生前的狀態。參觀者可以漫步到小書房，桌上散放著鵝毛筆、羊皮紙與眼鏡，就像是懷特剛剛才出門一樣。房屋的盡頭則突然轉變主題以奧茲家族為主角，原本我覺得這個安排應該會很可笑，不過氣氛好像轉換得相當成功。法蘭克想必是兩位奧茲中較年輕的一位。他生於一八四〇年，死於一八七五年，短短的一生都在與病魔搏鬥。他誤打誤撞跑到非洲和美洲，以為該地的新鮮空氣與狂野氛圍能治癒宿疾，沒想到因此發了高熱並在贊比西河（Zambesi River）上游驟然逝世。

不過法蘭克的親戚勞倫斯的人生似乎更具傳奇性，雖然他的一生甚至還更短暫。一九一〇年，法蘭克為羅伯特・法爾肯・史考特（Robert Falcon Scott）失敗的南極探險隊的一員。當時，史考特探險隊好不容易跋涉抵達南極後，赫然發現羅爾德・亞孟森（Roald Amundsen）率領的探險隊前一腳才離開，並早已插上挪威國旗。史考特與其他四名成員身心俱疲，抱著極度沮喪的心情折返，卻在此時遭逢氣候驟變，耽擱了行進的路程。史考特探險隊吃光了糧食，並難以抵擋酷寒氣候。他們凍傷的嚴重程度已遠超過人類可容忍的範圍。奧茲身負重傷，他慷慨地犧牲自己為隊員爭取生還機會，並因此流芳百世。當時，奧茲走到帳篷門口說：「我會出去一下，可能要一陣子。」史考特在日記中形容，「這真是英國紳士的高度。」我相信，奧茲絕對不是外出用餐。人們常常提起，當天還是奧茲的三十二歲生日。奧茲的遺體從未被發現。隨後，史考特與其他隊員也很快地因凍傷而身亡，儘管他們距離補給站僅有一小段步行距離。日後，人們發現奧茲曾經責怪史考特沒有為隊員做好萬全的準備。

不過最讓我感興趣的並不是吉爾伯特・懷特或是奧茲家族，我認為史考特探險隊的隨行攝影師赫伯特・喬治・龐廷（Herbert George Ponting）更有意思。雖然龐廷是隨隊攝影師，不過他對攝影機不太了解，基本上一九一〇年時，哪有人搞得懂攝影機呢？不過龐廷努力鑽研實驗，最後拍攝了一系列史考特探險隊在南極圈基地營堅苦卓絕的訓練過程。

龐廷花了數年時間，將底片剪接成《南極九十度》（*Ninety Degrees South*）電影。出於好奇，我坐在瓦克之屋樓上觀賞了電影的十分鐘濃縮版，劇情相當引人入勝。剛剛才讀了南極探險隊的經歷，一轉眼，他們就活生生地在我眼前進行前訓練。主角們微笑、揮手、移動，雖然影片不流暢，但仍可見得當時的興奮之情，他們並不知道死神的腳步已慢慢逼近。龐廷花了太久的時間在實驗剪接的可能性，以至於當他成功推出《南極九十度》電影時，社會大眾早已對史考特探險隊失去了興趣，該片草草下檔，宣告失敗。龐廷身無分文，精力盡失，最後潦倒辭世。吉爾伯特．懷特紀念館應該是全世界唯一緬懷龐廷一生貢獻的地方。

我從仁慈街（Gracious Street）離開塞爾伯恩小鎮，這裡不但有很美的街名，小鎮的人還很喜愛用茅草裝飾小圓屋頂。我爬過陡坡來到農地，景觀依然壯闊無際。不過，一排排高聳的電纜高塔卻破壞了視線。我有一篇《經濟學人》的剪報，我知道我不停地抱怨《經濟學人》，不過這次主題有點不一樣；那篇剪報批評柴契爾夫人進行電力分配私有化時，若順帶要求電力公司將百分之〇．五的收入用作埋線，電力公司將可在一年內深埋約一六〇九公里的電纜。如果當時英國政府有此主張，現在的英國早已達成電纜地下化的目標了。

好吧，本章已經花太多篇幅謾罵被破壞的英國地景，讓我們趕緊將視線移開，往山坡下美妙的法靈頓（Farringdon）村莊移動吧。法靈頓其實沒有很特別，但因為我把自己搞丟了，迷失在巷弄間，所以花了比預期更久的時間探索這地方。我無預期地看見一棟獨特別緻的建築物，後經查證得知建築物為梅西殿堂（Massey's Folly）。梅西殿堂寬敞並以磚石作裝飾，建築物優美卻又不具任何明顯的功能性。從某些角度看來殿堂頗似私人住宅，但從別的角度觀望，梅西殿堂又深具老磨坊或泵站獨有的工業風格。

我經過兩位遛狗的女士，並向她們詢問梅西殿堂的背景。她們對這建築似乎也不太清楚。因此我自己動手查證了一下，只知道該建築物由富有、古怪的當地神職人員托馬斯・哈克特・梅西（Thomas Hackett Massey）捐獻建造，一八五七年至一九〇九年間，梅西居住於法靈頓鎮。梅西似乎很希望殿堂能成為鎮公所或護士學校，不過他卻一點一滴地改造建築物本身，以至於風格混亂。奇妙的是，身為神職人員，梅西異常害羞，他會在社區教堂前掛設布幕，讓上教會的人只聞其聲不見其人。二〇一四年梅西殿堂公開標售，不過遲至本書出版前，仍然沒有人願意購買。

雖然女士們對這座鄉村殿堂的由來不太在意，不過她們倒是知道怎麼走到喬頓（Chawton）。兩人伴隨我走到村鎮邊界，指引我沿著房子旁的小路走往樹林。我們愉快地道別後，繼續未完的旅程。

不久後，我越過了一條忙碌異常的高架橋，再沿著廢棄鐵路往前邁進。米恩山谷鐵路（Meon Valley Railway）連接起北漢普郡的愛爾頓（Alton）集鎮與南方的戈斯波特（Gosport）。因為根本沒有太多旅客需要往返於愛爾頓與戈斯波特之間，所以鐵路於一九五五年關閉，距離起造時間僅僅五十餘年。鐵路於美麗的磚橋下橫越而過，如今鐵路早已荒蕪成為自然景色的一部分。橋身底部以磚色做精巧的對比裝飾，不過此設計大概只有發動機工程師與軌道工人有緣欣賞，維多利亞時期的工程師似乎有無限耐心將事物打造得出奇特別。

多虧米恩山谷鐵路的低調設計，該鐵路在歷史上也曾有過輝煌的一日。諾曼第登陸前四天，盟軍領導者——溫斯頓・邱吉爾（Winston Churchill）、德懷特・艾森豪（Dwight D. Eisenhower）、南非的揚・史末資（Jan Smuts）、加拿大總理威廉・萊昂・麥肯齊・金（William Lyon Mackenzie King）於皇家鐵路上共謀進攻對策的細節。當時他們所在位置正好為我所在之處的南方，而米恩山谷鐵路之所以被選中的原因正是因為其低調到足以確保將領的安全，這我絕對同意。或許米恩山谷鐵路的口號可以是：「歡迎來到北漢普郡，我們低調又安全。」

我翻查了一下地圖，赫然發現此路徑的歷史意義遠超乎我的想像。我所走的路徑正是聖斯威辛之道（St Swithun's Way），並且為朝聖之路（Pilgrim's Way）的一小部分。朝聖之路經由北部丘陵區連接溫徹斯特與坎特伯里（Canterbury），其歷史恐怕比巨石陣（Stonehenge）與埃夫伯里（Avebury）附近的路線還悠久。聖斯威辛之道可說是健行世界的經典M4卡賓槍吧。我相信連聖斯威辛本人，都曾走過我腳下的土地。

我突然意識到，自己根本不知道聖斯威辛是誰，因此回家研究了一番。西元八五〇年，聖斯威辛為溫徹斯特主教。某天，他遇到一個悲傷得痛不欲生的女人，查問之下，原來她籃子裡的雞蛋都被打破了。聖斯威辛主教妙手一揮，雞蛋神奇地復原了。這招是很不錯啦，但是如果要我從坎特伯里走二〇九公里到溫徹斯特去瞻仰一個復原雞蛋的男人，似乎太超過了。不過中世紀的人倒是樂此不疲。聖斯威辛日後成為異教之主。英國各地的天主教會誓言將他五馬分屍，因此他的頭顱被送往坎特伯里、一隻手臂送往彼得伯勒（Peterborough），其他屍身則肢解四散。這聽起來好像滿諷刺的，一個人若是可以將雞蛋復原，那為何不讓自己復活呢？

西元九七一年時，當聖斯威辛埋藏於溫徹斯特天主教堂的骸骨遭搬移時，天空起了巨大的風暴。當天，也就是七月十五日，被眾人訂為聖斯威辛日，並因此流傳了一則紀念詩歌，以誌傳奇：

聖斯威辛日若雨，
落雨將達四十日：
若聖斯威辛日狂雨，
終須四十日才會停歇。

喬頓也是個可愛的小鎮，基本上英國到處是迷人之處。如果選擇避大道擇小路而行，今日英國的面貌說不定和珍・奧斯汀的時代也相差不遠。珍・奧斯汀和母親以及妹妹住在喬頓之屋（Chawton Cottage），溫潤的磚造建築物，矗立在離大馬路不遠之處。建築物內部相當簡約，並維持珍・奧斯汀在世時的模樣，幾件精緻的家具，不過由於空間過於空蕩蕩讓人不免多看慘灰的地板與排水孔幾眼。桌子和壁爐上方也沒有擺放任何紀念物品，以免有人順手牽羊。所以就和許多歷史人物的紀念館一樣，你只能一睹當時牆壁與天花板的風采，至於當時的氛圍或對方的生活，根本無從猜測。我可不是在抱怨，這純粹是個人觀察。這好像就是名人紀念館的用意。

從一八〇九年至一八一七年間，珍·奧斯汀於此居住了八年，她在此撰寫大部分的著作，包括《愛瑪》（*Emma*）、《勸導》（*Persuasion*）、《曼斯菲爾德莊園》（*Mansfield Park*），並進行《理性與感性》（*Sense and Sensibility*）、《傲慢與偏見》（*Pride and Prejudice*）、《諾桑覺寺》（*Northanger Abbey*）三本書的校稿與出版準備。

喬頓之屋裡最有看頭的自然是珍·奧斯汀寫作的地方，一張小巧的圓形書桌。現在有一群日本人正圍繞著小書桌，並以虔誠的語氣小小聲交談。日本人最擅長小聲地碎碎唸了，他們總是發出低沉的呼嚕聲並把母音拉得老長以顯示驚訝與錯愕。日語對話可說是全世界最複雜的溝通方式，可以在一瞬間表達出驚喜、熱情、全力的支持與堅苦卓絕的反對——聽起來根本像是想要悄悄得到高潮一樣。我跟隨他們走過一間又一間的房間，偷聽他們的對話，直到我發現自己好像也變成了一部分一樣。那群日本人開始緊張地上下打量我，我只好鞠躬道歉，轉身離開，讓他們盡情地享受低聲禮讚壁爐的時光。

珍·奧斯汀於一八一七年離開喬頓之屋，轉往西方二五·七公里遠處的溫徹斯特等待臨終一刻。當時她才四十一歲，死因不明。或許珍·奧斯汀死於愛迪生氏病、何杰金氏淋巴瘤、斑疹傷寒，也可能是砷中毒，畢竟當時人們時常在製作壁紙與油漆時摻進砷化物，並成為當時最常見的中毒原因。甚至有人認為當年許多女性在長期賦閒在家後呈現的空虛狀態，那情感脆弱的年代，原來竟是砷中毒的表現。不管真相為何，珍・奧斯汀於一八一七年的聖斯威辛日，嚥下了最後一口氣。

我很高興自己拜訪了喬頓之屋，不過現在卻發現天空早已陰沉飄雨，而我還得冒雨徒步走十三公里路回家。

II

應該所有人都同意，英國國民信託組織是相當完美的組織；該組織守護一百六十間歷史性住宅、四萬處考古遺跡、一二四七公里的海岸線以及二五〇〇〇公頃的鄉村；該組織擁有並管理五十七座村莊。英國國民信託組織絕對讓世界變得更美好。不過我的問題是，為什麼英國國民信託組織那麼煩人啊？

我抱怨是因為本人的下一站正是英國國民信託組織負責託管的埃夫伯里巨石村莊，這村莊既迷人，又討厭。基本上來講，埃夫伯里是個有著郵局、美麗小屋群、莊園、茅草屋頂酒吧的可愛城鎮。除了整座村鎮被龐大、有的甚至超過一百多噸的森然巨石包圍以外，埃夫伯里村是個相當普通的地方。巨石群有稜有角龐然矗立，無法想像究竟何等怪力能夠堆疊巨石成陣。

埃夫伯里巨石的形狀突兀詭異，羅列成陣，並以奇幻無比的姿態組合成巨石群，相較於巨石陣圓滑而整齊排列的景象，埃夫伯里巨石顯然更為原始而陰森。埃夫伯里巨石群真正撼動人心的原因是其規模與尺寸，而非外型美觀與否。巨石圈的外圈約有二公頃大，而這還僅僅是遺跡的一小部分而已。埃夫伯里巨石群周邊還包含兩個巨石圈、溝壑、繞行路線以及巨人戰鬥留下的痕跡。不過，埃夫伯里巨石群早已與原初狀態相差甚遠。原本六百塊巍然聳立的巨石，如今僅剩寥寥七十六塊。儘管如此，埃夫伯里巨石群仍舊為全歐洲最大的巨石景點，較巨石陣龐大十四倍之譜。

埃夫伯里巨石群既龐大又複雜，混雜其間而生的村莊更是讓人頓失方向感，不過英國國民信託組織似乎無心補救。你看不見資訊欄或地圖告示板，一切讓人無所適從。如果你想知道眼前景觀的名稱，只能購買導覽書。指示牌唯一的功能就是引導你到可以消費的地方——商店、美術館、咖啡店。我搞不懂為何國民信託組織不在停車場外的入口處，也就是付費買票的地方發給我們一本導覽書，這似乎不是他們做事的方法，他們喜歡分次向參觀者收費。我想未來很可能有一天國民信託組織會派志工在廁所外面賣你衛生紙。

自抵達埃夫伯里巨石群後，我已經花了七英鎊停車、十英鎊買莊園與花園的門票、四．九英鎊參觀美術館，不過我還是搞不懂怎樣才能參觀巨石群，所以我又跑到禮品店裡花了九．九九英鎊買了一大本精美地圖。也就是說，我人到埃夫伯里後已花了三十一．八九英鎊，卻連杯茶都還沒喝到。所以我又跑去買了杯茶，花了二．五英鎊，並繼續研究地圖。接著，我就帶著暴躁易怒的心情參觀巨石群，沒想到心情瞬間變好了。這就是既迷人，又討厭的埃夫伯里。

埃夫伯里的現代化與一位相當特別的男性亞歷山大．凱勒爾（Alexander Keiller）有關。一八八九年，凱勒爾出生於橘子園，這話不誇張，他的家族創造了出產於丹地（Dundee）的著名的凱勒爾橘子醬。由於雙親早逝，凱勒爾成了超級富有的孤兒，並幸運長大。當凱勒爾年紀稍長時，他將家族企業轉手交給叔叔經營，並將全副精力放在跑車、滑雪、激烈的性生活以及若干輕率的商業冒險上。他曾經投資「風力馬車」，一種在馬車後方架有飛機螺旋槳的奇妙交通工具。由於風力馬車極有可能將附近走動的行人切成一片片臘腸，因此發明宣告失敗。隨後凱勒爾又投資了一種可將座位向下摺成床鋪的汽車，可惜的是，床鋪汽車也很快地夭折了。

根據《牛津國家人物傳記大辭典》記載，當凱勒爾放棄投資那些愚蠢的發明時，他卯足全力嘗試「五花八門的性活動」。傳記作者琳達．穆雷（Lynda J. Murray）描述，凱勒爾曾經要求一名叫做安托妮亞．懷特（Antonia White）的女伴「全裸僅著雨衣爬進洗衣簍內，他再使用雨傘與她交合」，這要求簡直讓對方滿頭霧水。雖然傳記內容十足詳細，但是穆雷沒有記錄懷特小姐究竟是否答應凱勒爾的要求。凱勒爾還加入了一個俱樂部，俱樂部成員都有著奇怪的癖好，他們會付錢給一位自願（而且包容性強）的妓女，輪流與她性交後，再啜飲威士忌交換筆記。儘管凱勒爾怪癖多多（還是多虧他的怪癖），他還是擁有一位固定的情人以及四段婚姻。

一九二四年，凱勒爾首次拜訪埃夫伯里，並且立刻受到強烈的感召。當年埃夫伯里巨石群並沒有如今日一樣受到妥善的保護。穆雷形容當時的巨石群矗立於「亂糟糟的豬圈、殘破建築物、快倒塌的住宅與老舊倉庫之間，急需有人伸出援手。該區雜草叢生、草木橫長，巨石圈根本就淹沒在建築醜物之下」。許多巨石傾倒翻裂，也有些巨石已被開鑿，充當蓋屋建材。當凱勒爾參觀巨石群時，僅有十五塊巨石仍舊屹立不搖。

凱勒爾買下埃夫伯里莊園並投資了大筆資產與精力，進行極有遠見的修復與挖掘計畫。他在巨石村並沒有受到熱烈的歡迎，因為他堅持拆掉阻礙考古工作進行的老舊房舍與穀倉，又將一些老鄰居趕出宅院，好供情婦居住。不過，他確實資助了世界第一流的考古計畫，並促成埃夫伯里今日之盛況。凱勒爾耗費近二十年的時間進行挖掘工作直到一九四三年健康狀況開始衰退為止，他將該區轉賣給國民信託組織。凱勒爾在數十年後過世，並很快地被時間巨流遺忘。

我以為埃夫伯里莊園會擺滿凱勒爾個人的珍私收藏或考古奇物。結果沒有。國民信託組織做了相當愚蠢的安排——讓莊園成為BBC電視臺節目的背景，至於那是什麼節目早已沒人記得。節目的概念是將莊園的不同房間分別布置成不同時代的風格，以此反映莊園的年歲久遠。企劃書聽起來還不錯。不過恐怖的是，電視臺讓那些接案賺錢的設計師和工作人員來進行布置。如果你曾經參觀過電視節目現場，你就知道布景做工的粗糙程度。電視上看起來美輪美奐的道具和家具，近看根本慘不忍睹。我曾經拜訪《大學生挑戰》（*University Challenge*）節目現場。如果從正面看過去一切正常，但只要距離稍微偏一點，你就會看見一堆紙板和電工膠帶。

莊園的每間房間看起來都像花了二十分鐘進行裝潢。僅有一個小房間用以紀念凱勒爾定居於此的時期，不過，小房間內沒有任何資訊告訴參觀者為何凱勒爾會出現在埃夫伯里巨石群，或是他的任何成就。其他房間內的陳設更是與紀念館本身毫無關聯。

巨石群附近設立了附屬美術館，不過結果差強人意。埃夫伯里巨石群會成為世界遺產不是沒有原因的。這確實是個充滿視覺震撼、相當奇妙的地方，不過美術館卻給人漫不經心、鬱悶的感覺，美術館本身絲毫讓人感受不到熱情，只有虛應故事的敷衍態度。我們根本無法得知誰建立了埃夫伯里巨石群——他們的語言、文化、信仰、消遣嗜好、他們從哪裡來、甚至穿什麼樣的衣服。他們根本是一個謎團。然而，他們卻有龐大的熱情與組織能力創造出全歐洲最巨大的巨石圈。參觀者只能發揮自己的想像力腦補一切。

美術館人潮洶湧。埃夫伯里受歡迎的程度令人感到驚訝。現在才早上十一點，排隊觀眾就已經滿出來了。我必須排隊才能通過柵欄門，我很高興自己已經喝過茶了，因為咖啡館門口早已出現另一條人龍。

埃夫伯里再過去約一．六公里處則是同樣神奇甚至更具紀念性的希爾伯里丘（Silbury Hill）。因為該處並非國民信託組織的財產，所以沒人有那心思將遊客人潮指引過去。這讓人感到惋惜，因為希爾伯里丘本身也是個傳奇。山丘本身有三九．六公尺高，等同於十層樓的大樓，特別的是，這是以雙手徒手堆出來的山丘。希爾伯里丘為全世界最高的史前人類建造的泥丘，獨一無二。山丘上密布青草，並且渾圓無比。光是用看的就讓人嘖嘖稱奇。希爾伯里丘確實完美，絕對值得成為世界知名景點。

你可以從埃夫伯里穿越草原走向希爾伯里丘。路途上景色優美，只是荒草漫生，顯然沒有太多人行經此道。我必須用雙手大力撥開黑莓灌木和蕁麻草叢。這裡杳無人跡。當我抵達希爾伯里丘時，舉目所及仍然沒有任何人影。遊客不能盡情攀爬希爾伯里丘，其土質脆弱難以負重，不過如果你喜歡可以遠遠觀望，國民信託組織不會過來收錢。我會願意待在山丘前一整天，因為景色實在令人目眩神迷。希爾伯里丘耗費無數人力推捏完成，但卻沒有任何顯著的目的；它不具有埋葬功能，也無隱匿的寶物。人們用泥土和石頭奮力捏塑成一座如大布丁狀的山丘。我們只能確定在很遙遠的從前某一天，人們突然為了某個不可知的理由，決定平地造山。連當時人們使用的材料從何而來，都是個未解的謎團。附近根本沒有達三九．六公尺深的泥洞。希爾伯里丘附近平原一望無際，毫無損傷，但是人們卻有辦法取得足夠的泥土與石塊，打造出一個小山丘。太驚人了。

不過故事還沒完。你可以再穿越一條非常忙碌的高架橋，試著巧妙地平衡自己和不斷晃動的後背包，行走約四〇〇公尺後往軌道上行，就會來到西肯奈特長塚（West Kennet Long Barrow），一座巨大無比的墓室。我又獨自一人盡覽墓室風光。從長塚上方往遠處望去，景色迷人，前景是形狀獨特奇異的希爾伯里丘，中段則是在陽光下閃耀著銀色光芒停泊在國民信託組織停車場外的數百輛轎車，車流仍舊不斷地從四面八方湧入。將眼光放遠，四處都是美好的低矮丘陵與肥沃的農田。

乍看第一眼，墓室沒什麼特別的。基本上就是一個超級狹長、滿布雜草並已經完全融入自然景色的石堆，看起來早已變成大自然的一部分。但是若更仔細地觀察，你會發現在一顆巨大石岩背後有著通往墓室的祕密入口，我躡手躡腳地走進墓室。感官瞬間被打開來了。原來墓室也以巨石堆疊而成，巨石氣勢完全不輸埃夫伯里。人們將巨石架高成牆壁與天花板。墓室約有九一．四公尺長。工程浩大難以想像。墓室建造於五千五百年前，並於短短二十五年間埋葬了約五十名死者，並以性別、年齡區分埋葬位置。除此之外，我們對墓室一無所知。

我很高興自己跋山涉水來到這裡。我繞回墓室頂部再次遠眺山景，感覺自己征服了一切，並獨自品嚐箇中滋味。

「至少在這邊不用付錢啊。」我雙手放在屁股上，驕傲地喃喃自語。

Chapter 10

To the West

遠走西部

作家約翰．福爾斯撰寫的《法國中尉的女人》讓此地蜿蜒婀娜的海岸線聲名大噪，海灘上的美景確實也懾人心魄。我曾在此岸邊散步數次，景色優美。我剛來多塞特郡時大家都稱呼這裡是多塞特海岸，不過現在這裡的正式名稱爲侏羅紀海岸世界遺產地，聽起來有派頭多了。

◆

I

有一天我在倫敦圖書館找到兩本徹底改變我生命的書，好吧，至少改變了我看待英國高速公路的態度。

第一本是由英國皇室文書局（His Majesty's Stationery Office）一九四四年出版的薄薄的《道路委員會報告書》（*Report of the Department Committee on Roads*），報告書討

論道路編號問題以及如何於戰後予以改進。我入迷地幻想當所有盟軍軍隊戮力為諾曼第大登陸進行準備時，威斯敏斯特國會委員會正企圖辯論絲毫沒有任何重要性的戰後道路編號問題。我想像二十個大男人在地下軍事掩體的小圓桌前開會，當德軍炸彈於遠處爆炸時，水泥粉塵紛紛落在他們的頭髮與肩膀上，主席會說：「好吧，現在史樂普頓當普敦和大迴轉道之間的B2601道路將改為幹道。有人有什麼意見嗎？」

書架上還有另一本該委員會出版的較為厚重也較為近期的報告書，稱作《道路編號揭祕》（*A, B, C, and M: Road Numbering Revealed*），作者為安德魯・艾默森（Andrew Emmerson）與彼得・班可拉夫特（Peter Bancroft）。該書解構了浩瀚無邊的英國道路編號謎團，我所謂的解構所言不虛，作者們甚至探討了英國道路編號的歷史與方法論。

哇，我還滿訝異英國的道路編號竟然還有系統可言，不過，我突然想到，假使他們使用的是所謂的英國系統的話，那就絕對無法運用在世界上的其他任何地方。英國系統的第一原則，就是看起來必須很系統化。這就是其精髓所在。這也是讓英國系統比其他國家的系統更有個性的原因。英國人對道路很有一套，規則如下：全英國由從倫敦放射出來的A道路切割成六個區域，若以順時鐘方向移動，倫敦至愛丁堡（Edinburgh）之間為A1區，倫敦至多佛為A2區，倫敦至朴資茅斯（Portsmouth）為A3區，一直至倫敦至卡萊爾（Carlisle）為A6區。這六條道路將全英國分割為一楔形物（你可以想像英國是一塊很醜的披薩）。原則上，同一區域的道路都會以同樣的數字起始編號，舉例來說，A11與B1065同在第一區，也就是A1區與A3區之間，而A30、A327與B3006則同為第三區。理論上來講，假使你突然昏倒醒來不知道自己身在何處，你可以先尋找道路編號，假使道路號碼起始數字為1，那麼你應該位在倫敦與愛丁堡之間，並在A1東邊，A2之西邊，這樣你應該可以展開新生活了吧？

英國道路編號系統讓艾默森與班可拉夫特如此沉迷的原因就是，這根本行不通啊，未來也不可能會行得通。這就是英國道路編號系統厲害的地方。舉例來說，道路總是會跨越原訂區域通往其他地方；好比A38原為第三區，但又穿越第四區、第五區與第六區，該道路從德文郡（Devon）一路通往諾丁罕郡（Nottinghamshire）。A41則起始於第五區也終止於第五區，但卻稱作A41，這我真的不懂。我想大原則就是（這絕對不是我自己瞎編的，沒有人那麼厲害）當道路穿越進其他區域時，只要維持順時鐘旅行方向而非逆時鐘，道路編號將不會改變，不過……也常常有例外就是了。

另一個英國道路編號系統的特性就是（呃，當我在本章提到「系統」兩字時，請想像一下我掩嘴竊笑的樣子）道路根本不連貫。A34從溫徹斯特通往牛津，接著就徹底消失，之後又在九六．五公里遠處的伯明罕出現。同樣的，A46從托克斯伯里（Tewkesbury）通往科芬特里（Coventry）之後硬生生地消失（我知道科芬特里的人都活得很不耐煩沒錯），結果又在萊切斯特（Leicester）出現直達林肯郡（Lincoln），說不定A46自林肯郡後仍舊繼續暢行無阻，只是從來也沒人會想過去林肯郡看看啊。對艾默森與班可拉夫特而言，道路的不連續性「讓人感到歡愉」，嗯，我懂他們的意思。

他們繼續展開「令人振奮的搜查」，兩人寫道，「我們繼續尋找消失的交岔路口，像是M1快速道路的J3交岔口到底在呢？」沒錯！有多少次你邊開車邊想天啊，J3交岔口到底去哪了？原來該交岔口原應連接根本就沒有被建造的A1出口。不過比起想這些東西，大家應該寧可喝酒或做愛吧。

我發現，大部分的英國系統都差不多兩光。你看看英式英文好了，看看英文的文法、拼法與語調。全世界除了英國人以外有誰會拼出像是「八」（eight）或是「島嶼」（island）這樣奇怪的字眼？很明顯這人一點也不懂語音學吧。或是「上校」（colonel）這個字，明明沒有r又硬要大聲發出r的音。你也可以看看英國憲法，所謂的英國憲法並不是一張標題寫著「憲法」兩字的羊皮紙，而是一堆四散各處的紙，有的塞在抽屜或檔案夾裡，要是在亨利八世的年代，說不定還會被塞在皮箱卻又忘了鑰匙在哪兒呢？誰知道英國憲法的內容是什麼？畢竟那僅僅是個概念，而非實體存在的論據。還有，英國舊幣制，有人還記得兩先令、三便士和半克朗嗎？想像一下當你必須將兩便士、半便士加上一先令與四先令什麼的。

很多人批評英國制度的存在就是為了要整外國人，這點完全錯誤。英國人根本不鳥外國人好嗎？英國制度的存在純粹是為了整自己人。我不知道他們為何如此樂在其中，因為沒有人會願意解釋給我聽。你沒辦法和英國佬討論他們荒謬的制度，因為他們不承認此事存在。如果你溫吞地向英國人表示他們的制度有點怪怪的、或是有一點不正常，好比你想開啟一個關於英式重量制與長度制的話題，他們會立刻焦躁地說，「我根本不懂你在說什麼？」

「英式制度有一堆根本用不到的單位啊，像是蒲式耳（bushel）、費爾金（firkin）與小桶（kilderkin），」你點出謬誤所在，「這根本沒道理。」

「當然有道理啊。」英國人一定會嗤之以鼻，「半個費爾金就是壺（jug），半壺就是托特（tot），半個托特就是提特爾（titter），半個提特爾就是一滴精液的量。還不夠清楚嗎？」

誰會想和他們聊這個，所以我到現在也沒有答案，就像我永遠都不會懂為什麼英國人要看《米蘭達》（*Miranda*）[10]電視影集，還會把果醬放在蛋糕上。這就是英國人啊。

雖然我老是口出惡言，不過其實經過這許多年我真的開始欣賞亂糟糟的英國人的可愛。至少，他們不會變成瑞士人，這就值得謝天謝地了。他們讓人生更豐富更難以預測，並讓最簡單的事情都充滿挑戰與變數。

你可以比較一下在巴黎找路和在倫敦找路有何差別？眾所周知，巴黎以區（arrondissements）來劃分城市。規劃者由市中心開始以順時鐘分式將區域規律編號。只要花個十分鐘，你就可以搞懂法國的區域位置。倫敦則使用郵遞區號進行劃分。一開始在倫敦市中心好像還滿可行的，W1就在W2旁邊，而WC1也與WC2比鄰而居。但是在倫敦市中心之外，各區域又冠以字母與郵遞區號。搞得SW6和SW18混在一起，N15緊挨著N4與N22。SE2距離SE1相差迢迢一九・三公里。（如果你從SE1往東走去，你會依序碰到SE16、SE8、SE10、SE7、SE18，最旁邊還有SE28。）現實生活中，如果你想搞定倫敦的大街小巷，就必須花上數年的時間。假使你完全不做功課就想從SE1通往E4，我可以保證，你絕對會走丟。很多倫敦人住在鐵路橋墩底下或是馬路旁邊就是因為他們找不到E4。大家都以為E4在東邊，但是如果你稍稍研究一下地圖，就會知道E4在北邊。事實上，E4是全倫敦最「北」的郵政區域。那就是，為什麼E4稱為E4的原因。

不過如果你研究倫敦郵遞區號或任何事情太過入迷的話，也會有滿恐怖的下場，你可能會加入某個祕密社團並開始訂閱季刊，說不定還付錢和大家一起去參加導覽旅行（到了這個地步，你最好尋求醫療協助）。最糟的狀況是，有的人會開始站在唐卡斯特（Doncaster）的鐵路月臺上在小本子上猛抄引擎號碼。我建議你離這些人越遠越好。

總之，我對英國系統徹底投降。現在，讓我們回到先前的故事，我在春天早晨沿著B3006、A31、A354穿越漢普郡與多塞特郡，此路在霍克利高架橋（Hockley Viaduct）與

10——英國BBC電視臺二〇〇九至二〇一五年的影集，敘述貌似男人的女主角米蘭達遭遇的各種荒唐事。

奧立佛巴特利教區（Oliver's Battery）之間的A3090斷了蹤影。我走到加油站問路，對方告訴我沿著羅姆西（Romsey）與布蘭德福爾德福魯姆（Blandford Forum）之間的小路走，就可以抵達萊姆里吉斯（Lyme Regis），此時此刻，已經快中午了。

我熱愛萊姆里吉斯，多年前在我和妻子還很年輕、經濟狀況窘迫時，我們曾在一個寒風颼颼的週末在此地的豪華旅館度假。那是一間山崖頂邊的小旅館，視野極佳，能遠眺酷寒的海洋。旅館為風華盡失的私人豪宅，不過對我們來說這旅館已經極盡豪華奢侈之能事了，它有自己的酒吧，晚餐時還有甜點推車。我不騙你，每天傍晚當眾賓客享用晚餐，裝滿五顏六色甜點的小推車叮叮咚咚地出現時，所有人都會飢渴地轉過頭去。旅館主人是一位性格暴躁、多毛的男人，他似乎長期在與旅館的設施搏鬥。我記得當時在小吧檯點了杯啤酒，結果多毛男花了好幾分鐘氣喘吁吁地試圖轉開酒桶龍頭，他不斷地咒罵、咳嗽呼氣，最後搖搖晃晃地給了我一杯只裝了四分之三的啤酒，啤酒泡泡因為過度搖晃而顯得溫熱。「我要去換一下啤酒桶。」他不滿地碎唸道，好像我提出了什麼不合理的要求一樣，接著轉身消失在門後。當晚，再也沒出現在酒吧裡。

萊姆里吉斯仍然是個不錯的小鎮，有著相當陡峭的大街博德街（Broad Street），從萊姆灣（Lyme Bay）一路延伸至有著茂密樹林的小坡，該處原本多為大型的維多利亞式建築，如今已經多了好幾座市政府設置的停車場。萊姆里吉斯的狹窄小街總是難以應付熙攘車流，人們喜歡開車出來又把車留在路邊曝曬，自己到處閒晃尋找咖啡店或逛逛小飾品店。有很長一段時間，英國最流行的紀念品就是寫著「保持冷靜，繼續向前」的咖啡杯、茶巾或是一些廚房用品。我真的希望有人可以出印有「保持冷靜或是他媽的滾開，我管你的」的上衣，不過從來沒有人這樣做。不過現在有個東西更流行，就是寫著啟發性詩句的木板，內容大約如下：

生活愉快、放膽去愛、時時大笑

或是：

這廚房裡有滿滿的愛

或是：

人生不該用在等待暴風停歇，

而是學會在大雨中狂舞。

萊姆里吉斯有一堆的禮品店，而且有好幾間店都掛了類似的標語，我真的滿想在上面貼張「小心，這些標語會讓你狂吃」的貼紙，我覺得應該有人會買吧。我在萊姆里吉斯四處閒晃，心情愉快，感覺自己一點消費慾望也沒有。人老的一個好處就是知道自己根本不需要那麼多東西。除了最基本的消耗品如：電燈泡、電池、食物以外，我真的無所欲求。我也不需要其他家具、書籍、裝飾碗盤、圍巾、寫滿關於熱愛動物或工作標語的小椅墊、熱水袋、迴紋針、橡皮筋、沒用完的油漆、乾掉的油漆刷、亂成一團的電線，或是其他你以為總有一天會派上用場的五金材料。感謝上帝讓我這些年來一直花別人的錢旅行，我擁有足夠一輩子使用的肥皂、小瓶洗髮精、香氛乳液、隨身針線盒與鞋蠟，還有一千一百頂浴帽，得趕快找時間用用呢。基本上我經濟狀況不錯，手中還握有一堆已經沒用的錢幣。

衣服更是煩人。基本上我已經到了只願意穿衣櫃裡的衣服，打死都不會再買新衣的年紀了。我相信所有相同年紀的男人聽到我的心聲都會點點頭。你不覺得當你把一件衣服穿到很破爛終於可以扔掉它時，真的很讓人心滿意足嗎？這讓人想讚賞自己一番。真不簡單耶。二十年來，我一直試著把一件里昂・比恩（L.L.Bean）[11]的運動衫穿到爛穿到破，我一個月會穿它二十幾次，用它來洗車，或是清理烤肉架。那件衣服真的很醜。我剛買的時候就後悔了。如果我不想辦法把它穿破，一定會被它搞瘋。

總之，我很超脫地走在萊姆里吉斯街頭，邊看商店窗戶邊想，「我不需要一個狗籃或是一塊寫著感恩詩句的木板，也不需要新出版的恐怖小說或是詹姆斯・帕特森（James Patterson）寫的感人詩句或打氣小語，基本上萊姆里吉斯根本沒有賣任何我需要的東西，不過，謝謝你的好意。」

我在時髦的小餐廳喝了咖啡再走到海邊，順沿著科比路（Cobb）步行。作家約翰・福爾斯（John Fowles）撰寫的《法國中尉的女人》（*The French Lieutenant's Woman*）讓此地蜿蜒婀娜的海岸線聲名大噪，海灘上的美景確實也懾人心魄。

我曾在此岸邊散步數次，景色優美。我剛來多塞特郡時大家都稱呼這裡是多塞特海岸，不過現在這裡的正式名稱為侏羅紀海岸世界遺產地（Jurassic Coast World Heritage Site），聽起來有派頭多了。有許多重要的地理景觀皆以英國人命名——泥盆系（Devonian）、寒武系（Cambrian）、志留系（Silurian）與奧陶系（Ordovician），但奇妙的是，大家都知道侏羅山（Jura Mountains）在法國，但卻不知道全世界觀賞侏羅岩絕佳地點其實是多塞特海岸。

從萊姆里吉斯往西朝希頓（Seaton）有一條夾在懸崖之間的棧道。這條路向來以驚悚著名。路邊總是有著大型警示牌表示，「接下來的一一・三公里路將難以由陸、海、空方式抵達，因此救援隊無法提供求救者任何援助。」警示牌讓此健行路線更添刺激與緊張感。說實在，我是絕對不會往那裡走去的。二〇一四年，崖面峭壁嚴重崩落並毀損部分棧道，所幸無人傷亡。自此以後，棧道被迫轉向，原始路線似乎將永久地對外封閉。

多塞特懸崖造成許多人命傷亡與財產損失。一八一〇年，理查德・安寧（Richard Anning）在萊姆崖墜落並且從未返家。如今沒有任何人會記得理查德了，不過他的女兒瑪麗（Mary）倒是個重

11——美國知名戶外用品品牌。

要人物。當理查德過世時，瑪麗年僅十歲，家庭經濟狀況隨之陷入困境。不過瑪麗很快地找到了事業的方向，她開始在海岸邊挖掘並販售化石。大家認為這位瑪麗就是著名「海邊賣海貝殼」（She sells seashells by the seashore.）[12]繞口令中的主角。

我好像把瑪麗形容成一個熱愛考古的業餘者，事實上，瑪麗從事考古工作達三十年之久，她曾經挖掘英國出土的第一隻翼龍、第一隻完整的蛇頸龍與保留得相當完好的魚龍。這些好像都不是可以帶著小包包就出門挖掘的小石頭。魚龍約有五公尺長，並需花費數年的耐心與細心才有可能完整出土。瑪麗花費十年心血才完整挖出蛇頸龍。她不僅具備最傑出的採掘技術，提供最嚴謹的敘述與專業插畫，並受到同時期地質學家與自然學者的敬重與珍貴友誼。但是由於重要出土物極罕見而考古工作曠日費時，以至於她縮衣節食，近瀕貧窮線底下。瑪麗的故居已經修整成紀念館，我必須說，那裡非常小巧細緻，絕對值得一探。

另一個瑪麗．安寧的特異之處就是——幾乎所有親近她的人都會遭致不幸，厄運似乎無可避免。除了瑪麗的父親從懸崖上墜落以外，瑪麗的姐妹遇上火災而死，她的其他三個親手足慘遭雷電劈擊而亡。然而，與手足同在現場的瑪麗卻奇蹟般地安然無事。

我很願意在瑪麗的紀念館待上更長的時間，不過前面還有路得趕。我離德文郡的托特尼斯（Totnes）還有一〇六公里路，預計該晚要留宿當地旅館。我想所有曾在英國夏天旅行過的人都知道，一〇六公里絕對是非常漫長的距離。除此之外，我還希望途中可以停留，一探托基（Torquay）。

II

英國人真的太天才了，這點毋庸置疑。作為北海上的一個小國家，英國創造了完全不成比例的人類知識與科技成就。數年前，日本經濟產業省曾經就國家創造能力進行調查，其調查結果顯示，以當代生活而言，全世界「重要性發明」約有百分之五五來自英國發明家，百分之二二來自美國，百分之六來自日本。英國的成就非同小可。不過，商業利益並非永遠都會伴隨著發明物而來，這點，托基小城的奧利佛・墨維塞（Oliver Heaviside）提供了絕佳的證明。

一八五〇年，黑維塞出生於倫敦，但他在托基待上了頗長的一段時日。德文郡南方海岸線曲折蜿蜒，堪稱是英國的理維埃拉（Riviera）[13]。老城優雅如昔，有著平坦的步道，著名的建築物以及停泊了無數小船如詩如畫的港口，遠處山坡上則是奶油粉色系列的小別墅。我想去的，正是黑維塞居住、工作，直至離世前的某間小別墅。

黑維塞暴躁易怒又患有耳疾，這顯然也讓他更容易受到刺激。他有著一頭火焰般的紅髮與紅鬍

12——整段繞口令為：「She sells seashells by the seashore. The shells she sells are surely seashells. So if she sells shells on the seashore, I'm sure she sells seashore shells.」

13——法國、摩納哥、義大利的濱海度假區域。

子，如果依現有的照片判斷的話，他看起來根本是個瘋子。小朋友總是跟隨著他下山坡，並沿路朝著他丟石子。不過，其實黑維塞的真實身分是埋沒於世的天才發明者。

黑維塞是個徹底的自學者。年輕時，他曾在電報辦公室工作了一段時間，但卻在二十四歲時辭職，並且從未再踏入其他公司行號。他搬到德文郡並且全心投入電磁學的研究。他窩在弟弟在托基開的樂器行樓上，並且很快地有了科技上的突破。當時的人們無法解釋為何收音機的電磁波訊號會沿著地表傳遞，而不會飄散至外太空。連馬可尼（Marconi）都無法解釋為何他的收音機訊號可以成功地傳遞至海平面的船艦上。黑維塞推斷認為，高層大氣層的離子將收音機訊號反射回來。後人稱此為黑維塞層（Heaviside layer）。

不過，黑維塞對人類現代生活的最大貢獻在於，發明讓電話訊號自由傳遞並且不受干擾的方法，這在當時根本是不可想像的高科技。黑維塞的發明帶來難以估量的影響。他讓遠距離溝通變得可行，並因此改變了世界。

黑維塞住在瓦貝里下街（Lower Warberry Road）的住宅區，此山坡住宅區環境優雅、臨海而居，數幢豪宅座落於此，有些大宅院如今已被改造成公寓或療養院。事實上我覺得在托基的老公寓度完餘生是個不錯的選擇。黑維塞住在一棟奶油色的大樓裡，前方有堵水泥牆。他擁有一至兩間的房間。在他過世後不久，大樓被改造成小旅館，並逐漸凋零。二〇〇九年，此大樓慘遭祝融，縱火者很可能是附近的占屋者。如今，黑維塞大樓仍舊閒置無用，並藏於水泥牆與膠合板的後方。大樓上原有黑維塞本人的紀念匾額，不過從大馬路上望去，根本見不著蹤影。我想，應該也沒有很多人專程來看他的匾額吧。

神奇的是，黑維塞竟然沒有為自己的發明申請專利權。而美國企業 AT&T 卻代之申請了專利權，後者雖然與電話的發明無涉，但卻因優良的長途電話服務，一躍成為全世界最大型的企業之一。黑維塞無緣作百萬富翁，在他的人生最後幾年裡，他都蝸居於殘舊小房間裡憤怒度日，並任憑附近的孩子向他丟擲口香糖。

英國人老是創造出全世界最偉大的發明，卻無法享有應得的商業利潤回報。經英國人發明、創造而得，卻沒有在經濟上獲得實質回收的發明物包括：電腦、雷達、內視鏡、變焦鏡頭、全息圖、體外受精術、複製動物、磁浮列車與威而鋼。唯有飛機引擎與抗生素確實為英國帶來了實質的經濟利益。不久前我讀了曼徹斯特大學教授丹尼爾．戴維斯（Daniel M. Davis）撰寫的有趣著作《相容性基因》（*The Compatibility Gene*），該書發現一九七〇年時，英國醫學研究者戴瑞克．布萊沃頓（Derrick Brewerton）與美國醫學研究者保羅．黛拉薩吉（Paul Terasaki）幾乎在同時間了解基因的功用。黛拉薩吉成立了一間公司並且徹底將自己的研究轉換為實際利益，他不但成為商業巨賈，甚至可以出手豪擲五千萬美元用作公益。而布萊沃頓則寫了一本和關節炎有關的專書，並投入於拯救南方海洋的行動主義活動。我真的想知道，為何英國的偉大發明者總是無可救藥地陷入貧窮之境？

優雅的托基山景住宅區還不只有黑維塞一位名人，喜劇演員彼得．庫克（Peter Cook）在不遠處的瓦貝里中街（Middle Warberry Road）的紹森德（Shearbridge）之屋出生，紹森德之屋現改名為肯布萊（Kinbrae），我打算步行過去探查一番。瓦貝里中街與下街雖然名稱相似，可是彼此間根本毫無連結，因此我花了不少力氣才找到通往肯布萊的步道。肯布萊之屋占地遼闊，卻早已四分五裂成較小且毫無品味可言的公寓。我腦袋空空地站在那觀望了一會兒後，突然轉過身，漫無目的地走下坡回到小鎮上。

此時才剛過三點不久，我還有點時間喝喝茶，四處兜轉。今天的時間顯然特別漫長。當我回到托基小鎮時，鎮上顯得相當寧靜。我選了一間看上去還不算太差的咖啡館，當我走上前時，有個男人突然鎖了門。

「抱歉，打烊了。」他說。

「啊，」我嚇了一跳，「你們幾點關門？」

「五點。」

「啊，」我又說，「那現在幾點？」

他瞧著我好像我患了痴呆症一樣。

「五點。」

「是喔。」我給他看了看我的手錶。「電池好像有問題吼？」

他指向遠處的商店，「我記得他們開到五點半，應該可以幫你換電池。」

我向他道謝並往他指點的方向走去，一位看上去約五十歲的男人非常不耐煩地站在櫃檯後方。他看起來已經保持僵直超過十二個小時了。我把手錶交給他，並解釋電池似乎出了點問題。

他以半秒鐘的時間觀察手錶並把它還給我。

「我們不處理這個。」他語氣冷淡地答道。

「啥？你們不處理啥？手錶嗎？」

「我們不處理瑞士國鐵錶（Mondaine）。」

「啊，那你知道有誰修嗎？」

他聳了聳肩。「你可以去喬伊的店試試。」

他發音不標準。他說的不是喬伊，他連母音都懶得發。我又軟硬兼施地問他店面大約位置，他用下巴指引了一個模糊的方向。

「謝謝。」我說完很快地伸手穿過櫃檯用兩隻手指猛插他的雙眼。當然，我沒有真的那麼做，只是用精神勝利法讓自己報仇一下。

我急急忙忙地趕到喬伊的店，不知何故，我開始覺得很急躁，這裡店員的態度顯然跟剛剛那位老兄不相上下。

我和對方解釋了一番並把手錶拿給他看。他看了看就把錶還給我。「沒辦法處理。」他說。

「為什麼？」

「電池沒貨了。對不起。」

雖然他用很空洞的方式表達歉意，不過至少還是比第一間稍微客氣了一點。我道謝完，立刻離開。現在已經沒有太多時間耗在托基了，我回到車上並出發前往托特尼斯的方向。老實說，我真的滿愛托基這小地方，總有一天我會再回來看看，至於那些鐘錶店的老兄們，真的全是一群混帳。

Chapter 11

Devon

德文郡

這裡終於可以好好散步。我漫步到妥爾卡斯村莊上方的大丘陵，路不好走，但濱海山頭景色不凡。草原上到處都是牛糞，好險沒有牛兒在此閒逛，讓我鬆了一口氣。山頂遼闊，史塔灣一覽無遺，這絕對是全英國最優美的景色之一。

◆

有時候當第一名真的沒啥好處。英國人不但發明了鐵路，對鐵路的熱情也是數一數二，不過卻因此製造出許多無用的鐵路路段。全英國到處都是鐵路路線。舉例來說，僅僅三八〇七三公頃的懷特島（Isle of Wight）就有八間不同的鐵路公司，並製造出約八八．五公里長的鐵路路線。

一八四八年英國鐵路國有化時，鐵路系統不但陳舊、缺乏整合規劃，而且虧損連年。英國鐵路系統旗下不只擁有火車、車站、維修站，還經營五十四間飯店、七千隻馬匹、巴士車隊、運河、碼頭、湯瑪斯庫克（Thomas Cook）

旅行社與電影公司。英國鐵路企業的子公司種類多元並且缺乏有效管理，根本沒有人可以計算旗下所雇用的員工總數；以最粗淺的估計而言，英國鐵路系統共雇用六十三萬兩千人至六十四萬九千人左右。

一九六一年時，英國國鐵經營狀況日益惡劣，首相哈羅德·麥美倫（Harold Macmillan）因此下令交通部長歐尼斯特·瑪波斯（Ernest Marples）予以大加整頓。瑪波斯本身的形象本就極具爭議性。在瑪波斯服公職以前，原為瑪波斯道路聯合公司（Marples, Ridgeway & Partners）之合夥創辦人，並因承攬道路建築而成為富商。當反對黨提出質疑認為由身任建設公司營業者的交通部長執行國家建設案，頗有自肥可能時，瑪波斯宣告放棄公司股份。他把股份賣給商業合夥人並且知道日後他仍舊可以以原價贖回。當反對黨質疑此作為的道德性時，瑪波斯採取了更為明目張膽的作法——他將股份賣給妻子祕密掌管的私人公司。

瑪波斯指派理查·畢其恩（Richard Beeching）統整鐵路系統，並給予他高達兩萬四千英鎊的年薪，其豐厚程度甚至超過首相本人。畢其恩臃腫、神經質還留著宛如毛毛蟲般噁心的小鬍子，頭髮則是黏黏膩膩地往後梳攏。可怕的是，畢其恩根本缺乏相關經驗。他本人來自物理學背景，並且身任化學公司的管理顧問。雖然他對鐵路的知識與一般搭乘鐵路的民眾相差不遠，不過身為管理者的他至少確實點出國鐵急需整頓。畢其恩委任專業者進行研究，發現實際狀況遠比想像的還要糟糕。有許多鐵路線根本與荒廢無異。據估計，蘇格蘭伊文格瑞至奧古斯堡（Invergarry and Fort

Augustus）路段每日平均載客六人。威爾斯蘭諾至莫臣（Llangynog-to-Mochnant）的支線則每日盈餘不到一英鎊。總而言之，約有半數的英國鐵路負擔百分之九六的運輸量，而其餘半數的鐵路則負擔不到百分之四。顯然，最有效的解決方法就是關閉無收益的路段。一九六三年三月，畢其恩於報告時發布了相當厚重的《英國鐵路重整》（*The Shaping of British Railways*）計畫書，他主張關閉兩千六百三十六個車站，約等於全車站總合的三分之一，此外，另有兩百條支線與八〇四六・七公里的鐵路必須關閉。

如果畢其恩只插手營運不佳部分的鐵路就算了，偏偏他趁勢進攻，宣告要關閉數座進出流量頗大的車站，包括印威內斯、金斯林（King's Lynn）、坎特伯里、埃文河畔斯特拉特福（Stratford-upon-Avon）、赫里福德（Hereford）、索利茲伯里（Salisbury）、奇切斯特（Chichester）、布萊克本（Blackburn）、伯恩利（Burnley）等等，因此激起極大的反彈聲浪。

不過，上述車站幾乎都逃過一劫，繼續營運。事實上，英國國鐵預算刪減與畢其恩並沒有太大關聯。一九六四年工黨上臺以後，推行了新的改革方案。工黨新任首相哈羅德・威爾遜（Harold Wilson）將數個重量級車站保留，但卻關閉其他一千四百個連畢其恩都未曾提起的小車站，此舉徹底重創英國西部濱海小城。萊姆里吉斯、帕茲托（Padstow）、希頓、伊爾弗勒科姆（Ilfracombe）、布里克瑟罕（Brixham）以及眾多小鎮都失去了往返其間的鐵路線。許多觀光休憩景點就此消逝。過去，英國曾經擁有大西洋海岸特快車，我不免想像如果現在還保留這項服務，那該有多棒啊。今天，從英國東岸搭乘最快的柏靈頓（Paddington）至彭贊斯（Penzance）鐵路線抵達西岸，約需五個半小時，總計四五〇公里路，平均時速為八〇公里。我時常搭乘此線，感覺還滿像會穿越美景的殭屍列車。

畢其恩在完成重整任務後返回化學公司，並因為大刀闊斧的裁員而獲得貴族爵位。雖然並非所有的刪減案都因他而起，但是他確實是濱海城鎮之敵。畢其恩所提出的預算刪減案中至少有三分之一都相當短視近利，並且造成永久性傷害。許多報導認為畢其恩刻意利用濱海城鎮淡季時計算載客量，將載客量不足的問題誇大化。畢其恩還曾經想要關閉埃克塞特（Exeter）至埃克斯茅斯（Exmouth）鐵路路段，如今倖存下來的該路段每年約有一百萬次的乘客流量，這證明了畢其恩的數據不但不可靠，甚至趨近謊言。

在同一時期獲得貴族爵位的瑪波斯隨後因逃稅案流亡國外。一九七八年，瑪波斯於法國逝世，終其一生未曾回到英國，而他噁心齷齪的油頭保守黨形象，則長留英國人心底。

感謝畢其恩、瑪波斯、威爾遜那些傢伙，我無法搭乘鐵路從德文郡直達康瓦爾郡。此外，我還發現，這兩點間連輛巴士也沒有，這真的讓人感到疲憊。如果你想要從托特尼斯移動到撒爾康比（Salcombe），你必須先搭乘巴士到布里克瑟罕，從布里克瑟罕轉接至達特茅斯（Dartmouth），再從達特茅斯轉接至撒爾康比。如果你想回來，也必須用同樣的方法，由於巴士服務斷斷續續，你至少得花上幾天時間才能折返。

總之，我只能自行開車過去，而這路程簡直長得要人命。路不但又窄又小還充滿死角和難以會車的轉彎處。由於城鎮路旁總是停滿了車輛，因此根本不可能讓兩輛車同時交會而過，只能禮讓其中一方先行。沒想到，幾乎所有的駕駛都非常大方、溫和，沒有人作弊或是蠻橫爭道。這就是英國人啊，以前的英國人總是為人著想，並且認定對方也必定會湧泉以報。

我有一度把車靠邊前前後後共禮讓了二十八輛來車先行，所有駕駛都感激地接受好意並揮手答謝，接著又趕緊將眼神收回，繼續全神貫注地將車子開往極限小路，從我和住宅之間一溜而過。不管願意與否，駕駛者全都成為德文郡車流線的一小部分。過了很久，一位駕駛終於向我閃燈示意讓我通過，此時，我又成了路隊長，率領長長車隊蜂擁而過。我的後方至少跟了二十四輛車，仰賴我開路，勇敢鑽入狹窄的巷道。我很高興自己承擔了如此重大的責任，帶著大家前往撒爾康比，並且一個都沒有少。

撒爾康比是著名的遊艇社區，位於綠野山坡上的陡峭山崖，得以俯眺整片海灣。距離上一次來撒爾康比已經是二十年前，那時你可以把車停在港邊，不過現在狀況早已不同，你必須把車開到離鄉鎮約一．六公里外的山頭上停車換乘。我從老遠就可以看到車輛越排越長，不過眼尖的我立刻發現一個空位並且謹慎靈活地將車子硬塞進去，引起旁邊六、七個駕駛不滿，狂鳴喇叭、閃燈抗議，我想他們應該都是出於嫉妒才會如此忿忿不平。

我踱步往撒爾康比山腰走去，接著下了陡坡，穿越城鎮屋舍，許多小屋都取了俏皮帶有航海風味的名稱，不過顯然這裡的房屋多是度假時期才會使用的小別墅。我記得以前曾經讀過報導，撒爾康比的人口會在夏季增加十倍，從兩千人激增到兩萬人。此時正值夏季。不過即便在夏日擁擠的時候，撒爾康比還是個很棒的地方。碼頭邊，掛著三角小旗的船隻飄盪在充滿綠意的港灣。空氣中滿是鹹鹹的水手風情。海鷗鼓譟著掃過人們頭頂，並在屋頂和人行道上投擲鳥糞炸彈。誰知道這些鳥都吃什麼維生，不過顯然牠們排便相當順暢。

撒爾康比是個聰明、繁榮又活潑的小鎮。男士們打扮得猶如甘迺迪在海恩尼斯港（Hyannisport）[14]度假一般。我覺得如果不把背包裡的外套拿出來綁在脖子上假裝是領結的話，可能會被排擠。所有的男性看起來都精壯有力、健康，並飄散出淡淡的海洋香味。我覺得他們沒在走路，而是以小跑步的姿態飛速移動。

撒爾康比主要的大街是富勒街（Fore Street）。《每日電訊報》認為這裡是全英國排名第六的超級酷街。我滿懷疑編輯們是如何得到排名結果的，應該是完全不具任何科學或實質意義，全由編輯們自由心證任性地投票決定的吧。富勒街的商店當然都很高檔。卡斯庫德快餐的今日特餐是布里乳

14　位於美國麻省的濱海小鎮，是甘迺迪家族豪宅的所在地。

酪配有機蘋果汁佐蘆筍塔，這選擇實在太貼心太巧妙了，有人會因為蘋果汁不是有機的而放棄點布里乳酪和蘆筍塔嗎？我回想起在我一生當中，英國食物每隔十五年就會進化成另一種難吃與詭異的新東西，什麼品味與光輝時代都離得太遠太遠了。好吧，我就是未開化的野蠻人，但是如果英國人能重新拾起對炸魚薯條的熱愛，我會活得比較開心。以前，飯前都會有雞尾酒蝦沙拉，飯後會再來一份黑森林奶油蛋糕，沒騙你，那個時代真的比較美好。

撒爾康比到處人擠人。不管是想喝咖啡或小嚐有機塔都得排隊，所以我只好四處走走，回到山坡上朝著金斯布里奇路（Kingsbridge）漫步而行。走了約一．六公里路以後，右手邊出現一條狹長小徑通往金斯布里奇河口的峽灣處。山頂置高點可以清楚看見遠處清晰的峽灣裂口。我剛把英國陸軍測量局的地圖丟在車上，因此有點迷失了方向，不過我猜再過不久就可以碰見下個城鎮，順便找間不錯的荒涼小酒吧喝點酒。我繼續走了約五〇〇公尺路，向海路段開始變得險峻，眼前只見得厚實茂密的夾路樹叢，不料，此時竟然有一臺巨大的農業機具朝我轟隆開來。基本上這臺龐然大物已經占據所有道路面積，並且用力刷過兩旁的樹叢，我根本無處可躲，也找不到任何農家柵欄可以暫避風頭，只能調頭回返企圖快步走回山頭，我用驚慌的速度移動，畢竟後面那臺機器絕對可以將我輾成口香糖般地伏貼在地上。我三不五時會回頭向機具上的駕駛投以抱歉的眼神，抱歉生而為人的那種心情，並且暗示我已經使勁吃奶力氣在走了，不過那男人表情僵硬冷淡，完全沒有任何同情心或關懷之情。只要我走得越快，他就開得越快。等我趕到山頂彎腰喘氣時，他立刻轟隆隆地從旁開走，連一眼都沒看我。

「謝啦，你這王八蛋！」我對著農機大喊，不過恐怕一點傷害性也沒有。我只求日後他回想起來能感到羞愧，或是得到絕症並立刻暴斃。

我上了車繼續開個十幾公里路，以緩慢的速度往妥爾卡斯（Torcross）駛去，沿途風景迷人，妥爾卡斯為史塔灣（Start Bay）陡峭海岸線上的小村莊。我的北邊是史拉普特沙丘（Slapton Sands），這裡的地理條件和諾曼第海灘相當類似，因此一九四四年春天，盟軍在此進行了諾曼第登陸之日的彩排。三萬美軍從登陸艇一躍而下企圖以祕密方式從河口登陸史拉普特沙丘，不料九艘德軍魚雷艦發現其軍事活動並予以跟隨攻擊，納粹軍艦猛力催毀登陸艇，並造成多人傷亡。很顯然地，盟軍不認為軍事演習需要戰力掩護，並因此讓納粹潛艇得逞，一逞殺機。

目睹史拉普特沙丘大屠殺的還包括了艾森豪將軍本人。盟軍對死亡人數無法確切掌握，僅知落點約在六百五十人至九百五十人之間。妥爾卡斯官方公布約有七百四十九名美軍於此戰亡。不管實際數值為何，妥爾卡斯史拉普特沙丘大屠殺的死亡人數遠超過一個月後諾曼第猶他海灘（Utah beach）登陸的犧牲人數，而奧瑪哈海灘（Omha beach）[15]的死傷人數更多。史拉普特沙丘事件為美

15　猶他海灘和奧瑪哈海灘是諾曼第登陸四登陸點的其中之二。

軍於二戰中潰敗至鉅的戰役，但是幾乎無人知曉，原因除了擔憂新聞曝光造成盟軍士氣低落以外，也是因為史拉普特沙丘演習為祕密行動，不得見諸報端。不過，奇妙的是，納粹軍方雖然目睹盟軍戰艇與士兵在法國科唐坦半島對面進行大規模演習，卻竟然無法預測到不久後的北法進攻戰役。

這裡終於可以好好散步。我漫步到妥爾卡斯村莊上方的大丘陵，路不好走，但濱海山頭景色不凡。草原上到處都是牛糞，好險沒有牛兒在此閒逛，讓我鬆了一口氣。山頂遼闊，史塔灣一覽無遺，這絕對是全英國最優美的景色之一。南方史塔點（Start Point）高地則有座美麗的白色燈塔。北方史塔克芬朗（Stoke Fleming）一處則有另一座教堂尖塔，我決定過去看看。草原、村莊、農莊與蜿蜒小路滿布在兩塔之間。

就在這時候，一大群牛突然從小坡遠方出現，並轉頭瞪著我看。牠們看起來沒什麼攻擊性，盡是一副蠢樣。牠們好像想陪我走一段路。可是當牠們越靠近我時，就越顯得驚慌失措與難以控制，說真的，牠們絕對有實力把我踩踏成如牛糞一般黏稠的肉餡餅。我不敢驚嚇牛兒，只得悄悄地從柵欄門邊讓開。我走回山坡下，並以沙丘為道，這對膝蓋來說絕對不是件好事，不過總比和牛群同行好多了。

我開車回達特茅斯老城，想找個喝下午茶的地方，該城位於燦爛的達特河岸邊，也是皇家海軍學院所在之處。達特茅斯外城邊緣有著顯眼的告示牌告知駕駛必須在城際邊緣停車換乘，不過本人決定一意孤行看看告示牌所言是否屬實。結果我大錯特錯。達特茅斯人滿為患，根本一位難求，我沿路駛過單行道再開回老遠山頭上的停車換乘停車場，深感悔不當初。停車花了我五英鎊，這讓人嚇傻了，畢竟我也不過是想喝杯茶而已，但卻讓他們海削了一筆。不過，很快我就發現，過了下午兩點停車費將會降到每小時三英鎊，這讓人心頭一暖。我決定搭巴士回到達特茅斯老城，結果又毅然決然地參加了觀光巴士行程，這就是其他數百萬名和我一樣年紀、社會經濟背景的人會做的事。我在那一瞬間明白了，以後我應該會時常拖著鬆軟的老人步伐在達特茅斯城這樣的地方閒晃，逛逛小飾品店和下午茶店，謾罵人群、餐廳價格和爛透的停車換乘方案。

以前達特茅斯有滿多有趣的商店，不過，我說的以前是二十年前，在那個年代的商店本來就都很有趣。現在只剩一堆人擠人的咖啡店和會賣寫著名言佳句的愚蠢木板的飾品店。達特茅斯有一間很著名的獨立書店：港口書店，由艾倫．亞歷山大．米恩（A. A. Milne）的兒子克里斯多福．米恩（Christopher Milne）經營，並於二〇一一年歇業。我很高興看到鎮上開了另一間由非營利合作社所開設的達特茅斯社區書店。雖然書店很小又位在後街，不過至少這是間活生生的實體書店，還滿希望達特茅斯小鎮居民能夠長久善待它。我和書店管理者安德莉亞．桑德斯（Andrea Saunders）閒聊了一下，她說書店經營狀況其實還滿不錯的，這讓我聽了很開心。畢竟，如果我收到達特茅斯鎮的一百英鎊禮券，除了書我還真不知可以買什麼？或許可以買愚蠢的木板來當火種嗎？

我買了杯熱茶溜到岸邊，從這裡可以俯瞰達特河河口。景色真的滿不錯，應該足以用絕美來形容吧，我瞬間突然了解為什麼有人會想要在河岸邊耗上一整天。我斜眼瞥見一個十三歲左右穿著橄欖球衣的小屁孩正在吃洋芋片。幾分鐘後，當我回來時，洋芋片塑膠袋已經扔在地上，而垃圾桶就在不到三呎遠的地方。我老是這麼想，如果英國真的要好好整頓的話，絕對需要大量地執行安樂死。

我在德文郡南部的托特尼斯待了兩晚，感覺很不錯。這裡整整齊齊、並且受到妥善的管理規劃，而且也不乏有趣的小店，這根本就是以前的達特茅斯吧。雖然有很多新時代（New Age）水晶這類沒人想要的東西，不過還是有很多畫廊和古董店。有天早上我試著走入四間小店。第一間店裡和我差不多年紀的女店員相當友善地向我問好，另一間店的店員除了給了我一個很勉強的笑容以外，幾乎就沒開過口。其他兩間店的店員，則是根本忽視我的存在。

究竟是冷若冰霜的普通英國商店店員比較可怕呢？還是熱情如火的美國店員比較令人窒息呢？這問題實在太考驗智慧了。前不久我才衝動地跑去紐約度假，並且順道拜訪肯夢（Aveda）商店。我太太還滿愛肯夢洗髮精（其實任何價格貴得沒有意義的商品她都頗樂於支持），所以我想給她點驚喜。

「哈囉。」一個年輕的女店員很親切地向我問好，「你需要幫忙嗎？」

「嗯，不用了，我隨便看看。」我回答道。

「你的 pH 值多少？」她問。

「我不知道，我把土壤酸度試紙放在家了。」我給了她一個超級友善的笑容。她看不出來我在說笑。

「你有試試我們最新的洗髮精嗎？」她問，並且拿了一瓶淡綠色的罐子擋在我眼前。嗯嗯，這樣做真的好嗎？「這瓶洗髮精使用百分之百的植物性界面活性劑，並在清潔的同時開啟我們的感官。」

「我真的是隨便看看，謝謝。」我又說了一次。其實我想看的是價錢。我一向人很好的，跟我不熟的人都這麼說。不過人好也有個限度啊，我不想花一大筆錢買洗髮精，就算是送給我孩子的媽也不可能。

我彎下腰看了看下排的商品，我突然發現那位女士似乎在我的頭部上方移動。

「你有試過我們的抗屑洗髮精嗎？」她問。

我立刻挺直了腰。「小姐，不好意思。」我說。「我只想要一個人安靜地逛逛，可以嗎？拜託。」

「當然啦。」她回答並往後退了一步。她沉默了半秒又走向我說，「我會推薦你抗屑洗髮精。」她說。

我覺得她有推銷員妥瑞症吧，難怪一直不停地咯咯叫亂推薦。她根本無法控制自己的行為。不管我摸什麼或看什麼，她都有很多意見。因此，我只能快步離開肯夢。往好處想，她幫我省了二十八．五元美金。

所以我也並不是那麼討厭英國店員的冷冰冰態度，我太太倒是比較介意，當然，偶爾我也會想知道到底說聲哈囉是否會要這些店員的命。不過，說實在的，如果英國店員們不要老是擺出痛恨別人走進店裡或是碰觸任何商品的死樣子的話，應該會多些回頭客吧。不過據我太太的說法，不管店員有沒有熱情地歡迎我，我也不會掏出錢來買東西，畢竟我覺得萬事萬物都很昂貴，而且本人一無所缺。

我從托特尼斯開往達特穆爾（Dartmoor），穿越山丘、荒原，四處是奔騰野馬以及接連陡峭山坡的石板橋。不久前我才讀了作家莫頓（H. V. Morton）撰寫的《尋找英倫》（*In Search of England*），人們老是說這是旅遊散文界的經典之作，不過根本沒人看過此書，因為內容其實還滿無聊的。《尋找英倫》寫於一九二七年，大部分的內容都在講莫頓騎機車穿越英國的事。他每隔三〇公里就會向路旁鄉巴佬問路，每到一個村莊都會跑去摩門教教堂隨便找個有奇怪口音、無所事事的老兄閒聊。

他在達特穆爾的威得庫姆村莊（Widecombe-in-the-moor）停車，並且問一個拄著拐杖的老人，他們是不是真的會唱那首傳唱千年的威得庫姆市集民謠。

「嗚喔喔毀啊，」那男人回答。「嗚嗨先生，偶們唱完天佑吾皇後都毀唱這首啊！」

《尋找英倫》讓人覺得英國是一個超級歡樂、友善的國家，這裡的人呆頭呆腦又有著俏皮的口音，不過說實在的，把這本書當作理解英國的途徑還滿諷刺的；更詭異的是，莫頓最後還因為英國人不夠有種族歧視概念而嘲諷英國。莫頓於一九四七年搬到南非，並在那度過餘下的三十二年，雖然全世界早已將他拋諸腦後，不過他在南非可以盡情地對傭僕大呼小叫，也是滿樂的。我對《尋找英倫》唯一的印象就是他把達特穆爾形容得太美了，讓我非常好奇，今日的達特穆爾是否仍舊燦爛如昔？我很開心見到達特穆爾一切安好，美不勝收的教堂與尖塔、草原、一間酒吧與一間商店，矗立於山岩間。我向教堂附近的老人打了個招呼，不過他沒有說嗚嗨先生或用任何搞笑純樸的鄉言說話。

我把車子開上山，有個頗粗糙的停車場顯然是為健行者準備的，我拿了登山杖與地圖下車準備四處看看。早晨景致迷人。山野間處處是小羊、野生小馬以及凸露地表稱作突岩的花崗岩。達特穆爾每年降雨量約二〇三二毫米，為全英降雨量偏高的地方，遠勝其他區域。由於該地排水系統極差，因此雨水全會進入當地人暱稱「羽毛床」的地方——長滿濃密苔蘚的水池區。水池區隱約難辨，外地人很容易因為踩空而捲入苔蘚水流內一命嗚呼，雖然我不相信有那麼誇張，不過我還是盡量待在步道範圍內。

我想我這輩子應該都無法判斷自己位在地圖上的哪一點。我連威得庫姆都還沒找到。山頂陣風一直將地圖吹亂（我一直到回到車上後才發現地圖兩面都有印刷，而我一直在閱讀錯的那面）。好吧，總之不管我在哪裡，那都是世界級一等一的景觀。最終，我抵達三角點，每次我走在鄉村散步時，都會期待三角點，因為那代表你位於某個山頂上。容我簡單描述一下，三角點（trig）為三角參照點（triangulation）的縮寫，而所謂的三角點其實是頂部嵌進銅料的水泥柱，在精確測繪地圖時所使用的調查工具。單一三角點將位於其他兩個三角點的可視範圍（儘管相當遙遠）內，使三角形三邊確立。我是不知道英國如何仰賴一堆三角形畫出正確地圖，我也不是真的想知道，拜託別寫信過來，我對三角形測量沒有特別興趣，只是很訝異這樣的方法竟然行得通，這才是最重要的。莎拉・裴林（Sarah Palin）[16]把兒子取名為崔格（Trig）[17]，不知道他知不知道自己和小水泥柱之間的關聯。一九三二年至一九六二年之間，全英國重新進行三角測量，也因此你在山坡上不時會見到小水泥柱。現在的測繪方法已改用衛星測量距離，小水泥柱早已無用武之地，也因此很多三角點慢慢地殘破、消失，也有的則是遭相關單位強行移除，這還滿讓人感傷。

不知道英國本地有沒有三角點祕密社團。我想他們讀到這裡會不會想邀請我到年度會議演講？天啊，那我還是把話說清楚好了，我是滿想念三角點的，不過也沒有真的很想念。

16——美國共和黨黨員，曾於二〇〇八年與共和黨總統候選人約翰．麥凱恩（John McCain）搭檔競選，角逐副總統，最終輸給民主黨的歐巴馬。

17——莎拉．裴林於阿拉斯加州長任內，產下檢測出患有唐氏症的么子崔格．裴林（Trig Palin）。作者於此玩味崔格與三角點之間的諧音。

Chapter 12

Cornwall

康瓦爾郡

當遇難貨船求救時，八名勇士——包括老師、水管工人、酒吧老闆，立刻放下手邊的事衝向救生艇。不管天候如何惡劣、也不管實際情況爲何，他們願意冒著大險，前往搭救陌生人。他們的高貴、勇敢，凡人難以匹敵。這就是英國爲什麼是全世界最棒的國家的原因之一，不是嗎？

◆

I

我一直覺得，每個人都應該要有一個清單，上面有至少十二個他們痛恨卻又沒有任何理由的事情或物品，我稱之為：直覺厭惡清單。我的清單如下：

1. 鮭魚色的褲子以及會穿這種褲子的男人。
2. 會說「超棒」（stonking）這字眼的人。

3. 試菜菜單。

4. 會把自己小孩取名爲達昆（Tarquin）的父母。

5. 在超長的電話留言的尾端用超快速度留下自己電話號碼，讓人必須反覆聆聽，甚至必須拜託其他人和你一起聽都還聽不懂的人。

6. 把邀請函（invitation）稱作請柬（invite）的人。

7. BBC的紅色按鈕。

8. 多數的書評都很討厭，特別是道格拉斯·布雷克利（Douglas Brinkley）這位不起眼的學者和業餘書評家更是煩人，他的觀察力與品格大概和質子差不多大，說不定把他丟進質子裡，都還有多餘空間呢。

9. 完全沒有溝通意義的顏色名稱，如灰褐色（taupe）與藍綠色（teal）。

10. 用 mic 取代 mike，後者才是麥克風的正確簡寫。請問你會將腳踏車（bike）簡寫爲 bic 嗎？

11. 當梅莉·史翠普（Meryl Streep）討人喜歡的時候。

12. 強調自己晚點會去「找」某人，而事實上你只是想打個電話或是與對方聯繫一下。

13. 沒有紅燈標示水是否煮開了的水壺。

14. 第四電臺的下午節目。

15. 哈里·雷德克納普（Harry Redknapp）[18]。

我知道這清單超過十二個項目，不過既然這是本人首創的概念，當然可以多選幾個啊。你應該有想到，夏天在英國西部開車應該要在清單上的，不過由於厭惡的原因實在太過明顯和合理了，所以不能入選。基於同樣的原因，德蕾莎・梅伊（Theresa May）[19]和打寬領帶的男人都不幸落選。所謂的直覺厭惡清單應該要讓其他人完全摸不著頭緒，而夏天在英國西部開車絕對是人人都會唾棄的一件爛差事。

我花了一個小時才終於穿越塔瑪橋（Tamar Bridge），這是條無比狹窄的單線西向橋。到底造橋者在想什麼呢？塔瑪橋建於一九六一年，當時英國政府大興高速道路，不過在真正需要快速道路的地方，他們卻獨厚樽節政策，誰知道英國政府如何運作啊？

過了普利茅斯（Plymouth），連續數公里路車流壅塞得難以動彈，只有在靠近圓環數百公尺時車流會突然鬆動，並在靠近圓環時可以加速通過約十分鐘之久，但只要過了圓環約三公里路之後，車流又會重回壅塞狀態，如此惡性循環不休。

我就這樣遲遲緩緩地開到了康瓦爾郡，並遠遠拋下盧港（Looe）、波爾佩羅（Polperro）和福伊（Fowey）等地。原本我也以為自己會想看看那些地方，不過所有的濱海道路都是單向道，遠遠望去整列的露營車，裝載著腳踏車與獨木舟的汽車都正在大排長龍，我想，至少得花一小時才看得到海而且到時還不會有停車位。不過，我在抵達聖奧斯特爾（St Austell）時突然改變心意調頭朝往梅瓦吉西（Mevagissey）前進。

後悔來得很快。通往梅瓦吉西的道路蜿蜒曲折，不但窄仄不堪，而且幾乎所有的車輛都停滯不前。我花了好大的功夫才開到城際邊緣，那裡有個大停車場。很多車子在停車場前等候。我問了管理員是否可以直接調頭，他說當然可以，而且還認出我是誰，這讓我有點飄飄然。（你問其他作家就知道了，被讀者認出的機會真的微乎其微。）他是馬修．法西（Matthew Facey），他不是管理員，這停車場是他們的家產，幾乎每年夏天他都會在現場幫忙。這位老兄的真實身分其實是攝影師，我之後瀏覽了一下他的網站，作品還滿不錯的。總之，我和馬修聊得滿愉快，他還力邀我淡季時再來梅瓦吉西一趟，我也爽快答應。

當我開回通往彭贊斯的主幹道A390準備留宿該地時，我看到了赫利根失落花園（Lost Gardens of Heligan）的告示牌，並緊急轉彎繞道而回，因此嚇到兩名腳踏車車友與露營車駕駛。我對這地方毫無了解，不過，我想知道失落花園到底是怎麼一回事？原來赫利根失落花園的擁有者為提姆．史密特（Tim Smit），他是居住於英國數年的荷蘭人，負責主持頗受注目的伊甸計畫（Eden Project），而該計畫的根據點則在北方另一邊的聖奧斯特爾。

赫利根原本為相當壯觀的莊園，矗立於陡峭山巔之上，腹地為廣闊海洋，當時莊園極盛時期還

18——英格蘭前足球運動員，長時期擔任球隊管理者。

19——英國保守黨政治家，目前的英國內政大臣。

雇用了約二十名的園丁。不過後來赫利根經濟狀況大不如前，也因此花園被荒煙蔓草覆蓋並因此無人聞問。一九九〇年提姆・史密特與商業合夥人約翰・尼爾森（John Nelson）造訪赫利根花園，此時該地已維持野生狀態達七十年之久，兩人決定好好修復。這絕對是一場豪賭。七十年後，幾乎所有人為痕跡都已灰飛煙滅，四公里長的林間步道也已消失無蹤。溫室傾斜倒塌。溫室已被黑莓灌木給淹沒。花園裡共計有七百五十株風倒木，需要被優先清運，才能著手進行整復工作。這根本是不可能的任務，但是具備杜倫大學（Durham University）考古學系專業背景的史密特發揮了考古系縝密規劃的頭腦。兩人在多年的艱辛工作下完成修復，並讓赫利根花園重現其璀璨榮光，這絕對是非常值得讚許的壯舉。

兩人的修復工程涵蓋了相當廣大的面積，其中多數為樹林，我必須說我真的很感謝在長途趕路後還有個地方可以伸展一下四肢。樹林似乎無邊無際。一開始，我以為赫利根只包含了樹林和蕨類植物，原來還有綻放著鮮豔花朵的巨大花園以及四處飛舞的蝴蝶。遠方的大海顯得朦朧，與天空相連成一片湛藍色。風景很好。我在咖啡店喝了杯相當提振精神的茶以及一片可愛的乾蛋糕後（十足英式風格的蛋糕，令人滿足，但非常難吃，吃完以後應該有一個多月都不敢再碰），以精神飽滿的狀態返回原路，我想，赫利根應該也有同樣劫後重生的心情吧。

每年春天我都會從倫敦搭火車到彭贊斯，並在該地借宿一晚後，參加隔日在錫利群島（Scilly

Isles）舉辦的特雷斯科馬拉松（Tresco Marathon），主辦方為囊狀纖維化基金會（Cystic Fibrosis Trust），所以我的角色比較像啦啦隊。當然我沒有真的跑，只有在場內步行，並且在跑者奮力邁進時吼些令人分心的加油口號。特雷斯科馬拉松真的是一生一次的體驗，它舉辦的時間與倫敦馬拉松一模一樣，特雷斯科馬拉松的創辦人為群島飯店的主廚彼得・辛斯頓（Pete Hingston），這位老兄還滿不錯的。他因為女兒喬德（Jade）罹患囊狀纖維化疾病，知道自己不可能有時間參加倫敦馬拉松，畢竟那時也是飯店旺季，於是和太太費歐娜（Fiona）在小島上辦了特雷斯科馬拉松，卻突然大受歡迎。

因為島小人稠，因此特雷斯科馬拉松限額一百名參賽者，這讓比賽變得相當私人化，也極富親密感。全世界有許多馬拉松的蒐集者，但特雷斯科馬拉松絕對是最難入手的一款。因為島嶼面積真的很小，所以跑者得繞島八圈，這包含在陡坡上狂奔八次。大多數的馬拉松是不會讓跑者連跑八趟山坡的。

特雷斯科馬拉松的參賽者多多少少和囊狀纖維化都有點關係，參賽者多半是為了手足、情人或小孩而跑。我曾經目睹一位囊狀纖維化患者親身上陣，我覺得那絕對是我所見過最具英雄氣概的一件事，就算你活得再老，恐怕也不可能見過比觀看囊狀纖維化患者親跑馬拉松更激勵人心的事了。這經驗簡直無敵。真的。每當馬拉松結束時，跑完全程賽程的彼得就會返回飯店廚房下廚。

特雷斯科小島唯一的麻煩就是交通。基本上你有兩種方式。一種是搭快船。我第一次造訪島上就是搭船，不過這經驗實在有點古怪。所有的乘客，其實也只有小貓兩三隻，全都跑到船的底層並躺在任何可得的平面上。乘客們紛紛把外套蓋在臉上，好像在捉迷藏。當船一離開碼頭，飲料吧檯立刻收工，氣氛怪怪的。進入海域後，船身開始以奇怪的方式晃動。我不是什麼身經百戰的航海員，但我也搭過幾次船，還曾穿越過南美的比格爾海峽（Beagle Channel），那裡與其說是航道不如說更像是專為船打造而成的彈簧床，總而言之，特雷斯科小島的航海經驗非常離奇。海浪並不特別劇烈，但移動得相當緩慢，再緩緩累積成紊亂的碎浪。後來有人向我解釋，海浪波動不正常的真正原因應該是船底扁平，並於錫利群島主要碼頭聖瑪麗（St Mary）淺灘入海，這讓船隻像個軟木塞一般在海面上飄盪，所以即便在無風無浪的狀況下，也會造成強烈波動。有人跟我說，如果在天候不佳的時候乘船，乘客有可能會因為撞上船頂而受傷。

有個島上居民告訴我（我發誓過絕對不會透露他的身分），他曾經在寒冬自彭贊斯出海，當快船抵達地角，也就是英吉利海峽、愛爾蘭海與大西洋的交會處時，海浪四處噴濺泡沫並形成超大旋渦，讓快艇動彈不得。快艇在奔騰巨浪間掙扎長達兩小時，進退兩難，直到風力減弱，洋流衰退後，快艇才趕緊往前移動約四〇公里。不過當快艇接近聖瑪麗碼頭時，沿岸波浪洶湧，讓快艇只得保持安全距離觀望。

「船長宣布他會做最後一次的靠岸嘗試，若是失敗了，他將會折返海浪波動更為劇烈、危險的彭贊斯一帶。」我的線民這麼說。「我跟你發誓，不誇張，我手抓著救生艇，心想要不要直接跳下海試著游回岸邊。情況真的很危險。好險，最後海浪終於平靜了約一分鐘左右，所有的乘客趕緊準備靠岸。我們二十幾個人簡直是用衝地跑到陸上。」

另一種抵達小島的方式是乘坐直升機。我對直升機沒有太大興趣，畢竟那代表了一定程度的風險。一九八三年，英國航空負責的錫利群島直升機因天候惡劣而墜機，造成二十人死亡。以前我曾經搭過幾次直升機，感覺還可以，不過確實常常有種即將要成為帝國戰爭博物館（Imperial War Museum）韓戰區標本的感覺。二〇一二年錫利群島直升機因為成本因素停駛，原本的機場場址開了一間超大型的聖貝里超市。現在，如果要造訪小島的話，只能鼓起勇氣搭快船或是從埃克塞特、紐昆威（Newquay）或地角搭乘飛機了。

二〇一〇年，因為主要贊助者的退出造成經費短缺，持續舉辦近十年的偉大的特雷斯科馬拉松必須劃下句點。特雷斯科馬拉松徹底走入歷史。這點已經是確定的了。我們果然是活在最壞的年代。

我很開心地回到彭贊斯。常去的旅館因整修而暫時歇業，太太幫我在城的另一邊訂了間商務旅館。我很快地丟下行囊，並大步邁向城裡，希望能在晚飯前好好看看彭贊斯是否一如往昔。

彭贊斯是個相當不錯的地方，由於地形上的優勢讓遊客可以遠眺聖麥可（St Michael）山脈壯闊景色，這絕對是全英倫最浪漫的景點之一。彭贊斯有極長的美麗步道，以及缺乏想像力與繽紛色彩的碼頭，只要一點點巧思或兩管炸藥就可以讓碼頭看起來更宜人。城鎮步道小巧而眩惑。雙層公寓不但看起來很有社區感，頂樓平臺更是眺望美景的好去處。如果每天早晨起來可以透過窗戶查看海浪顏色，當作氣象預報，該有多麼棒啊。

彭贊斯的一切都讓人讚歎。但是這終究是個褪色而落寞的城鎮。我走遍了城鎮小道，幾乎所有我過去曾造訪的商店如今都不知去向。「星光旅館」（Star Inn）封上門窗，還有一間叫做奶油（Buttery）的餐廳也已歇業。很多商店看上去不但空蕩蕩的，也沒有任何燈光。倫敦旅館（London Inn）雖然沒有倒閉，不過看起來生意清淡也頗令人擔憂。門上掛的牌子寫著：「這是公共住宅，不是公共廁所。」我很高興旅館管理者仍舊有所堅持，不過這樣的告示還會讓人想要在此住宿嗎？我以前常去的甘吉斯（Ganges）印度餐廳也關門了，不過這或許早在我的意料之中，如果用糟糕透頂來形容這間餐廳的話似乎還滿客觀的，基本上我通常是唯一的一位客人，因此非常享受無微不至的服務。

甘吉斯印度餐廳的對面是名叫「塔克斯之頭」的酒吧。我從窗戶外探頭望去，裡面確實有屬於週六夜晚的人潮，我往大街上另一間不錯的班寶海軍上將酒吧走去，裡面更是人擠人。因此，我決定繞回塔克斯之頭酒吧，推開人群往吧檯走去。我花了不少時間才買到啤酒，轉頭立刻發現大門旁邊正好有張空的小桌子，因此毫不猶豫地往那移動。我攔了一位女服務生想點餐，她很開心地回應我，客氣地說今天廚房的動作可能會稍慢。接下來的整個晚上，女服務生每隔四十分鐘就會端某樣東西過來，並且再三保證會向廚房催促我的餐點。不過她每次拿來的東西似乎都是餐點的重要部分，像是鹽巴、胡椒或是包裹在餐巾裡的刀具。當她送上麵包與奶油時，我張開蟾蜍般的大口立刻吞下，像是活吞蒼蠅秀。大約八點四十分時，我得到了一份冒著熱煙的美味濃湯，等了一陣子以後，主餐終於出現了，那就是炸魚和薯條。在我的主餐與其他餐具之間，我還得到了一小碗塔塔醬、一點奶油以及數杯啤酒。這讓我了解到，只要多喝點酒，晚餐的美味與否就不再重要。

大約十點鐘左右，女服務生問我要不要來份布丁，我想與其等布丁到地老天荒不如多喝幾杯啤酒順便結帳。這樣的夜晚似乎也算美妙，不過，這世界上難道會有人在喝了七、八杯啤酒後，還不開心的嗎？

在這之後我證明了如果你喝得夠醉，就有可能會往錯誤的回程方向走上二公里半的路然後跑到以前常留宿的旅館外面一圈圈地兜轉，甚至試著鑽到鷹架下面朝著鑰匙孔轉動另一間旅館的鑰匙。我不記得之後發生了什麼事，但是隔天起來我確實好端端地睡在正確的旅館內，一隻鞋雖然掉在地上，但衣衫無恙，儘管我的姿勢（與心情）像是剛從樹上掉下來撲倒在床上一般。

II

你曾經想過這世界上有多少人痛恨你嗎？那些你根本不會面對面碰到的人，都恨你恨得牙癢癢的啊。那些幫微軟寫程式的人都恨你，幫智遊網（Expedia）[20]接電話的人恨你。使用貓途鷹網站的人如果不是白痴的話也會恨你。幾乎所有大飯店的員工都恨你，更別提那些空服員了。所有英國電信（British Telecom）古往今來的員工都恨你，包括在你出生前就過世的也是，基本上，英國電信雇用的印度員工每日最主要的工作就是恨你。

不過，所有人對你的恨恐怕都遠不及英國巴士的員工來得強烈。雖然原因不明，不過我相信英國巴士的員工上班的每一分每一秒都在確保全英國的人都不可能在巴士站裡得到片刻的舒適感。因此，他們讓你坐在一張紅色塑膠橫條上，橫條有著詭異的角度，讓你不得不用僵硬的膝蓋小心翼翼地維持奇妙的平衡，以免瞬間像不沾鍋上的雞蛋一樣飛了出去。

為什麼我會提到巴士站呢？因為隔天一早，我往海灘逛去，途經巴士站，看到裡面竟然連傾斜的紅色橫條也沒有，倒是換上了簡易鋼管，一種可以類比鷹架不過更為閃亮的東西。出於好奇，我走進巴士站裡，想試坐這以三隻腳固定的鋼管看看。天啊，鋼管讓我屁股好痛。我不敢想像那些領老人年金的人會如何抱怨這設計。而且，巴士站的外型也醜得不得了。以前的巴士站看起來像小木屋，有著傾斜的屋簷與木造板凳。現在的巴士站只是有著廣告文字的風洞罷了。

我真的非常疑惑，為什麼設計師要建造如此醜惡的東西？以前的英國總是簡簡單單就創造出十足優雅的日常小物。我不覺得還有其他任何國家有能力創造出如此有人性又讓人喜愛的設計，好比：黑色計程車、雙層巴士、酒吧招牌、維多利亞式路燈、紅色郵筒、電話亭，以及徹底缺乏實際功能但是相當討喜的警察頭盔等等。這些設計不見得都很好用或很有邏輯，每當有風的時候你必須花上吃奶的力氣才開得了鑄鐵打造的電話亭小門，不過這些設計確實創造了英國生活的獨特性。這一切早已不見蹤影。倫敦街頭的黑色計程車慢慢被有著自動門的賓士車取代，如果你想自己開門，司機八成會對你大吼大叫。警察換上亮黃色的背心看起來像是修鐵軌的工人。我們的世界正以最微小的單位緩慢崩解。這真的讓人火大。

我打算前往著名的美麗漁村慕斯豪爾（Mousehole），該地名來由不明，或許源自古老的康瓦爾方言。漁村距離彭贊斯海岸步道約五公里遠。早晨景色不錯，又因為今天是星期天所以格外寧靜。芒茲海灣（Mount's Bay）閃耀著光芒神祕無比。紐林（Newlyn）與慕斯豪爾之間有個潘禮救生艇站（Penlee Lifeboat Station），讓我愣了一會兒，我知道這是個出名的地方，但卻想不起任何細節。救生艇站旁的告示板讓我憶起了那段歷史，三十年前這裡曾經發生偉大而壯烈的英雄之舉。

一九八一年十二月十九日傍晚，一艘小型貨船聯合之星從荷蘭展開處女航準備直抵愛爾蘭，但卻在康瓦爾郡岸邊遭到嚴重風浪的襲擊。當天氣候極糟，清晨風力甚至達到該區域最高的十二級。當天聯合之星除了平常應有的五名船員外，還載了船長太太與兩個正值青春期的女兒，一家人預計

20 美國線上旅遊網站。

在愛爾蘭歡度聖誕節。當時情況惡劣至極，貨船的引擎更在此時突然故障，整艘船絕望地在巨浪中載沉載浮。當緊急求救的無線電訊號傳到正在慕斯豪爾酒吧裡喝酒的救生大隊隊長特雷萊恩・理察斯（Trevelyan Richards）耳朵裡時，他立刻緊急率領七位男士從潘禮救生艇站出發。救生隊費了九牛二虎之力才在暴風雨中找到漂流的貨船，並想辦法讓救生艇緊貼著貨船，指示四名乘客先登艇逃難。這完全是不可能的任務，畢竟當時海浪已有十五公尺高。

救生大隊隊長理察斯以無線電發出訊號表示自己將率領四位乘客返回岸邊，再回頭搭救其餘乘客。此後，音訊全無。許多人推測在無線電報發送後，救生艇立即遭到巨浪衝擊，兩艘船隻紛紛沉沒。不管事情真相為何，十六人就此喪命。潘禮救生艇站從此封閉，並成為紀念該晚的精神象徵。

我從來沒仔細想過，潘禮救生艇站代表著多麼崇高的精神。想想看。當遇難貨船求救時，八名勇士——包括老師、水管工人、酒吧老闆，立刻放下手邊的事衝向救生艇。不管天候如何惡劣、也不管實際情況為何，他們願意冒著大險，前往搭救陌生人。他們的高貴、勇敢，凡人難以匹敵。後來我查了一下，皇家全國救生艇協會（Royal National Lifeboat Institution）為志工單位，主要資金來源則為大眾捐款。全英國海岸共有兩百三十三個救生站，平均每日會接到二十二通求救電報，每年平均拯救三百五十個遇難乘客。這就是英國為什麼是全世界最棒的國家的原因之一，不是嗎？

這一切讓我更加喜愛慕斯豪爾，這絕對是個很棒的地方。慕斯豪爾的巷子又窄又彎曲，很多時候車子根本動彈不得。巷子的空間常常窄到和樓梯差不多。村莊下方有著以小牆圍起的碼頭。此時已值退潮時刻，因此船隻靜靜地飄盪在海藻與泥巴之間。聖麥可山在河口的另一邊閃閃發亮，宛如西班牙古戰艦一般。碼頭的另一方則是航船旅館（Ship Inn），有一間看上去還不錯的酒吧。通常救生艇隊員解召後就會來此小酌一番。航船旅館酒吧牆上有著匾額紀念前老闆特雷萊恩・理察斯，也就是率領八名救生員救難並於當日罹難的隊長。因為現在為週日清晨，整個城鎮都處於睡眠狀態，我只得獨自觀賞景色，並一邊沉思返回彭贊斯。

回到彭贊斯後，我站在車旁，手上是攤開的康瓦爾郡地圖，一邊想著現在該何去何從，這時我的眼神剛好落在廷塔哲（Tintagel），一個四十年來從未出現在我腦海中的地方。

我就這樣決定了下一個地點。因為以前的一些負面印象讓我對這決定有點猶豫。我以前就很討厭廷塔哲，但又有股衝動想看看那地方變得怎樣了。我猜，因為四十年未見，這點讓廷塔哲一下子變得很有趣。我感興趣的不是再訪廷塔哲，而是看看回憶會如何地向我湧來。

或許讀者不知道，廷塔哲是個位於紐昆威與布德（Bude）之間的陡峭峽鎮，臨海居高俯眺陰冷的康瓦爾海岸，城鎮裡還有一座與亞瑟王有關的廢棄城堡。廷塔哲距離往北通向康瓦爾郡的A39主要道路僅有約十一、十二公里路之遙，不過兩者間的連接道路曲折離奇、堪比迷宮般纏繞，這也讓行進速度更為緩慢。我第一次前往廷塔哲時，選擇從卡默爾福德（Camelford）直接步行，當時只要有車呼嘯而過，我就會幾乎掉入身旁樹叢，後來我才發現，在地圖上短短的三公分距離，實際上有可能多麼遙遠而複雜。當我站在某個沒有標誌的路口拿著地圖發愣時，有輛古舊的老爺車緩緩駛過我身邊並搖下窗戶。

「你要去廷塔哲嗎？」有著優雅英語腔調的女人問道。

我彎下腰往窗內望去，前座還有另外一名女人。

「怎麼了嗎？對呀！」我回答。

「快進來，我們可以載你一程。」

我感激涕零地擠入後座狹小的空間，裡面已經塞滿了行李與旅行裝備。我的雙腳被雜物擠到要與雙耳同高。在引擎的巨響聲中，我們噴射般地出發了，這應該是我生平第一次體驗到飛行器G力之強大。我不知道那位女士開的是什麼車，不過她的架勢和在紐博格林（Nürburgring）賽道賽車的史特靈・莫斯（Stirling Moss）[21]有得拚。她看起來矮小並有著圓滾滾的身材。她的夥伴看起來和她年紀相仿，則是又高又瘦。我當時似乎想，如果她們一起去扮裝派對應該會是場災難。

第一回合，駕駛汽車的女人連珠炮般地問我問題。我在英國幹麼？我去了哪裡？她非常想知道我是否對這小小島嶼有任何不滿。我用委婉的外交辭令向她表示，我愛英國，英國愛我。

「一定有你不喜歡的部分吧？」她堅持道。

誰都知道誠實絕對不會有什麼好下場，因此我強調自己什麼都愛。

「絕對有什麼是你不喜歡的。」她不放棄。

「用力想啊。」她的戰友在此時加入。

「好吧，我不是很愛培根。」我說。

「你不喜歡我們的培根？」圓滾滾女士問，我從後視鏡看到她的眉毛已經高聳入雲了。

「英國培根有啥不對嗎？怎麼可能？」

「只是不太一樣。美國培根比較脆。」

「嗯，所以你覺得美國培根比較好吧？」

「我覺得只是習慣問題。」

「我在山路易（Sunt Lewey）時，」另一位女士突然插嘴道，「還吃了熱蛋糕（hotcakes）。你可以想像嗎？早餐吃蛋糕？」

「但那不是真的蛋糕。」我戳破她。

「對，但是它叫做熱蛋糕。我記得很清楚。」瘦女士非常堅持。

「親愛的，所以那是什麼？」小小圓圓的女士問道。

「嗯，那就是我們吃的鬆餅啊。」

21——英格蘭F1車手。史特靈．莫斯為國際賽車名人堂的一員。莫斯在多種賽車賽事中都獲得成功，他常被形容為「未贏得F1世界冠軍的最偉大車手」。

「那確實是鬆餅。」我說，「只是名稱不同。」她們開始忽略我。
「所以他們早餐吃那東西？」
「每天。」
「我才不要咧。」
「他們真的很怪，還有人吃披薩派。」
「早餐？」
「不是，是午餐和晚餐。但那根本不是派，是灑了起士和番茄醬的麵糰。」
「聽起來好可怕。」
「是很可怕沒錯。」她的夥伴附和道。「滿糟的。」
「所以你也吃披薩派嗎？」圓滾滾女士用有點尖銳的語氣問我。
我向她承認自己偶爾會吃披薩派。
「你覺得那比英式培根好吃？」
這問題實在太詭異了，所以我試圖動了動雙唇，但沒有吐出任何答案。
「好怪，你竟然覺得披薩派好吃，英式培根不好吃。你不覺得很怪嗎？親愛的。」短胖女士向高瘦女士問道。
「超怪的。」她朋友顯然很同意。「不過說真的，美國人本來就很怪啊。」

圓滾滾女士用後視鏡向我瞥了一眼。「那你還有什麼不喜歡的？」她問。

我本來想繼續維持外交姿態的，但是卻一時失察做出任性的舉動。

「好吧，我也不太喜歡英式臘腸。」

「我們的臘腸？你不愛我們的臘腸？」

「我比較喜歡美式的。」

我立刻又受到排擠。

「你在山路易有吃臘腸嗎？親愛的。」圓滾滾女士問她朋友。

「有，好怪喔。那臘腸又小又辣。」

「天啊，聽起來不太好吃。」

「是不好吃。」她朋友再次附和。

「好吧，我希望你在英國沒有餓壞。你感覺什麼都不愛。」

她講得其實滿有道理的，不過我說，「沒有啦，其他我都很愛吃。」過了五分鐘之後，我又補充道，「不過，是聖路易（Saint Lewis），發音是聖路易，不是山路易。」兩人完全沒有回答，我很確定我們的跨國友誼到此終結。我們在廷塔哲中央公園分道揚鑣，我最後一句聽到的是那位高瘦女士說的，「他真的超怪！而且滿沒禮貌的，妳不覺得嗎？」

我又把車停回寬敞的停車場，出發朝鎮上探險。我對廷塔哲一點印象也沒有，這也難怪，整條大街上塞滿了沒有任何記憶點的小商店，專賣些廉價的新時代紀念品。街上滿是觀光客，而咖啡館與下午茶店也擠滿了人。我對城堡也沒有任何印象，不過這很正常，畢竟這裡沒有城堡，只有幾座斷垣殘壁矗立於海面上方約五十八公尺處的草原上。關於廷塔哲城堡的歷史其實相當模糊。廷塔哲城堡最早的文學紀錄出現於蒙茅斯的喬佛瑞（Geoffrey of Monmouth）所著的《不列顛諸王史》（*History of the Kings of Britain*）。依喬佛瑞所述，英國國王尤瑟・潘德拉剛（Uther Pendragon）愛上了康瓦爾郡郡主的美麗妻子，當郡主遠征時，特意將妻子監禁在廷塔哲城堡的石牆內，以防不測。尤瑟王請求巫師梅林（Merlin）以法術將自己變身成康瓦爾郡郡主並潛入城堡內。郡主的妻子不疑有他（或至少沒有抱怨）與之相好。不久後，美麗的郡主妻子發現自己有了身孕。而所生的孩子正是亞瑟王。

當喬佛瑞撰寫此段歷史時，已經是六百年後，基本上不管他是聽來的還是瞎編的，其實都滿有可能。如果亞瑟王確實存在，那麼他至少參與了數起重要的歷史事件，不過他和康瓦爾郡幾乎扯不上什麼關係。亞瑟王的聖城卡麥洛特（Camelot）位於東英吉利（East Anglia）一處，與此地毫無關聯。有許多人認為卡麥洛特一字源於埃薩克斯郡卡勒徹斯特（Colchester）城的羅馬發音。我唯一可以肯定的是，不管是亞瑟王、尤瑟或梅林都不可能見過廷塔哲城堡，畢竟當時城堡尚未建成。

我懷著崇敬的心情四處觀望，仔細讀了告示牌，再轉往海岸邊走去，那裡有個梅林洞穴（同樣是完全沒有任何歷史根據的隨意命名），接著又往回走到懸崖頂邊。我繞回廷塔哲小鎮，看起來遊客們對城堡殘跡一點興趣也沒有，所有人都在商店裡挑選蠟燭與塔羅牌這類的無聊東西。

第一次到廷塔哲的時候，我一看完城堡就返回停車場，滿心期待那兩位女士會停在原地，並且出於同情載我一程。當然，希望很快就破滅了，停車場裡早就空空如也。我徒步返回城裡，但可悲的是，我在完全沒有多加思索的情況下任意撒腿而行，不知不覺間，已經離旅館老遠，而天色也漸漸地暗了下來。我不敢想像前方會是什麼，但當時的我很快地就感到飢餓、寒冷，而且暈頭轉向。此時，我經過了一間獨棟的農場小屋，奇蹟的是，小屋門前竟然掛有民宿招牌。我聽見小屋裡傳來激烈的爭吵，當我敲門時，爭吵聲戛然而止。大約一分鐘後，有個面容憔悴的女人緩緩地開了門。她什麼話也沒說只盯著我瞧，並用冷若冰霜的口氣說：「怎樣？」

「今晚還有空房嗎？」我問。

「空房？」她看起來有點詫異。我猜她忘了自家門前有塊民宿招牌。不過她很快地想起來了，並快速回答道：「動物收留所（pound）[22]。」我一頭霧水，猜想她可能是在描述房間給人的感覺。

「妳是說有點像給狗住的小屋嗎？」我用很困惑的語氣詢問道。

22　此單字有英鎊以及動物收留所等雙重意涵。

「不是，房間要一英鎊。」

「喔喔，」我答道，「沒問題。」

她帶我到一樓後邊的房間。房間小巧、冰冷還帶點斯巴達風格，裡頭有著狹小的床鋪、床頭櫃、木櫃以及供應冷水的小洗手槽。

「這附近有可以用晚餐的地方嗎？」我問道。

「沒。」

「啊。」

「不過我可以幫你弄點吃的，不會很貴。」

「啊，太好了。」我很感激地致謝，已經快餓暈了。

「另外再跟你收一英鎊。」

「好的。」

「你在這等，我會拿來給你。」

她把我獨自留在房間離去。很快地，另一個房間裡又傳來嘶吼聲。很顯然我已經成為新的吵架話題。接下來的半個小時裡，我不斷聽到摔門和甩抽屜的聲音，吵架的聲音則是越來越失控。有個很沉重，可能是吐司機之類的東西被砸在牆上。所有的噪音在瞬間停止。接著，我的房門被打開來，那女人端來了晚餐。晚餐超級豐盛，甚至還有一片蛋糕和啤酒。

「吃完把盤子放在門口就可以了。」她說，接著轉頭離開並用更刺耳和激烈的語調咒罵那男人。我安靜地吃完晚餐，擔心隨時會有個二百公分高穿圍裙拿斧頭的男人破門而入，不過這並沒有真的發生。有一瞬間那女人用尖銳的聲音吼道：「快把那放下。」接著一連串類似：「你敢啊！」和「來啊，你這混蛋。」的尖叫聲，我聽見一陣推擠以及椅子被砸爛的聲音。接著，一切又安靜了下來，不到一會兒，又傳來嘶吼怒罵與砸東西的聲音。我真的不知道應該要去勸架還是從窗口溜走。總之，我坐在床邊吃那塊蛋糕。超好吃。我差不多八點多上床，反正也沒啥事好做，聽著陣陣怒罵聲試著入眠。過了約莫一小時後，戰場旋風式地轉移到樓上，過了十一點後，房子沉靜了下來，所有人似乎都入睡了。

隔天一早，臉色發青的女主人又拿了一大份非常用心準備的早餐來給我。「你吃完就得走了，」她說，「我等等要出門，你最好別和那男人待在同一個房子裡。」她把早餐放在木櫃上，收下我給她的兩英鎊後，轉身離去。數分鐘後，我聽見汽車發動的聲音。我用十七秒鐘吃完了早餐，抓過行李跑出房門，這是我自昨晚以來第一次離開房間。一個男人站在鏡子前整理領帶。他面無表情地看著我，接著繼續處理他的領帶。

我離開前門後飛也似地往前疾走六公里路直到波斯卡索（Boscastle），隨意地跳上一輛不知開往何方的巴士。當時是一九七二年。除了幾次再訪彭贊斯以外，我從沒有再回到康瓦爾郡。

Chapter 13

Ancient Britain

古代不列顛

第一眼望去時，巨石陣不是那麼顯眼，甚至讓人覺得有點迷你，不過只要再多加觀察一會兒，你就能體會爲什麼巨石陣能夠讓人如此吃驚，而其規模與美麗更是讓人震撼到說不出話來。這絕對是人類所創造過最美麗而突出的事物，並且空前絕後。

◆

我在《哈！小不列顛》一書裡沒有給巨石陣很高的評價，不過畢竟那時巨石陣的狀況確實頗糟糕的。當時汽車與遊客中心就大剌剌地橫陳在巨石陣附近，離繁忙的A344道路也沒幾步路的距離。遊客中心的外型與保溫效果都相當近似鐵皮屋。展覽本身奇醜無比，點心部也令人倒胃。基本上，巨石陣在當時根本是如同國恥般地存在。

啊，現在可不同了。神神祕祕躲在鄰近山坡背後的正是嶄新的遊客中心，看起來不但明亮而且相當吸引人，展覽結合了資訊展示與科技應用的部分，可看度頗高。原本的老舊停車場、遊客中心以及A344延伸道路都被移除了，取而代之的則是大草坪，這絕對值得好好讚美一番。之前曾經有人提議將場址南邊繁忙的A303道路地下化，以此讓巨石陣恢復以往的寧靜與美好，不過此案因為成本過於鉅大而遭到否決。不過不管怎樣，在經歷了一連串的革新後，目前的巨石陣遠比數年前的模樣好得太多了。

不過並不是所有人都滿意新的規劃。對很多美國人來說，他們期望可以在短短一天內從倫敦出發一次看遍溫莎古堡、巴斯（Bath）、埃文河畔斯特拉特福，而巨石陣不過是其中的一個景點罷了。以前美國佬的巨石陣旅程大致如下：看看石頭，逛逛禮品店，發現沒有披薩或辣玉米片後憤而購買一大盒巧克力乳脂蛋糕大口吞嚥，直到找到其他投其所好的垃圾食物為止，尿尿，穿著適合巨石陣氣氛的塑膠雨衣，接著爬回巴士離開現場——這一切大概只花了十分鐘左右。而現在遊客中心已經搬到距離場址至少一．六公里遠的地方，再加上開車到遊客中心所花費的時間，這些都讓巨石陣之行的舒適程度打了折扣。

除了那十四．九英鎊的門票讓人頗有痛感以外，我可是一到巨石陣附近就感到心曠神怡。新的展覽空間頗有設計感，絕對超乎大家的想像。展覽規劃不是件簡單的事，必須滿足參觀者的思考邏輯、興趣，配合每個人不同的語言程度，還要讓動線保持流暢，以免堵住後方在最新一秒湧進的遊客，換句話說，展覽不能鼓勵觀眾長時間地瀏覽逗留。不過每當展覽空間出現喘息的空檔時，那絕對是件好事。

其實人類一直到最近幾年才搞懂巨石陣到底是怎麼一回事。在我那年代，人們以為巨石陣約於西元前一千四百年左右出現，事實上，巨石陣的歷史還多了約莫一千多年，而其周邊的土壘歷史則更為悠遠。巨石陣附近的橢圓形大壕溝足有三．二公里長，其歷史則超越巨石陣約百年之譜，其他旁邊的墳丘與通道也有差不多久遠的歷史。很久以前，人們從歐洲大陸以及蘇格蘭高地蜂擁至此，堆石成陣，不過真正的原因恐怕永遠都會是個謎。

不過最無解的應該還是石陣本身。今日我們所看到的巨石陣多由兩種石頭所組成：硬砂岩用作豎立直石，而較小的青石則用來繞成圈圈。砂岩產自附近的瑪爾波羅丘陵（Marlborough Downs），很多人認為山丘就在「不遠」處，但是請先試試將三千六百多公斤重的巨石拖過曠野後，再跟我說這點距離不算太遠吧。今天，仍有十七塊巨石杵立於原處，不過此地原本應有三十塊巨石。至於重量較輕的青石則來自於一百八十哩遠外的西威爾斯普瑞斯利丘（Preseli Hills），現場約有八十塊或者更多的青石。這實在太了不起了。住在英格蘭低地的人為何會知道遙遠的威爾斯坡頂上有怎樣的石頭呢？如果他們認為石頭群相當神聖……我相信那確實是他們的想法，那麼為何不選擇在威爾斯建立聖殿？為何他們要如此費力地將巨石搬到索利茲伯里平原（Salisbury Plain）？今日我們看到的巨石陣原本不是這個樣子。如今我們已經確切知道，青石搬運至此的時間早了巨石陣約五百年。這是二〇〇九年才發現的事實。每當我們了解巨石陣越多，巨石陣就顯得更加離奇與難以解釋。

當我在七〇年代造訪巨石陣時，遊客可以自由地在巨石旁兜轉、摸摸巨石，甚至靠著或躲在大石下方休憩。不久之後，基於保存的原因，遊客僅能待在外圍步道觀賞石陣，這絕對是個錯誤的選擇。為了平撫遊客的不滿，遊客中心造了兩座以真石比例打造的石陣，一為青石，一為砂岩，兩石就擺置在遊客中心門外。遊客可以在親眼見到巨石前對兩石有基本認識，這點倒是頗有幫助的。砂岩是一種砂質岩層，但卻比花崗岩還堅硬。設計者在巨石摹品下方放置木輪，以說明巨石如何以可能的方式移動。遊客中心的設計其實還滿別出心裁的，因為訪客可以一眼就了解讓巨石移動是多麼艱鉅的任務。

大部分的遊客選擇搭乘稱作「陸上列車」的接駁車前往巨石陣，不過真正有美學素養的人應該會選擇步行——如此才可以慢慢融入風景並體驗索利茲伯里平原的浩闊。大約在八〇〇公尺遠外的地方，當你穿越成片低矮的山丘樹林後，巨石陣就會從你的視線下方緩緩出現。

第一眼望去時，巨石陣不是那麼顯眼，甚至讓人覺得有點迷你，畢竟我們早已習慣雄偉的教堂以及其他偉大的建築物，不過只要再多加觀察一會兒，你就能體會為什麼巨石陣能夠讓人如此吃驚，而其規模與美麗更是讓人震撼到說不出話來。這絕對是人類所創造過最美麗而突出的事物，並且空前絕後。巨石陣不但展示了當時人類的能力與組織性以外，也成為當時人類不凡視野的體現。

真的，當時的人們究竟是如何辦到的呢？是誰想出來的點子，他們如何說服上百人參與工程？他們如何尋找到正確的石頭，將石頭拖過整個英國，削磨成形，再置放到對的位置？究竟是誰想出如此和諧又獨步全世界的設計，這些問題基本上都沒有答案。此外，當時的人類根本還沒有使用金屬的能力，除了鹿角與骨頭以外，也無任何打磨工具。

光是想這些問題就夠令人頭大了，更別提試圖要去找到答案。巨石陣場址並無特殊意義。附近沒有任何聖河或特殊自然景觀。而所需的一切材料更是來自遠方。這裡的位置對朝聖者而言也相當不便。不過，出於某種神奇的理由，一群人投入了無數的心力與時間建造巨石陣，創造出堪稱完美的建築體。巨石陣的謹密準確令人詫異。儘管山坡具有自然的弧度，建造者們並不介意，他們調整直石的高低位置，以確保橫石維持在同一水平面上。石頭並非像骨牌一樣豎立於地面，而是崁在地洞裡以防搖晃傾倒，有些地洞甚至深達二公尺左右，也因此巨石陣能在四千五百年後仍舊屹立不搖。建造者還將橫石做了些微的削磨，好維持整體的圓形結構。這真是人類建築工程史上的偉大奇蹟。

不過奇妙的是，儘管巨石陣耗費無數心力完成，但卻在不到兩個世代的時間後遭到遺棄。為什麼當時的人們最後選擇離開巨石陣，更是另一個無解的謎團。

你應該可以想像，我就這樣滿腹霧水地朝來時低緩的山坡跋涉回去。我不禁想像如果當時人類擁有利於搬運的推土機、大卡車以及可以規劃設計藍圖的電腦的話，他們會建造出什麼樣的建築？如果他們擁有我們所擁有的工具的話，會創造出什麼樣的東西？接著我緩緩走過山脊並再次經過遊客中心、咖啡店、禮品店、陸上列車以及巨大的停車場，我想……這就是答案吧。

我準備前往諾福克郡（Norfolk），不過倫敦自然史博物館（Natural History Museum）正展出我期待已久的東英吉利展覽，因此決定順道一訪。自然史博物館建築巨大華麗充滿了栩栩如生的細節，而主館中央則放置了暴龍標本，牠擺出攻擊的姿態，準備吞噬進入博物館的遊客，說實話光想到那些遊客的德性，我還滿支持牠這麼做的。

以前的自然史博物館展示了許許多多珍貴的藏品。地下室長廊的燈光溫暖而平和，長型的玻璃箱內塞滿了各種尺寸類型的動物填充標本。看起來像是個冷凍的動物園。你可以近距離地觀察動物，欣賞牠們凝聚的眼神、毛髮、肌肉系統，並幻想牠們奔跑的速度與迅捷感，讚歎複雜璀璨的生物體系。展覽不但精彩，而且讓人興奮莫名。最棒的是，印象中自然史博物館沒有什麼遊客，靜得像是圖書館一樣。

現在的自然史博物館根本不會有安靜的一刻。亮晃晃的燈光配上吵鬧聲，宛若災難化身。原本放滿動物填充標本與玻璃展示櫃的地下室長廊已經改為禮品店，其實根本還稱不上是禮品店，更正確地說應該是玩具店。現在已經不是買個橡皮擦和鉛筆盒就可以打發小孩的年代了。這禮品店大概有漢姆利（Hamley）玩具店的規模吧。

博物館遊客高談闊論、吵鬧不休，大部分多為外籍遊客，現場氣氛像是置身中東市場或是世界盃。這裡讓人厭惡透頂。我向前邁步前往「一百萬年前的人類故事」特別展，此展主題圍繞著英國的第一個人類。我已經等待這展覽好幾個星期了，但我特別希望能在前往東英吉利之前順道參觀，畢竟東英吉利正是英國的起源之處。

歷史上，人類數次落腳英國，卻又數度離去。英國領土在數次出現人跡後，卻又數度荒廢。不過，人類的出現與離去常常沒有邏輯可言。距今約五十萬年前，英國擁有相對可觀的人口，不過在約近十萬年的時光裡，英國又杳無人蹤，儘管研究顯示當時的英國氣候和煦，食物也相當充足。在歷史上，英國有幾次被厚達三十公尺冰河掩蓋的紀錄，不過人類依舊跋山涉水地前往。在漫長的舊石器時代時，人們根本無視於自然環境的險惡，來去自如。我想，他們和現在的人類一模一樣。

二〇〇〇年時，業餘考古學家馬克．錢伯斯（Mike Chambers）在諾福克郡黑斯堡（Happisburgh）沿海懸崖表面發現穿刺而出的燧石，不過，這根本不是遺棄燧石應當出現的地方。一群考古學者因此進駐本地，並採集出另外三十二片燧石殘骸——也就是人類活動的遺跡，隨後科學家證明這群人類出現的時間距離現代實在太過久遠，以至於我們對他們一無所知。據了解，他們比約翰．普雷斯科特（John Prescott）[23]還老。通常這群人類被籠統地稱作前人（Homo antecessor），也就是最早出現的人類，不過這僅僅出於推測。這群人除了燧石遺跡以外，沒有留下任何線索。不管他們是誰，他們都是最早出現在英國的人類，那幾乎發生在距今一百萬年前（這也就是展覽的名稱）。

早在智人（Homo sapiens）落腳於英國以前，至少有其他兩批人種曾經出沒於此：海德堡人（Homo heidelbergensis）與尼安德塔人（Homo neanderthalensis）。現代人為唯一永久定居於此的人種，距離前述人種約有一萬兩千年之久，這表示英國直到近代才成為人類的棲息之地，相比之下，英國遠較美洲與澳洲來得年輕。

不管從哪方面看來，展覽都辦得相當成功：具有深度、資訊充足、有趣、照明柔和並且十分安靜。當時除了我以外，現場只有兩名參觀者，我想原因可能出在高達九英鎊的門票吧。策展人前所未見地將一系列相關物件合併展出，包括最早出現於英國的尼安德塔人頭骨、全世界最古老的矛、手斧、奇形怪狀的刮刀和兩座真人尺寸的尼安德塔人與早期現代人的模型。兩座模型由一對兄弟檔藝術家安德里與雅佛思・肯尼斯（Adrie and Alfons Kennis）打造而成，他們的技巧惟妙惟肖，細膩重建原始人的模樣。兩座人體模型栩栩如生而非樣板，所以當你走近展覽室時，剎時會以為有兩個活生生的尼安德塔人與早期現代人杵在房間裡，這經驗真的讓人難以忘懷。

尼安德塔人相當矮小，僅有一百六十二公分高，不過身材相當魁梧結實。尼安德塔人根本是謎樣的存在，比如說：他們的腦比我們還大。他們經歷過冰河時期，不過又不確定是否具備縫紉技術。有很長一段時間，科學家認為現代人與尼安德塔人毫不相關，直到近年才確認現代人具備百分之二的尼安德塔人血統。真不知道那些科學家為何要如此鐵齒。你看看大家一夜情的對象好了，不覺得完全可以聯想到在火堆旁烘手取暖的尼安德塔女人嗎？尼安德塔人將紅髮基因傳給現代人，真該好好感謝他們。站在尼安德塔人旁邊的早期現代人似乎細緻許多，他雖然高了幾公分不過身材相對柔

23——英國工黨政治家，前英國副首相，前下議院議員。

弱。很明顯的，尼安德塔人絕對可以把現代人打成爛泥。所以你想想為什麼現代人只有他們百分之二的血統，他們的女人對現代人來說應該太可怕了。

附近還擺著前人的頭部石膏模型，不知為何，他看起來不太開心。前人為一九九四年於西班牙出土首次出現在世人面前的全新人種，此外，沒有人知道諾福克人正是前人的一種。由於諾福克人與前人為同一時期的人類，因此科學家推測兩者應為同一屬類，不過也有可能兩種人種皆為新的物種。自然史博物館的模型暗示前人為近似人類、善良但是稍嫌愚笨的生物，不過，這一切都僅止於推測。

展覽的最後自然是禮品店。我選擇原諒自然史博物館。這是唯一博物館能夠提供免費門票又能樽節開支的方法。如果下次來發現有小型特易購（Tesco）在博物館內營業，我也不會太訝異。

我繼續逛了博物館的其他展覽。館內的陳設老舊不堪。一九八〇年代我曾經和孩子們一起逛過的「恐怖爬蟲類」室，如今依然老套可笑，讓人想當場撞牆而死。許多告示牌字跡難辨，整棟「自史　物館」（Na ural Hist ry Mus um）慘不忍睹。館內的展覽讓人看不見任何熱情與前瞻性。我在生態系展覽看板上看到一隻跳躍水面而出的快樂而友善的海豚，我謹摘錄下方原始資訊於此：二〇〇四年時，由於社會運動團體的施壓，英國議員提議禁止於英國西南海面進行鱸魚捕撈，以防海豚誤闖拖網漁船而死。哈囉，不好意思，讓我們花個一分鐘看看這則愚蠢的訊息。首先，二〇〇四年已經很久了吧，這之間都沒有任何行動發生嗎？這個展覽看板是活在過去嗎？到底有多少議員提議禁止鱸魚捕撈？三個？五百個？到底是多少啊？有人通過任何法案嗎？法案通過了嗎？為什麼特別針對英國西南海域而不是全英國呢？或是乾脆禁止全世界捕撈鱸魚啊！就算在二〇〇四年當時看來，這則資訊也非常模糊而荒謬吧。這則訊息所提供的資訊不但過時已久，也污辱了博物館學，如果這還算門專業的話。所有的博物館都讓人惱怒。他們把我孩子們最愛的動物標本塞在儲藏室裡，因為這些老古董已經不適合二十一世紀的展覽。

原本博物館正上方兩側展示了更多的動物標本和人類學相關物件，如今人類學展區變成了空蕩蕩的長廊，而另一側則變成大型咖啡廳，整座自然史博物館至少有五間咖啡廳。我慢慢懂了這一切背後的道理。自然史博物館已經無法負荷博物館營運開銷，因此館長正偷偷地計畫轉型成美食街。以後我可以帶孫兒們來這邊吃點心邊跟他們說以前這裡展覽了什麼東西。「這冰淇淋機器附近原本放了北極熊標本。你趕快把飲料喝完，然後我帶你去看以前藍鯨放在哪。我們可以在那買些彎彎薯條。」我相信新的博物館不會提供太多的資訊與教育意義，不過還滿省錢的。

咖啡館再過去有個長型玻璃展示櫃，一時之間我還以為發現了舊日博物館的遺跡，那美好的消逝年代，不過我很快就清醒了。玻璃櫃裡推銷的是位於肯特郡（Kent）的查爾斯・達爾文住宅：道恩之屋（Down House），沒有人在乎達爾文的生平或成就，也沒有人提起小獵犬號的航行、進化論或任何可以讓人稍稍長知識的東西，廣告只有建議我們到道恩之屋走走。

既然玻璃櫃沒有告訴我那裡有賣什麼點心，我立刻決定放棄前往。

Chapter 14

East Anglia

東英吉利

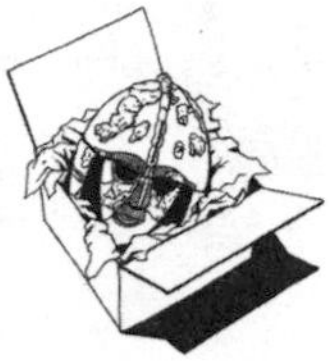

沒有人知道船艦塚的主角是誰，因爲船艦中根本沒有屍首。或許遺體早已在酸性土壤中腐敗惡爛，也可能遺體早已燒成骨灰並漫撒在船艦遺跡四周。許多人推測船艦塚應屬於東盎格利亞王國的利沃德國王，不過這也僅是其中的一種推測罷了。

◆

I

夏日清早我在霍克罕（Holkham）與布萊克尼（Blakeney）之間的諾福克郡海岸步道的轉彎處遇見一個牽著狗的女人，她明目張膽地堵住了前方的路。當我和那女人相對而視時，那狗正從肛門擠出兩、三粒軟趴趴的排泄物。

「妳不覺得擋在路上然後在這……排便，有點噁心嗎？」我用詢問的口氣說道。

「我是當地人。」我想她認為這足以說明一切，或許她說得沒錯。

「所以妳有權利讓狗在路中央大便？」

「我會把它蓋住，」她有點不耐煩地說，好像我錯怪她一樣。「你看，」她邊說邊拋了一片葉子蓋住狗大便，瞬間將噁心的排泄物改造成糞便地雷。「可以了吧。」她說，用很滿意的眼神瞪著我，認為自己已經解決問題了。

我用充滿敬佩的眼神看了她好一陣子，然後舉起我的拐杖，將她痛揍一番，當她的身體開始失去意識時，我立刻將那圓滾滾的身軀推過步道扔進深不見底的沼澤裡，並心滿意足地聆聽那「噗通」一聲。之後我立刻返回步道開始研究地圖，不知道布萊克尼哪裡可以喝個下午茶？

我滿喜歡諾福克郡。我在這裡住了十年直到二〇一三年左右，心裡深深相信小地方的丘陵美景和鎮上的人們可以解決任何事情。我兒子山姆老說，「諾福克郡有太多的人，但大家名字都差不多。」

就和全世界其他國家一樣，雖然英國本身並沒有很壯觀，不過至少有些地方也還算宜人，諾福克北海岸就是一個很好的例子。濱海維爾斯（Wells-next-the-Sea，名字也太美了吧）和克雷（Cley）附近約十六公里的海岸沿線盡是廣大的鹽沼地帶。由於鹽沼與溝渠交錯而行，某些部分更是深達數公尺，也因此當海水灌進岸邊時，水位會突地升高。在北海岸水霧瀰漫中，遊客很可能一不留心就陷入快速流動的沼澤地帶。

很多倫敦市民會選擇在諾福克郡買人生中的第二間房子，也因此該地暱稱為：濱海雀爾喜（Chelsea-on-Sea）。不過最棒的是，這裡的安靜程度堪比英國的大西部地區（West Country），並且擁有眾所周知最棒的鄉村巴士系統。數年前，負責營運該區巴士系統的海岸哈伯（Coasthopper）公司捨棄了所有老舊的大型巴士，花了一筆錢投資小型巴士「哈伯」，並承諾至少在每半小時會發兩輛雙向巴士。由於海岸哈伯公司的服務相當可靠，因此不管是當地人或是遊客都非常仰賴此巴士系統。有一次，哈伯巴士司機很驕傲地跟我說，該公司的巴士為全英最受歡迎的鄉村巴士系統。如果你在海岸線散步的話，你可以在累的時候或暴風來襲時隨時跳上巴士。你也可以把車停在霍克罕或威爾斯，沿著海岸線散步到謝林罕（Sheringham）再搭巴士回去取車。這就是我現在的打算。

沿海路上有許多以磚頭和燧石打造的屋舍，尤以布萊克尼與克雷兩地擁有最有意思的建築，不過我打算在索爾特豪斯（Salthouse）名叫「餅乾屋」的店裡吃點東西。餅乾屋就是美國人熟稱的海鮮店，它已經開了好些年了。以前店裡貼滿了怒氣沖天的告示牌，警告客人不可做這不可做那，其中包括了不可以在服務員帶位前自行找位就座、不可以指示廚師如何做菜，最莫名其妙的是不可以免費享受海景與氧氣。當時我四處探頭張望，懷疑會不會有個牌子寫：「真的，你為什麼不滾遠點讓我們耳根子清靜呢。」

現在的餅乾屋老闆好像比以前鎮靜了，告示牌不但少了很多，口氣也比較節制，不知為何，我覺得有點可惜。我還滿喜歡以前那種瘋狗氛圍的。不過，食物依然很棒，而且價格合理。只要價格夠便宜，就算被廚師罵個臭頭我也無妨。我吃了一大盤的海鮮，真是美妙啊。

過了索爾特豪斯以後，步道延伸至海灘，沿路是沙地和鵝卵石，我沿著巨大的沙丘走了好幾公里路後再往上坡草原走去，草原距離海面約莫二十或二十四公尺高。風景實在太美了。我走了好遠的一段路，從霍克罕到謝林罕大約有二十九公里路，不過好在地勢相當平緩。我一到達謝林罕就立刻聽見刺耳、駭人的汽笛聲，一列蒸汽火車瞬間從我右手邊轟隆隆駛過並留下一陣濃濃白煙。那正是北諾福克火車。即便距離很遙遠，我也知道車上一定人滿為患。應該會有數百個興奮無比的乘客正在享受這車程十八分鐘的火車，從霍特（Holt）開往謝林罕，蒸汽火車的速度絕對比一般火車慢上許多，即便蒸汽火車既不舒適也不方便，但乘客們的心情早已在九霄雲外。

英國人真的很會享受，我絕無諷刺之意，事實上，當他們愉悅地沉浸在自己的小世界裡時，真的滿可愛的。他們總是能從毫無價值的事物中體會到深刻而綿延不絕的喜悅。如果他們發現有個地方能搭乘昔日克萊門特．艾德禮伯爵（Clement Attlee）所使用的交通運輸工具，他們會從四面八方湧來。你知道嗎？全英國總共有一百〇八條蒸汽火車鐵路線，這比實際需求還多了至少一百〇六條吧？我想全世界都用不著這一百〇八條鐵路。而營運這些蒸汽火車鐵路線的……會是一萬八千五百名義工嗎？我絕對相信，對英國的上千名男士來說，有了蒸汽火車，哪裡還會需要威而鋼呢？

蒸汽火車不過是英國無用價值之物收集大賽的其中一項。英國還擁有水塔鑑賞社團、陶土菸斗研究社、軍事掩體研究社、鬼形廣告社團（這些人只要發現大樓旁架有油漆斑駁的廣告招牌就會很興奮）以及迴轉道鑑賞社團。天啊，你有聽見我在說什麼嗎？這些人會在閒暇之餘四處開車蹓躂尋找最有吸引力與美感的迴轉道。（他們真心分得出來什麼是最美的迴轉道？）

我最近還逛到了鐵路支線社團的網站，該網站成員會定期拜訪、欣賞較少使用的鐵路線。在此摘錄一小段社團信件，信件記錄了二〇一三年時所舉辦的活動，共有一百六十位成員參加，天啊，一百六十個人呀。「我們在帕森街（Parson Street）的轉運點搭了上行慢車，並悠悠蕩蕩地抵達布里斯托寺院草原站（Bristol Temple Meads），接著再換搭上行列車，於東布里斯托交岔口站（Bristol East Jn）搭上反向列車，一分鐘後，我們在九號月臺離站。四百八十六公里路與六十一測鍊（chains）[24]的距離讓我們學到了很多東西。我們向火車工作人員、服務生與乘客大力揮手道別，並立刻開始細數我們今日蒐集到的火車表格，今天是十一月三日，也就是煤油火車頭豪爾（Power Haul）的紀念日！」

那驚嘆號真的讓我吃驚。這不過是鐵路支線社團活動中的小小篇章。他們還辦了無數次精彩刺激的紀念活動：托頓市中心（Toton Centre）與托爾威爾站（Trowell）之旅、西川普敦站（Thrumpton West）與西瑞特弗德（Retford West）之旅（高架橋二號月臺）、西頂特站（Dinting West）與東頂特站（Dinting East）之旅（避開哥羅斯普〔Glossop〕，這絕對是所有人都想繞道而行的地方啊），以及我最推崇的亞林鎮（Irk Valley）與奧爾德罕輕軌站（Oldham Mumps）之旅。

我真的非常感激這小小的網站。每當我感到極度絕望，開始覺得人生毫無意義、空虛時，我就會去逛逛這些社團的網站，看看他們最新的活動，很快地，我立刻感覺到自己的人生沒有那麼絕望。

一回到謝林罕，我就立刻攔了輛哈伯巴士返回霍克罕取車。這其實不是我的車，而是在諾福克郡租的，雖然我一點都不想租車，可是這就是唯一能抵達東英吉利的方法。接著，我又開回謝林罕，光是停車位就找了老半天，再拖著沉重的腳步隨意地觀望了一下城鎮。

在所有平淡無奇的小鎮之中，謝林罕還算勉強可以接受的了。雖然這兒沒什麼生活樂趣，我想連間像樣的酒館或餐廳都不可得吧，不過卻有不錯的劇場，以及許多幾乎要被全世界淘汰的傳統商店：蔬果店、魚鋪、幾間肉鋪、書店、文具店，以及一間氣派而包羅萬象的比利斯與萊特五金行（Blyth and Wright）。我想，謝林罕能保留這些傳統商鋪的原因在於，他們花了十四年的光陰成功抵擋特易購在此增設分店。不過，無情但又極富耐心的特易購最終仍然戰勝了鎮民的圍剿之戰。我瞧了新開的特易購一眼，裡面人擠人，不過大街上的店鋪仍舊有許多顧客光顧。我選了一間獨立商

24——測鍊為測量火車站間距的古老單位，一測鍊等同於二十公尺。

店買了瓶水，順便問老闆特易購有沒有造成他們的不便。他很認真地點點頭。「生意本來就不好了，現在絕對是雪上加霜。如果你過幾個月回來的話，很多店可能都不在了。」

「這真的很傷感。」我說。

「根本大災難啊。」

「不過，」我順道點出，「你的店根本是個垃圾堆，而且我剛走進來的時候，你也沒甩我吧，幹麼現在又裝出一副可憐樣。」

「對，你說得沒錯。我至少應該努力一點，對吧？」

「要超努力才行吧。」我點點頭。「不過可悲的是，你根本不會嘗試。你只會在那抱怨，好像沒生意都是我們的錯而不是你的錯。」

「你說對了。哎，謝謝你，幫了我的店一個大忙，還教我成為更好的人。我希望你還會再度光臨敝店。」

好吧，我們沒聊那麼多。他找錢給我，沒和我搭腔，也沒給我任何再度光顧的理由，真是可悲的傢伙。

當晚我住在伯林頓飯店（Burlington Hotel），我向來對這間又黑又巨大的濱海飯店有著諸多想像。我是這飯店唯一的客人嗎？不過這飯店也沒倒啊。搞不好我這每半年造訪一次的客人就是他們唯一的收入來源。我做了點梳洗準備迎接傍晚時光，順手開了電視看看當地新聞，這裡的新聞常常都在報導洛斯托夫特（Lowestoft）工廠的關閉消息，到底洛斯托夫特有多少工廠可關啊？總之，每隔一段時間，又會有另一間工廠倒閉。通常那些工廠都來自已在英國慢慢絕跡的產業。

新聞主播會以沉重的口氣述說：「全英國僅存的巨藻養殖工廠在歷經一百六十年的營運後，終於吹上了熄燈號。自十八世紀以來就在這間工廠工作的兩百五十名員工被迫資遣。」隔晚則會報導全英國唯一僅存的鳥蚵剝殼工廠、輪緣切磨工廠、生蠔加熱工廠或其他聽起來就很詭異的產業相繼關門大吉的消息。我忙著吹頭髮因此沒有聽清楚事件始末，只知道新聞主播說，「資方提供員工們於胡志明市分公司轉職的選項。」

洗完澡後我全身熱呼呼地換上乾淨衣服，再到飯店空蕩蕩的酒吧喝杯小酒，順便在附近沒什麼生意的餐廳用了晚餐，接著回到房間，以嬰兒般的姿態呼呼大睡。

II

一早起來，窗外霧濛濛的滿是陽光，伯林頓飯店的餐廳完全沒人，用過早餐後，我開了三十二公里路來到黑斯堡沿岸，黑斯堡位於謝林罕和大雅茅斯（Great Yarmouth）之間，地處僻遠但風景還算不錯。黑斯堡鎮的視覺中心是一座高聳、可愛的燈塔，上頭漆了三道紅色線條。附近的停車場告示牌顯示此燈塔為「全英果（Uk）唯一獨立運作的燈塔」。哈囉，請問怎麼會有人把英國的縮寫拼錯啊？你有上過小學嗎？你的老師還活著嗎？除了文字障礙以外，黑斯堡倒是個討喜的地方。地方人稱此地為「黑斯—堡爾」（hays-burra）或「黑斯堡爾爾爾爾」（hays-brrrrr）。諾斯福克郡的人擅長創造奇怪的英語發音。豪特波斯（Hautbois）發音為霍比斯（hobbiss）、懷蒙德翰（Wymondham）發音為溫登（windum）、寇斯特西（Costessey）發音為寇西（cozzy），而波斯特威克（Postwick）則是波茲克（pozzik）。人們常常被搞得一頭霧水。我不確定為什麼諾斯福克郡的人要自創發音，不過這可能和近親結婚有點關係吧。

直到二〇〇〇年考古學者於黑斯堡發現九十萬年前製造的刮刀以後，此地才開始備受注目。阿爾卑斯山這一側的大陸從未挖掘出如此久遠的人類活動遺跡，無怪乎此事件讓各界深受震撼。世界上從未有其他人類來到如此極北之處。他們絕對是遠離非洲的代表，才能成就如此非凡創舉。當時，該批人類擁有全世界的土地，但卻選擇落腳黑斯堡，這歷史遠比克洛拉松電影俱樂部（Coronation Hall Film Club）每月第二個週四的影片欣賞會還來得久遠。而現在的人卻在那邊抱怨黑斯堡的步調過於緩慢？

當時黑斯堡的地理環境自然較今日更為險峻；英國與其餘歐洲大陸以陸橋相連，而黑斯堡正巧位於泰晤士河的入海口。今日，泰晤士河於南邊一百五十二公里之處進入北海，但在一百萬年前，此地仍為廣闊而肥沃的河口地帶。

數世紀以來，此英國海岸線不停地與海爭地，卻節節敗退。濱海區域的懸崖矗立於離海十至十二公尺的高度，而其組成結構多為鬆散的海砂。海岸下陷的慘況歷歷在目。許多房屋已瀕臨海線。也有的房屋處在懸崖的邊緣之處。停車場附近有著陡峭的海岸步道可通往海邊，但是每當漲潮時，沙灘就會被海水吞沒。我盡量往前走探，不過這裡實在沒什麼風景可言，只好回到懸崖頂部並向北前往露營拖車停車場。

在我的正下方就是當年驚現古老人類足跡的地方。由於暴風雨侵蝕了砂層表面，讓數百萬年前約莫六名人類在鬆軟泥地上所遺留下來的點點蹤跡，重現天日。除了非洲以外，這是迄今為止歷史最久遠的人類足跡。考古學者在攝影與研究足跡後，把自然的還給自然，任其風化或消失。懸崖脆弱而危險，因此我只能小心翼翼地靠近，細細觀察。海浪撲打著我身下岩崖，那正是足跡的所在之處。雖然足跡已不見蹤影，不過數百萬年前人類行經的那一片土地依然顯得不可思議的驚奇與美好。

一八〇一年冬日，黑斯堡亦發生了英國航海史上最嚴重的災難，HMS英國皇家海軍無敵號（HMS Invincible）[25]受暴風雨侵襲滯留於沙洲並碎裂瓦解，四百名船員於冰冷海水中溺斃；約有一百二十具屍體被沖上海岸，隨後埋葬於聖瑪麗教堂（St Mary's）墓地。現在我人就在聖瑪麗教堂

25——英國皇家海軍一艘輕型航空母艦，於二〇〇五年退役。HMS指國王或女王陛下的船艦（Her, or His, Majesty's Ship）。

墓地，聖瑪麗教堂高聳入天，其方塔足有三十四公尺高，襯著諾福克郡一望無際的空曠，更顯其壯大。目前看來，教堂與海岸保持著安全的距離，不過以海岸侵蝕的速度而言，觀察者認為未來七十年內，教堂將會遭海水吞噬。面對如此險惡的挑戰，英國政府做了所有政府都會做的決定以面對急迫災難，那就是……什麼都不做。

我開了好幾公里蜿蜒道路趕回謝林罕，沿途穿越陽光明媚、鬱鬱蔥蔥的農田，直抵沿海小鎮奧佛斯特拉德，現在聽起來或許令人難以置信，不過曾經有一天，奧佛斯特拉德是全英最著名的度假勝地之一。二十世紀初的夏日午後，遊客很有可能會在奧佛斯特拉德遇見溫斯頓·邱吉爾、埃倫·特理（Ellen Terry）、亨利·歐文（Henry Irving）、悉尼和比阿特麗斯·韋伯（Sidney and Beatrice Webb）。奧佛斯特拉德館（Overstrand Hall）被稱作百萬富翁之家，擁有者希靈登伯爵（Lord Hillingdon）每年僅會在此逗留約兩週，不過他卻長期雇用三名男管家、一群員工，以防他突然心血來潮至此度假，可惜希靈登伯爵從未有此興致。

不過我感興趣的是富豪埃德加·斯派爾爵士（Sir Edgar Speyer）所建造的海濱莊園（Sea Marge），雖然此人早已被世人給拋諸腦後。一八六二年斯派爾爵士生於紐約市，雙親為富有的德國人，儘管斯派爾爵士流著德國血液，但是他幾乎從未於德國生活過；約莫二十歲時，斯派爾爵士前往英國照料家族生意，他在金融界開疆闢土，並賺進不少財富；他不但成為英國地鐵的主要建造者，還相當支持藝術活動與發展。當逍遙音樂會（the Proms）[26]陷入經濟困境時，他義不容辭地介入並贊助。他與喬治五世，也就是我們那位死在博格諾的老友，成了至交，除歸化為英國籍外，更因為對藝術的投入而獲封爵士，成為英國樞密院的一員。他捐款興建醫院並資助羅伯特．法爾肯．史考特的南極探險隊。當史考特過世時，口袋裡還放著一封寫給埃德加．斯派爾爵士的信件。

簡單來講，斯派爾爵士根本是個完美的男人，除了他老是希望德國可以贏得所有戰爭以外根本沒什麼缺點，不過，難道不是所有的德國人都有這毛病嗎？斯派爾爵士的莊園為伊麗莎白式豪宅，結構繁複，並矗立於山崖邊緣，遠眺大海。據傳，一戰時，斯派爾爵士曾於莊園露臺向德軍艦隊打暗號。這聽起來很戲劇性，不過也太可笑了吧，他要和對方說什麼？（這裡有點毛毛雨，你們還好嗎？）他根本無法掌握任何對德方有益的資訊，也不太可能讓自己大剌剌地站在懸崖邊上。

不過真正讓斯派爾爵士困擾的應該是他的猶太身分，當時即便在最開明的社交圈裡，仍舊隱隱約約有著反猶情緒。《每日郵報》（*Daily Mail*）創辦人諾思克利夫勛爵（Lord Northcliffe）在目睹猶太商人於歐洲獲得龐大的經濟成功時，曾經諷刺地說：「說不定我們之後需要為猶太人開一個社交新聞欄。」這或許正是那一代人的潛臺詞。諾思克利夫毫不留情地全力砲轟斯派爾爵士，導致議

26——世界知名音樂節之一，始於一八九五年，每年夏天在英國倫敦盛大舉行的古典音樂節。

院委員會認為斯派爾爵士暗助德軍，並要求摘除他的貴族頭銜，最終，斯派爾爵士在疑雲風暴的壓力之下潛逃美國。

如今，濱海莊園已成了飯店。我擅自闖入飯店內，從花園圍牆遠眺大海，接著又跑進飯店大廳內，不過沒有任何人試圖攔阻我。關於斯派爾爵士的一切，似乎早已煙消雲散，因此，我只好踱步離開此地，並好好地再次看了這整齊而平凡的小鎮最後一眼。

諾福克郡能倖存至今也真的不是件簡單的事，該地位於英國各郡的最邊緣，卻缺乏對外高速公路、雙向車道等基礎建設，甚至連像樣的火車系統也付之闕如。以前我住在諾福克郡時，WAGN企業負責該地的運輸系統，我一直以為那是「我們哪裡也去不了」（We Are Going Nowhere）的縮寫。後來丹麥公司接手了這筆生意，不過卻也從未加以整頓。也因此，唯有抱著對英國東海岸的強烈愛慕與堅忍不拔的意志力，才有可能忍受遠赴諾福克郡之顛簸。

奧佛斯特拉德在過去就是克羅默（Cromer），另一個濱海景點，這裡有間巴黎大飯店（Hotel de Paris），真不曉得有哪些傻瓜會上門。我只想好好瞧瞧克羅默碼頭，這確實是全英國擁有最美麗景色的碼頭之一。很久以前，英國至少有上百個碼頭，如今不到半數得以倖存，而苟活至今的碼頭，像是博格諾等處，也早已凋蔽潦倒，不復昔日盛況。二〇一三年，克羅默碼頭遭受冬日暴風雨侵襲，呈現半毀狀態，據傳當地人有意將之拆除，也因此，當我見到悉心修復的碼頭時，不免大大鬆了一口氣。

數年前，丹尼爾、安德魯和我曾經一起走過此海灘。令人詫異的是，當時海岸劇場正在演奏二次世界大戰的名曲，而表演者正是丹尼爾以前工作的夥伴。他堅持要我們留下來觀賞當日下午的演出。老實說，一開始我真的很抗拒，沒想到，最後整個人沉浸在表演之中。觀眾人數不少，多數都是來海灘無事漫遊的老年人，我相信我們三個是唯一沒有包成人紙尿褲的觀眾。表演者雖然只有三人，但表演張力十足。不過最可取的應該還是女歌手長相頗美、歌藝驚人，而且表演總長不超過六十分鐘吧，說實在的，讓海岸劇場表演二戰歌曲遠比模仿皇后合唱團（Queen）來得有趣多了吧？

克羅默是個傳統而且十分舒適的小城，我四處張望一會兒後，就回到謝林罕，這附近實在沒有任何太吸引人的事情。最後我只好返回伯林頓飯店，靜坐在房間好一段時間後，才出來找啤酒喝。

III

如果你人到了東英吉利，那絕對不能錯過薩頓胡（Sutton Hoo），好吧，你當然可以過其門而不入，但那絕對會是損失。薩頓胡的故事和法蘭克・普萊蒂上校（Col. Frank Pretty）息息相關，普萊蒂上校的前五十年人生可說是一片空白，但是他在五十歲以後突飛猛進，在短短的時間內完成了不少人生大事。他與一名中年老處女愛蒂斯・梅（Edith May）結婚，並跟隨她搬往鄰近薩福克郡伍德布萊奇（Woodbridge）的薩頓胡一地。上校生了個兒子，並且在五十六歲生日時驟然過世。

愛蒂斯・梅繼承了大莊園並與年幼的兒子相依為命。此時，梅開始對降靈學產生了濃厚興趣，並想知道自家莊園附近約五百碼的那二十座灌木叢大土堆是否有什麼祕密。她聯絡了伊普斯威奇博物館（Ipswich Museum），表示希望能挖掘探勘那些土丘，博物館則將一位奇妙的男子稗索・布朗（Basil Brown）輾轉介紹給梅。

布朗是個雇農，畢生未接受過任何考古訓練。他在學校讀書至十二歲，之後以自學的方式獲得地理學、地質學、天文學與繪畫的相關證書。以前我還住在諾福克郡時就開始對布朗這號人物感到好奇，其中一個原因是他與我們同村的女人結了婚，婚後就住在附近名叫「教堂農場」的地方。不管是以外觀或是行為而言，人們都認為布朗根本是雪貂的化身，不過他確實具足考古學的天分。布朗沒事時就會騎著腳踏車巡視諾福克郡，尋找可能的考古地點，非常奇異的是，他的眼光準確無比。

布朗答應梅會好好檢查莊園附近的土丘，不過他並沒有抱著太高的期望。那些土丘早已存在許久，也不時會有人過去翻揀一陣。這可能就是為什麼雇用布朗而非其他更高聲望的人吧。梅給了布朗一小筆費用，並讓他住在司機房裡，還給了他兩名莊園工人作助手。布朗和他的助手們根本沒有任何專業工具。他們用的是從儲藏室裡找到的牛奶壺、碗或麵粉篩子。偶爾他們也煞有其事地用奶油刷或圖書館裡借來的風箱處理出土物件。一九三八年夏日，布朗挖掘了三座土丘，一無所獲。不過他在接下來的夏天又繼續奮力挖掘，並處理了日後稱為一號土丘之處。他很快就挖到一金屬物件，並正確地判定此物件應為船隻鉚釘，而此處應為埋葬船隻的地點。布朗的推斷相當出奇，畢竟全英國領土內從未有人建造船艦塚，而土丘一號仍舊是迄今為止唯一的船艦塚，此外，土丘距離水域更有一．六公里以上的遙遠距離。布朗是第一位在離海內陸發現船艦塚的英國人，而他所仰賴的唯一參考證據則是一本一九〇四年挪威出版，關於西挪威所挖掘出的維京船艦鄔斯貝克號（Oseberg）的專書。

不過我們必須謹記，布朗並沒有挖掘出整艘船艦。他找到的是關於船艦的想像，或是說日久腐爛的船艦遺骸。這是件困難而又十分細緻的工作，如同挖掘黑影。不過，布朗的發現非同小可。他挖掘出英國有史以來最豪華的考古出土物——珠寶、錢幣、黃金、銀盤、盔甲、武器以及各式各樣的奇珍異寶。寶物來自遙遠的埃及與拜占庭帝國。沒有人知道船艦塚的主角是誰，因為船艦中根本沒有屍首。或許遺體早已在酸性土壤中腐敗惡爛，也可能遺體早已燒成骨灰並漫撒在船艦遺跡四周。許多人推測船艦塚應屬於東盎格利亞王國（East Angles）的利沃德（Raedwald）國王，不過這也僅是其中的一種推測罷了。

當布朗的考古結果公諸於世後，政府派遣的考古專家急忙趕到現場，而布朗則被粗魯地晾在一旁。漫長的數年之中，布朗從未因為身為船艦塚的發現者而得到應有的推崇或尊敬。考古學家理查德．塔布萊克（Richard Dumbreck）甚至形容布朗「長得像隻雪貂，還用小獵犬追逐老鼠的方式進行考古挖掘。他過度興奮地鏟土，拍弄胯下污土，三不五時，他會往後退一步看看日前的成果，再小心翼翼地繼續未完成的工作……可悲的是，如果他有接受專業訓練的話，或許能成為一名稱職的考古學家。」塔布萊克的口氣十足反映了當時學界對待布朗的態度，不過說實在的，如果塔布萊克本人有接受足夠的專業訓練的話，說不定也能夠成為一位體面的紳士吧。

薩頓胡船艦塚出土的時間實在不是很恰當，當時戰爭剛剛爆發，所以挖掘工作立刻宣告暫停。軍方接受了梅的土地，並且改造為坦克訓練場。戰後當考古學家返回遺跡現場時，坦克輪跡毫不留情地壓在土丘上方。梅女士將出土遺物捐贈給大英博物館（British Museum），此餽贈至今仍為大英博物館史上最貴重的個人親捐贈物。館方耗費數年時間清理出土物，其中最為棘手的是碎裂為五百片的黃金頭盔。直到一九五一年，一群專家才宣告重建了頭盔，不過另外一群學者立刻跳出來抨擊該復原頭盔根本不符合人體頭型。此外，還有幾片黃金頭盔碎片因為無法黏合而遭移置。接下來的二十年裡，大英博物館選擇坦蕩蕩地展示沒有任何正常人類能穿戴的頭盔。最後，一九七一年時，黃金頭盔再次拆解，並重新組合為今日的模樣，此次的接合方式不但使用了所有的碎片，也被學者認定為正確無誤。黃金頭盔絕對是大英博物館館藏內最吸引人注目的藏品。

在土丘一號大發現後的二十年歲月裡，稗索．布朗仍舊騎著腳踏車漫遊東英吉利，甚至行至更為偏遠之處，他曾經發現過薩克遜或羅馬時代的器具，也曾經發現整座遭埋藏的農莊或村鎮。布朗於一九六一年退休，並於一九七七年過世，享年八十九歲。有時候，他會到大英博物館瞧瞧薩頓胡遺跡，布朗此生從未因為船艦塚而得到官方的肯定或勳爵。

我在遺址附近閒晃良久，心情愉快。從遊客中心抵達土丘需要一點好身手。土丘約有二十餘座，歷經多年的翻挖、耙土，高度早已遠不及昔日，有幾座土丘根本難以肉眼辨識。你還可以參觀梅女士的房屋，屋裡擺設特意維持了當年的模樣。每間房間都有資訊小卡導覽讓遊客了解梅女士的生平。有點可惜的是，字卡上仍舊是一堆錯字與誤音，不過至少他們仍舊努力地想向遊客傳遞些什麼。我不記得二〇〇九年造訪東英吉利時，梅女士之家開放參觀了沒，不過我連兩個星期前的事都記不得了。

遊客中心很有設計感也很明亮，陳設別出心裁也提供了詳實的資訊，展覽解釋數世紀前遺跡當時的模樣與今日的差別。船艦塚出土的奇珍異寶全數藏於大英博物館，但此處收有非常精緻的複製品。我在咖啡廳用了三明治和茶，因為展覽讓人心滿意足，所以我並沒有在心裡碎碎唸三明治實在太乾或是這裡的食物價格完全超過正常價格至少兩倍。好吧，說不定我真的有在內心發了一下牢騷，不過至少沒有影響到其他人，這也算一點小小的進步吧。

我沿著薩福克郡海岸開到愛爾德堡（Aldeburgh），這裡看起來時髦、現代，也有許多專營時尚品牌的店家。這裡有肥臉（Fat Face）、茱兒（Joules）、雅德南釀酒廠（Adnams）以及其他當地人開設的禮品店、咖啡店以及不錯的小書店。我真搞不懂為什麼愛爾德堡和沿途經過的另一個小鎮索斯沃德（Southwold）能保持如此的活力與流行感，而其他的濱海觀光小鎮卻顯得奄奄一息，這應該和交通方便程度以及自然環境無關，愛爾德堡和索斯沃德對外連結極為不易，地理位置劣於博格諾、瑪格特（Margate），而景色又遠遜於彭贊斯，所以這究竟是什麼道理啊？這一切真的無解。

以前我還活得比較有志氣的時候，曾經針對英國垃圾問題製作過一集《廣角鏡》（*Panorama*）電視節目。我當時蠢笨天真地以為這樣能改變些什麼，我訪問了海洋保護基金會（Marine Conservation Trust）籌組的愛爾德堡淨灘小組那些擁有天使心的成員們。據了解，英國海灘平均每公里有四萬六千件垃圾，多數為塑膠製品，大部分的垃圾會被鳥類叼食吞肚。據一報導指出，北海岸邊溺斃的暴雪鸌（fulmarus）約有百分之九十五肚內都有塑膠，而且數量不少，平均每隻暴雪鸌肚內藏有四十八件塑膠製品。此外，透明塑膠袋也常讓海龜誤以為是水母，因此吞噎斃命。

愛爾德堡淨灘小組表示，每年約有一萬件容器從船隻上墜落並棄置於海面。有時候，船艙門誤開而塑膠物就此滯留海面。我曾經碰過一位淨灘志工，藝術家法蘭．克洛兒（Fran Crowe），她向我展示了棄置在愛爾德堡海灘的上千包洋芋片的其中一包，包裝內容物早已徹底分解，但塑膠袋本身仍舊完好無缺。她還向我展示了一包售價三便士、標示於一九七四年十二月三十一日過期的洋芋片。這包洋芋片已在海洋中漂流四十年，直到成為薩福克郡大垃圾群的一部分為止。

我向法蘭提到，錫利群島特雷斯科海灘總是散發出閃亮亮的光芒，唯有近看才會識得那全是空的鹽水點滴袋，鹽水袋為英國蘭開郡公司所製，上面標示的則是西班牙文。

「那很常見啊。」法蘭回答。她曾經在海灘看見上千個腳踏車坐墊，此外，還有電腦、電冰箱以及吸塵器。海灘總是會出現神蹟。

當晚我在鄧威士（Dunwich）一間還不錯的「船艦」（Ship）酒吧喝酒。鄧威士是一個現今已幾乎不存在的地方。二十世紀時，該處為英國最重要的碼頭之一，其體積約為布里斯托的三倍大，甚至直逼倫敦的大小。鄧威士約有四千位居民、八間教堂與修道院。一二八六年時，一場強烈暴風雨吹垮了四百間房屋，一三四七年與一五六〇年的暴風雨更分別吹垮了剩餘的屋舍。直到今天，所謂的鄧威士市區早已位於水平面以下。距離鄧威士海灘約四百公尺遠處有聖彼得教堂，有些沒有聲學知識的人說每到晚上仍舊可聽見教堂鐘響。如今，鄧威士僅存一間海灘咖啡、幾間房屋、毀損的修道院以及這間熱鬧的酒吧。

傍晚時刻，為了阻止自己不要太早開始暢飲，我拖著腳步散步許久最後來到海灘邊。海上船隻燈色明媚，順著天際線滑行，似乎正打算前往南方轉角的費立斯托（Felixstowe）。

《經濟學人》曾說費立斯托為全世界最大的空紙箱出口鎮。當英國接受貨品後，會從費立斯托將剩餘紙箱運回。這應該不是英國太龜毛堅持送回紙箱，而是因為其他國家根本不願意出口舊紙箱，後者寧可回收處理。英國則選擇將破舊紙箱千里迢迢地送往貧窮國家進行廉價處理。二〇一三年，英國出口近一百萬噸的紙箱，對比英國所擁有的人口數，這絕對是不可思議的龐大數字。

我真心為我的第二家鄉感到驕傲，並走回船艦酒吧，悄悄地為此慶祝再喝一杯。

Chapter 15

Cambridge

劍橋

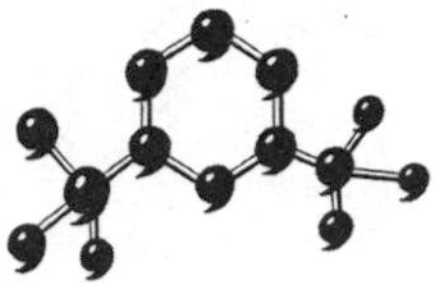

世界的改變如此之大。現在，擠在劍橋街上的人比住在劍橋的人還多。有些街道擠滿了當地人，有些街道則擠滿了觀光客。每前進幾步，就會有活力十足的年輕人將傳單塞到眼前，頻頻推銷觀光行程——巴士巡禮、徒步導覽、鬼故事探訪、隨招隨停巴士之旅。

◆

劍橋車站的月臺上，貼著傑若米·克拉森（Jeremy Clarkson）新書的海報，上面有張還滿討喜的作者照片，標題寫著：「父親。他們所說的每句話。他們所做的每件事。他們所配的每件衣服。都大錯特錯（Its all completely wrong）。」啊！好有智慧的金句。但請注意句中的「Its」竟然沒有撇號。我知道如果要求克拉森注意一下海報上的用字遣詞好像太勉強他了，不過難道企鵝出版社（Penguin）也沒有人在意嗎？

現在這時代人們不僅不懂標點符號的使用方法，還有很多人根本不知道標點符號有所謂的運用原則。許多人——替大出版社製作海報、替BBC下標題、替大型機構草擬信件或廣告的人——似乎以為大小寫字母與標點符號只是一種讓他們任性使用於字裡行間的配菜。以下，摘錄一則刊登於雜誌中的約克私立學校廣告，以原汁原味的方式呈現給您：「本校被每日電訊報（the daily Telegraph）評比為北部第一的男女合校，學業表現稱霸寄宿學校界。」大小寫就是如此地無所謂和隨便。真的有人認為《每日電訊報》的英文大小寫是這樣拼的嗎？真的有人可以這麼粗心大意？

嗯，好吧，好像真的可以。不久之前，我收到一封來自「兒童、學校暨家庭部門」（Department for Children, Schools and Families）的來信，詢問我是否可以參與關於提升英國教育品質的活動。那封信的開頭如下：「嗨，比爾。希望一切好。這裡是兒童學校暨家庭部……」（Hi Bill. Hope alls well. Here at the Department of Children Schools and Families...）

就在這麼短短一行、十四個字的段落間，作者犯下三個最基本的標點符號錯誤（遺漏兩個逗點，少了一個撇號；剩下的那一個錯誤需要我跟你說嗎），還把自己服務的單位名稱打錯——此人的工作目標可是提振教育品質呢。同樣的，最近我還收到小兒科醫師的來信，邀請我在學術研討會發表演說。邀請函中，作者使用了兩次「兒童的」，兩次的拼法都不一樣，兩次都錯。這可是一名在兒童醫院工作的兒童專家呀。到底一個人要見過某單字多少次，或是專業領域需要多頻繁使用到某字，才能成功地拼對呢？

世界各地的人們已經徹底向英文文法投降，這我真的不懂。我曾看過布萊恩・考克斯（Brian Cox）的電視紀錄片，片中的他在墨西哥草原，談著放屁蟲（bombardier beetles）：「放屁蟲跟偶（me），甚至是眼前所見的所有生物，都面臨同樣的威脅……偶跟我的朋友甲蟲們，有著相同的答案。」別誤會我，我非常尊敬布萊恩・考克斯，他擁有無與倫比、可穿越時空的大腦，多數時候的用字遣詞也無可挑剔；所以說啊，他到底為什麼會想到要說「放屁蟲跟偶」呢？明明「放屁蟲跟我（I）」聽起來就比較自然且不會讓人覺得很可笑啊。不久後，我看到另一名傑出年輕科學家亞當・盧瑟福（Adam Rutherford）的紀錄片，他說：「我的脊柱有三十三個脊椎骨，而貝拉（Belle，一條紅尾蚺）有三百〇四個，真正讓人驚奇的地方在於，極少數的基因決定了紅尾蚺與偶的脊椎骨數目。」

我看了《教子有方》（*Outnumbered*）的重播，其中一段對話如下：

《教子有方》裡的孩子問：「為什麼我要照顧凱倫？」

休伊・丹尼斯（Hugh Dennis）：「因為偶和媽媽及班都要去班的家長會。」

休伊・丹尼斯本人曾經在劍橋唸書，而他在節目中扮演一位無所不知的老師。

又有一次，我聽見首相夫人莎曼珊・卡麥隆（Samantha Cameron）在電視訪談中說，「偶和孩子們一起協助他維持思緒清晰。」

這就是我一直強調的。可以停止了吧各位？[27]

我以為星期日的劍橋會很寧靜，但情況截然相反。街上擠滿了觀光客和購物狂，喧鬧的街道就好像嘉年華會，但其實這不過就是一個平凡的星期日躁動，人們喜歡在假日眼神空洞地飄過店鋪，吃吃午飯，偶爾買杯熱的，進食一些隔夜的糕餅。以前星期日早晨，唯一會出現在商業區街道的，就是翻找垃圾桶的流浪漢。在那些日子裡，星期日唯一可購買到的商品只有雪茄、甜點、牛奶和報紙。如果星期六你忘了添購食品，那星期天的晚餐你就只能吃彩色巧克力豆外加一杯牛奶。

世界的改變如此之大。現在，擠在劍橋街上的人比住在劍橋的人還多。有些街道擠滿了當地人，有些街道則擠滿了觀光客。每前進幾步，就會有活力十足的年輕人將傳單塞到眼前，頻頻推銷觀光行程——巴士巡禮、徒步導覽、鬼故事探訪、隨招隨停巴士之旅。每間商店的門口與明信片架旁、所有歷史建築裡的每一吋可站立之處，都擠滿鬧哄哄的外國小孩，這些人總是背著一模一樣的背包。我決定喝杯咖啡，但咖啡廳簡直人滿為患，我估計約翰．路易斯百貨（John Lewis）可能會有寧靜、可眺望遠景的頂樓咖啡廳，於是走進百貨，那裡確實有我幻想的咖啡廳，不過早擠滿了人，排隊的人潮一直延伸到了「保持冷靜，繼續向前」禮品店前。如果想排隊領取溼答答餐盤的話，還得加入

---

27 英文文法中的我，I為第一人稱單數主格，所有格為my，受格為me。作者嘲諷現代人言談間時常I和Me不分，講出令人啼笑皆非的句子。

至少有二十個人的隊伍。（說真的，為什麼約翰·路易斯百貨的餐盤總是溼答答的？溼答答的餐盤有什麼特別功效嗎？）一想到要排在一整列無法決定自己要吃葡萄乾麵包或什錦水果塔的人後面、或那些不喜歡第戎芥末醬而大剌剌地中斷隊伍前進的節奏，要某個倒楣鬼去貨架拿取新醬料的人、或一直排到收銀檯前才發現錢不夠不得不派遣另一支搜查隊去募集飯錢的人身後——天啊，誰想承受這些折磨？我放棄了熱咖啡改逛電視區，畢竟這才是男人們在約翰·路易斯百貨公司該做的事。那一區擠了三百個跟我一樣的人，莊嚴地在電視展示櫃前徐徐移動，一臺一臺逐一思考，儘管每臺電視基本上都一樣，而且根本沒有人需要電視。接著，我去視察了筆電區——敲敲鍵盤，開開闔闔，默默地點著頭，就好像農產品大會的評審。終於，輪到我試聽博士（Bose）音響的耳機了。套上耳機，瞬間置身於熱帶叢林——真真切切，聽覺上的浸淫——聽著鳥兒啁啾，掠過叢林天際。突然間，我被丟到了曼哈頓，我人在尖峰時刻充斥著嘈雜轟鳴與喇叭吼聲的車流中。接著是純淨的春日雨聲，時而傳來碎雷轟隆聲。如此真實絕妙。我睜開了雙眼，再次回到星期日劍橋市中心的百貨內。難怪我身後還排了六名男子等著試耳機。

我漫步朝川普頓街（Trumpington Street）和費茨威廉博物館（Fitzwilliam Museum）走去，在我心裡，這兩處皆為劍橋最誘人的寶藏。一直到最近，我才體會了費茨威廉博物館的美好。過去我總是猜想此處大概就跟倫敦的約翰·索恩爵士博物館（Sir John Soane's Museun）一般，空間窄小塞滿了奇珍異寶，然而此處寬敞、宏偉而且通風良好，等同把大英博物館搬到劍橋的第二大街上。

與劍橋多數建築不同，費茨威廉博物館遊客量恰到好處。更棒的是，咖啡廳竟然還有空桌。我強忍著內心的狂喜，點了一杯美式咖啡和又小又乾又貴的核桃蛋糕，味道正是道地的英國口味。甜點和二十分鐘的休息時間讓人有煥然一新的心情，我繼續探索費茨威廉的無價收藏。

我對於此博物館命名者費茨威廉的生平一無所知，因此事後研究了一番。主角理查・費茨威廉（Richard Fitzwilliam）為第七代費茨威廉子爵，他一生中絕大多數時間都待在法國，並與芭蕾舞者生下三名私生子女。除此之外，《牛津國家人物傳記大辭典》以「晦暗不明」來形容他的私生活，整套辭典大約只出現過一、兩次需要以「晦暗不明」來形容的人物。費茨威廉於一八一六年過世，終身未娶，他將大批藝術珍藏及鉅額財產贈與劍橋大學，並要求建造一棟以他為名的博物館，劍橋大學遂實踐此一遺願。

基本上，費茨威廉博物館不太起眼，唯有在二〇〇六年時躍升新聞主角。一位名叫尼克・弗林（Nick Flynn）的訪客因為被鬆開的鞋帶絆倒，而將三個珍稀的清朝花瓶從展示臺上掃下來，花瓶碎成片片，損失約為十萬至五十萬英鎊，此金額取決於你花多少時間研究谷歌的搜尋結果。網路上有許多案發現場的照片，顯示弗林因鞋帶鬆掉而跌倒的路徑實在太過離奇，跌跌撞撞的他不偏不倚地掃空了長達十五呎的展示臺，並讓那三個花瓶碎成上千片的細小碎屑。警方因蓄意破壞的罪名逮捕弗林，但該控訴後來被撤銷。「我認為自己事實上幫了博物館一個大忙，」弗林對《衛報》表示。「有許多人專程去看事件相關的展示臺，博物館參觀客大增。他們應該要付我佣金吧。」毫無意外的，博物館並沒有這麼做。而且，他們還寫了一封信給弗林，客氣地請求他未來不要再訪博物館。這是他們唯一能做的事。

報導指出花瓶已被修復並重新擺放到展示區，只不過展示區加裝了強化玻璃予以保護。我詢問服務員花瓶的位子，她帶我走回剛剛才參觀完的玻璃展示櫃前。博物館員修復的技巧出奇精湛，完全看不見痕跡。我必須認真地觀察，才能發現微乎其微的修補線索。畢竟我連黏膠水都會手忙腳亂了，博物館員的修補技巧實在巧奪天工。

如果不算用餐時間的話，我在費茨威廉博物館待了一個半小時，接著漫步繞過轉角，打算拜訪堪稱全英國數一數二完美的超迷你博物館——史考特極地研究中心博物館（Scott Polar Research Institute Museum），但博物館休館，哎呀。我又去了惠普科學歷史博物館（Whipple Museum of the History of Science），也關門了，於是再繞到附近的塞德威克地球科學博物館（Sedgwick Museum of Earth Sciences）、考古博物館（Museum of Classical Archaeology），也都沒開。動物學博物館（The Museum of Zoology）因整修而關閉。令人開心的是，考古與人類學博物館（Museum of Archaeology and Anthropology）星期天有開，但當我抵達大廳時，博物館正準備打烊。

「或許我明天再來吧。」我說。

「我們星期一休館。」對方回。

我只好四處遊蕩。令人愉快的意外發生了，我走進一條叫「公學巷」（Free School Lane）的小小巷弄中，並偶然發現其中一棟建築在一八七四年至一九七四年間為知名的卡文迪許實驗室（Cavendish Laboratory）所在地。有人曾說，地球上沒有一塊土地能像劍橋市中心這塊不到百公尺大小的土地一樣，催生眾多極富開創性的革命思想家。曾經，我們可以在這裡遇見艾薩克·牛頓（Isaac Newton）、查爾斯·達爾文、威廉·哈維（William Harvey）、查爾斯·巴貝奇（Charles Babbage）、艾倫·圖靈（Alan Turing）、約翰·梅納德·凱因斯（John Maynard Keynes）、路易斯·李奇（Louis Leakey）、伯特蘭·羅素（Bertrand Russell）等無法逐一列舉的大人物。整體來說，劍橋共出了九十名諾貝爾獎得主，數量為世界之最，其中更有將近三分之一的人來自公學巷的卡文迪許實驗室。牆上有一塊飾板，寫著J·J·湯普生（J.J. Thomson）於一八九七年在此棟建築中發現電子，但卻沒有指明這裡正是弗朗西斯·克里克（Francis Crick）和詹姆斯·華生（James Watson）發現DNA的所在之處，更沒有指明此地還是詹姆斯·查德威克（James Chadwick）發現中子、麥克思·佩魯茨（Max Perutz）釐清蛋白質結構等重大科學事件的現場。有二十九名來自卡文迪許實驗室的學者獲得諾貝爾獎，這個數字甚至高於絕大多數國家。光是一九六二年就有四名成員獲獎：詹姆斯·華森和弗朗西斯·克里克獲得生理或醫學獎，馬克思·佩魯茨和約翰·肯德魯爵士（Sir John Kendrew）獲得化學獎。

一九五三年，克里克和華森在卡文迪許實驗室留下一張照片，照片中兩人就站在看起來像利用鋼鐵模型零件組成的DNA模型前。我曾詢問過一位來自卡文迪許實驗室的成員，為什麼那座模型沒有出現在任何展示場合，畢竟這模型堪稱二十世紀最著名的科學模型。他告訴我相片中出現的模型，並非他們實際使用的模型。當時那座模型早已被拆解。克里克和華生為了拍照又重組了一座。後來，人們開始擅自取走模型的零件作為紀念品，許多零件更以收藏品被販售。結果，就如同真的DNA那般，那座模型似乎也複製了自己，導致現在市面上流動的零件比一九五三年還多。這就是我聽到為什麼該模型沒被展示的原因。

我最喜歡的卡文迪許實驗室成員為馬克思・佩魯茨，他花了四十年的時間只為了解單一蛋白質——紅血球素的結構。他花了十五年才釐清該如何執行如此充滿挑戰性的任務。佩魯茨八成是史上最嚴重的慮病患者。他隨身攜帶一張以五種語言撰寫的飲食指南小卡，每到餐廳就會將這張卡送進廚房。他拒絕進入蠟燭剛熄滅或剛使用過數種常見清潔劑與消毒水的房間（儘管他要求周遭所有物品都必須經過消毒）。由於慢性背疾的關係，在開學術研討會時，他會先介紹講者，接著趕到講臺前躺下，如此度過餘下的演講時間。有時候他本人也會在躺臥的狀態下發表演說。

我也是勞倫斯・布拉格爵士（Sir Lawrence Bragg）的崇拜者，他在一九一五年因對X光晶體學的研究成果而獲得諾貝爾獎，隨後成為皇家研究院（Royal Institution）院長。他非常熱愛工作，但也很熱愛園藝，因此他決定在南肯辛頓（South Kensington）的某棟房子裡充當每週一日的園丁。雇用他的夫人完全不知道自己的園丁是全英國最鼎鼎有名的科學家，直到有一天她的朋友來喝下午茶，看向窗外，隨意地問了：「親愛的，為什麼諾貝爾得主勞倫斯．布拉格爵士正在修剪你們家的灌木叢？」

傍晚時分，我走回火車站，想找通往牛津的火車，但現實告訴我這列火車早已消失了五十年。從劍橋直通牛津的火車——被親切地稱為大學線（Varsity Line）或有時也稱頭腦線（Brain Line）——早於一九六七年關閉。現在，連接兩城市（不過相距一百二十公里）的最快方法，需耗時兩小時半，途中還要換車。

我決定將倫敦當作中繼站，到了早上再搭火車去牛津。抵達火車站後我買了一張前往倫敦的單程票，走到一號月臺，也就是倫敦月臺。當我還住在諾福克郡且經常需要從那裡搭車到倫敦時，途中都會在劍橋換車。這代表我必須即時跳下車並立刻小跑步跳上另一列即將出發的火車上。為此，我非常熟悉劍橋的月臺，也知道火車站的工作人員通常不太願意給你額外的資訊。每一次到劍橋火車站都像是上《我會不會騙你？》（*Would I Lie to You?*）節目。現在，一列看上去非常像是會開往倫敦的火車在一號月臺前停了下來。但跑馬燈顯示「此火車的終點站為劍橋」，且清楚地暗示如果你貿然登上這列火車將會非常不智，因為它很可能會開往羅伊斯頓（Royston）或某個令人絕望或超級冷漠的車站，到時候我們全部的人都完蛋了。

就這樣，將近五百個跟我一樣憂愁的旅客站在月臺上，盯著空蕩蕩的車廂長達十分鐘之久，終於，幾名勇士踏出第一步，接著出現了一陣推擠的人潮，就好像奧克拉荷馬州剛剛開放給新住民那般，每個人都急匆匆地搶奪座位。但我們同時也都做好準備，一旦發現車子是開往羅伊斯頓，就立即跳車。這一次，我們所有人都猜對了。這列火車確實是開往倫敦的。我們贏了這場比賽。贏家獲得可坐著前往倫敦的殊榮。其餘三、四十位因為誤信電視螢幕而依舊站在月臺上的玩家，必須參與一場新的遊戲，叫做「一直擠在月臺走道等著去倫敦」。

我發現座位旁的窗戶外，正貼著我稍早注意到的傑若米．克拉森海報，看著海報又讓我忍不住以普遍理性來思考愚蠢性。近期，我讀到關於達克效應（Dunning-Kruger Effect）的文章，該名稱源自於兩位紐約州康乃爾大學的學者，他們也是首次發現此現象的人。簡單來說，達克效應就是指一個人笨到無法體認自己很笨的事實。這簡直是我內心深處對這世界最中肯的評語。因此，我不禁開始思考：如果我們所有人都以或多或少的程度逐漸變笨，我們會不會因為同步的智力衰退而無法察覺現實的改變？你或許會說至少我們可以從 IQ 測驗中看出端倪，但如果這種惡化是 IQ 測驗無法反映的呢？如果這種退化只會顯示在，好比，錯誤的判斷或逐漸退化的品味上呢？這或許解釋了電視劇《布朗太太的兒子們》（*Mrs Brown's Boys*）之所以會造成轟動的原因。

我們都知道經常性地接觸鉛物質，會嚴重損害大腦機能，然而此一事實耗費科學家們數十年的時間才得以證實。如果讓我們的大腦暴露在日常生活的毒害之下，其實才是更可怕的威脅，這該怎麼辦？製造業所使用的化學材料甚至超過八萬兩千種，而多數原料（根據某一統計數據為百分之八十六）未曾測試過其對人體可能造成的影響。舉例來說，每天我們都會吃下或吸收到一些使用在食物包裝上的雙酚A或鄰苯二甲酸。或許，我們的身體可以毫髮無傷地排掉它們，又或許，它們會像微波爐加熱煮豆子般影響我們的大腦。關於這些，我們無從得知。但當你在週間的晚上，看著電視中上演的一切，你得要感到懷疑。你懂我的意思了吧。

Chapter16

Oxford and About

牛津周邊

一七五五年當時仍存有一件大嘴鳥標本，或許爲填充標本吧？不確定，當時艾許莫林博物館館長嫌大嘴鳥的標本發出霉味，因此將它扔進火堆之中，果然，不是只有我們的年代會生出蠢材。館員見狀奮力一躍搶救回大嘴鳥，不過僅奪回燒焦的鳥頭與部分的腳。這就是世間唯一僅存的大嘴鳥。

◆

I

經過一番思考後，我確信英國的授勳制度實在不是件好事。我知道這樣講可能會被認為很假惺惺，畢竟數年前我才榮獲授勳，不過，在本人的虛榮心面前，一切的標準都會被拋諸腦後。

我所獲得的為榮譽官佐勳章，榮譽勳章都比較虛，因此由部長代為授勳，而非女王本人。授勳典禮於當時的英國文化大臣泰莎．裘薇爾（Tessa Jowell）辦公室簡單舉辦，裘薇爾女士人還滿好的。授動文件表示我以文學服務獲得此獎項，我感謝英國政府的慷慨與仁慈，不過我所做的一切都是為了自己而已，畢竟，誰會想做自己不想做的事呢？這也就是我說的授動制度的奇妙，基本上來講，授動者所做的不過就是坦蕩蕩地做自己而已，這就是許多天才的人生之道。

在美國，要獲得官方榮譽認可的方式只有兩種。你可能單手拿著德製機關槍，另一手扛著重傷的兄弟翻山越嶺穿越豬排山或墳場丘，在這種情況下你肯定會獲得榮譽勳章，又或者你捐贈附屬醫院或大學建築物，並以此贏得社會的尊重。但基本上，美國人不會因此獲得任何名稱或頭銜，但是英國政府則會硬是把你的名字加上封號。不過，不管是英國或美國的授動狀況都會讓人獲得不合理的特權與榮耀。不過，兩者之間的差別在於，美國授動者創造了附屬醫院，而英國的授動制度只會創造出許多混蛋和呆瓜而已。

我會抱怨是因為我現在正要去布萊罕宮（Blenheim Palace），也就是超級權貴家族馬爾博羅公爵（Dukes of Marlborough）豪宅，若用簽字筆書寫馬爾博羅公爵家族整整七代人的貢獻，大概花生殼表面就綽綽有餘了。有人好心送我布萊罕宮的門票與下午茶票券，因為票券快過期了，我只好匆忙地擇日參觀，順道去附近辦事。

布萊罕宮的美輪美奐絕對無庸置疑，也因此這趟參觀行程頗讓人期待。不過我不知道到底是出了什麼差錯——是因為我進錯了門、排錯隊伍還是門票有問題？總之我被安排和另外十四個看起來也很痴茫的遊客，一起參觀「布萊罕宮：不為人知的故事」展覽，一場包含了穿越七個房間的視聽系探險。一名女士給了我們簡短急促的說明後隨即離開，把我們留在小房間裡，面對一片黑暗，而自動門在一瞬間赫然關上。接下來展覽的一切都以自動方式進行。在每個房間裡，會播放預先錄製的說明，現場還有一隻或兩隻的公爵人像會以奇怪的方式移動，像是以顫抖的方式寫信，但筆完全漂浮在空中而不會接觸到紙面……我們可以在每個房間逗留兩分鐘左右，接著另一扇門就會自動打開，遊客們就會陸續移動到下個房間內。說真的，稱呼我們為獄囚似乎比較貼切。

每個房間都展示了布萊罕宮不同時期的歷史，我認為展覽的基調就是希望參觀者能肯定布萊罕宮在英國歷史上所扮演的重要地位，不過，這裡的規劃方式卻顯得零零落落。其中有兩個房間實在太玄了，完全不知道有何用意。有一個房間預計要呈現宮廷戲劇，不過卻沒有人知道到底計畫何時要完成，而另一個房間更令人感到匪夷所思，房間裡呈現了一九三九年馬爾博羅公爵的情婦卡崔蘿・凡德彼爾特（Consuelo Vanderbilt）與一位看起來來自十八世紀的僕人會面。這個設計不但讓人覺得毫無意義，也沒有任何娛樂效果。七個房間都一樣狹小、空氣不流通而且沒有多餘空間可以走動。可怕的是，遊客之中竟然有人選擇在此時偷放無聲屁。不過我倒是沒有受到太大影響，畢竟放屁者正是我本人。在瀏覽完約莫二十分鐘的視覺音效奇觀後，我們被驅趕到禮品店，禮品店的選擇讓人立刻想去布萊罕宮附近喝個茶、吃點司康或是到花園裡買點盆栽或設計師鏟子，或是搭搭小火車。總之禮品店放滿了垃圾。

我在布萊罕宮的「印度房間」預約了香檳茶。感覺很棒，畢竟這是原價三十五英鎊的免費熱茶。

之後我在附近廣場閒逛了一陣，景色華麗奪目，接著再轉往布萊罕宮外圍的沉靜小鎮烏茲塔克（Woodstock）。我曾在書寫《哈！小不列顛》一書時來到此地，當時鎮上有琳琅滿目的小商店，像是毛織手套店、男士理髮院、家庭式肉鋪、二手書店以及許許多多的古董店等。慘啊，現在這些商店早已不見蹤影，僅剩一間還不錯的書店以及很受歡迎的甜品店，這兩間店都是新開的。不過烏茲塔克最驚人的轉變應是車子。整個鎮上停了滿滿的車，所有小巷都有車流，大街上也擠得動彈不得，而大街的尾端則是直直通往布萊罕宮大門，你幾乎不可能直接步行入內。許多房屋外都貼著抗議標語，拒絕政府將於城市邊緣建造一千五百間房屋的計畫。目前，烏茲塔克已有一千三百間房屋，也因此實在看不出新建計畫的必要性，更何況政府提議將房屋建蓋在牛津綠帶區呢。該片土地所有者為布萊罕宮，據傳，布萊罕宮希望以拋售土地獲得的四千萬英鎊用作宮殿修繕。

在烏茲塔克小鎮這樣的地方建蓋大型住宅區不只會減少土地面積，更等同摧毀新市鎮原有的景觀。假使你在該鎮附近建造嶄新的超級市場與商業園區，烏茲塔克就不會是烏茲塔克了。我當然知道牛津有著嚴重的住宅缺乏問題，不過直接在開闊土地上建上一千五百間房屋，任憑當地學校、外科醫師與交通系統自行吸收膨脹一倍的人口，應該不會是明智而細緻的處理方式。或許，我們應該要求城市規劃者示範居住於新造房屋至少五年，以證明其作法的優劣。我隨便說說啦。

當晚，我留宿於烏茲塔克，隔天一早就搭著新穎的時尚巴士前往牛津。巴士的車身內外皆為靛藍色，而且乾淨程度令人歎為觀止。這就是我從博格諾往霍夫時的夢幻巴士。深藍色的巴士座椅非常柔軟舒適，並有著舒適的絨毛觸感。我坐在巴士上層，享受美景。牛津巴士很受歡迎，不過大家最愛的當然還是自家轎車。牛津的每條道路都塞滿了車輛，不管是交流道、加油站，所有的車子都以緩慢的速度前進。我是不想發火啦，但是難道沒有人像我一樣認為牛津應該保持原有的郊區樣貌嗎？

美景為牛津帶來了盛名，也帶來了災難。很多人想定居牛津，但當地根本無法負荷如此龐大的社群，不過，也不能全怪這些人啦。撇開牛津的交通問題不談，我相信牛津為全英國最進步的城市。我曾在《哈！小不列顛》一書奚落牛津，不過不是因為這裡很糟而是因為我覺得牛津應該可以更好。我認為那些歷史悠久而美麗的城市像是牛津、劍橋、巴斯與愛丁堡，有責任維持其原始風貌，但是這些年來牛津人似乎仍舊沒有想通這道理。

不過，一切都來不及了。新興大樓此起彼落地建起，有許多甚至直入天際。由於大街已經暫時封閉，禁止車流進入，因此散步變得十分享受，街上有許多頗有設計感的餐廳與商店，還有一間品質不錯的飯店。之前曾經讀過報導，牛津的艾許莫林博物館（Ashmolean Museum）花了上百萬英鎊擴充館藏，其藏品堪為全英大學博物館之首。而在地鐵站外，牛津市也展開了全新的發展計畫。在我造訪牛津的當下，他們正忙著砍伐看起來很健康的樹木，交通因此大亂，不過我相信一切只是暫時的，這一切應該都是為了提供大批湧入牛津的腳踏車手更舒適的車站大廳而起。一九九五年，當我為了寫上一本英國旅遊書而來到牛津時，似乎不斷地挖苦莫頓大學管理者旅館（Merton College Warden's Lodgings），我當時好像把旅館形容成變電箱……嗯，經過多年的修建改造，莫頓大學管理者旅館變得更為細緻、柔和。現在的旅館早已自成風景，雖然十足現代感但不失溫厚質地，並與中世紀時期的街道融為一體。莫頓大學管理者也就是慈祥的校長先生馬丁．泰勒爵士（Sir Martin Taylor），他盛情邀約我參與小型剪綵典禮。這可是敝人一生中最自豪的時刻。當我走回莫頓街上時不自覺地感到走路有風。我好好地逛了一下牛津市，時尚住宅與破爛住宅比鄰而居，我也不時會瞄一下商店櫥窗，甚至還瀏覽了博德街上頗受歡迎的連鎖巨型書店布萊克維爾（Blackwell's），不過，最主要還是毫無目的地閒晃。

當日早晨稍晚，我繞了大學公園（University Parks）一周，雖然這只是一座公園，不過因為環境太過優美，因此絕對值得冠上複數。我來到大學科學部門區域的一棟大樓前，此大樓內藏兩間博物館，一為自然史博物館，一為彼特瑞佛斯博物館（Pitt Rivers Museum）。

兩間博物館早已堪稱博物館學界翹楚，不過近年來由於館方悉心全力修繕，讓美術館更臻完美境界。我後來才知道，博物館關閉的十四個月修繕期進行了多少工作；原建築物流露出濃濃的維多利亞哥德式陰鬱壓迫感，在館方清潔、重新整修八千五百扇屋頂玻璃後，館內透進明亮和煦的日光，並得以重見天日。說實在的，煥然一新的博物館讓人恍然大悟這才是博物館的原初設計。兩博物館不僅資訊充足、富娛樂性、好玩而且立意良善，這根本就是博物館存在的最基本理由，很可惜現今多數的美術館早已不符期待。館內收藏令人讚歎，每個玻璃櫥櫃宛若自成一格的小宇宙。

此博物館官方名稱為牛津大學自然史博物館（Oxford University Museum of Natural History），建於一八六〇年。查爾斯．道奇森時常造訪博物館，並於此發想出愛麗絲故事裡的數個主角，特別是丹麥藝術家揚．薩文瑞（Jan Savery）所畫的大嘴鳥帶給他無窮靈感。道奇森似乎過著雙面生活，今天我們所記得的他是知名童書作家路易斯．卡羅，不過在牛津大學的同儕們眼裡，查爾斯．道奇森是個害羞而且會不斷口吃的數學家，著作有《平面三角學公式的行列式入門》（*An Elementary Treatise on Determinants in the Formulae of Plane Trigonometry*），並老愛打聽關於小孩子的種種。沒有任何牛津大學的同事們知道，道奇森會在工作閒暇之餘，寫下如此動人的句子：

我夢見自己走在大理石大廳
所有濕濕滑滑的東西竄來爬去
瞬間掉進牆壁的漩渦裡

道奇森與同事克里斯．喬治（Christ Church）的女兒愛麗絲．利德爾的展示櫃中放了一隻栩栩如生的大嘴鳥，不過這隻大嘴鳥僅只是個逼真的模型而非填充標本，畢竟大嘴鳥早已消失在這世界上，連標本都不可得。一七五五年當時仍存有一件大嘴鳥標本，或許為填充標本吧不確定，當時艾許莫林博物館館長嫌大嘴鳥的標本發出霉味，因此將它扔進火堆之中，果然，不是只有我們的年代會生出蠢材。館員見狀奮力一躍搶救回大嘴鳥，不過僅奪回燒焦的鳥頭與部分的腳。殘缺的鳥骸如今安存於道奇森與愛麗絲・利德爾的展示櫃中，這就是世間唯一僅存的大嘴鳥。

我從牛津大學自然史博物館內部通往以人類學為重的彼特瑞佛斯博物館，該博物館以深具美感的方式陳列民族誌物件，陳設陣列直達天花板。博物館燈光柔和，空間的運用也頗令人讚賞。此博物館的建造時間晚於自然史博物館，實際時間為一八八四年，並於近年間進行整修。博物館以富有地主奧古斯都・亨利・萊恩・福斯・彼特・瑞佛斯（Augustus Henry Lane Fox Pitt Rivers）命名，這個人也是史上最噁爛卑鄙的男人之一。他毒打自己的小孩，甚至還打罵已成年的女兒，對屬下更是惡毒不堪。有一次，他還將無處可去的八十歲老夫妻趕出自己名下的房屋，然後任憑房屋空著。當他知道妻子為當地居民籌辦了聖誕派對時，他將所有城門鎖上，以防任何人入城。不過，他是個具足實力的學者，也收藏了許多昂貴名品，日後更將收藏品盡數捐贈給牛津大學。彼特瑞佛斯人類學博物館堪稱全世界最優秀的博物館之一。

原本我只想小逛一下兩間博物館，但沒想到足足花了三小時都還看不完想看的收藏品。兩間博物館不但超級有趣，而且也提供了有用的資訊。牛津大學自然史博物館二樓過道一系列的展示櫃裡收藏了幾乎棲息在英國的所有鳥類的填充標本，每個展示櫃都以特定棲地作為主題——草地、樹林、沿海地帶與農地，因此你可以近距離觀賞鳥類標本，並對照牠們所生活的自然環境，知道自己會在哪裡遇見牠們。鳥類標本旁都會加註該種鳥類在英國的總數變化表（多數鳥類以令人擔憂的速度急速消失）。我在短短的時間內就輕鬆獲得龐大的資訊量。以前我一直懷疑英國黑鳥們之間的差別——禿鼻鴉、烏鴉和渡鴉等，現在牠們一字排開在我眼前。雖然，我現在早已忘得一乾二淨（本人已六十三歲），不過在我知道這些訊息的瞬間，真的非常興奮滿足。博物館的小咖啡館也值得一訪。

從博物館返回地表後，我選擇步行到伊佛萊（Iffley）為這美好的一天收尾。最近剛好讀了女英雄坎迪達·萊西特·格倫（Candida Lycett Green）撰寫的《不列顛毀滅之前》（*Unwrecked Britain*），她曾說伊佛萊是全英國裡她最喜愛的地方之一，所以我想晃過去看看也無妨，或許會頗有收穫吧。沒想到行經伊佛萊路時帶來了意外的收穫，讓我終於見到了多年來一直感到好奇的地方，那就是一九五四年春天羅傑·班尼斯特（Roger Bannister）創下全世界首次在四分鐘內跑完一哩路紀錄的跑道。

他的故事還滿精彩的。班尼斯特為倫敦市執業的年輕醫師。他沒有請私人教練或任何助理，每天只進行約半小時的訓練。比賽當日，他先前往診所工作，再搭火車從倫敦一路向北，抵達賽場。他走到牛津北部的朋友家，距離車站約三·二公里路，吃了份火腿沙拉當午餐，約莫傍晚時再搭便車前往賽場。不管從哪方面看來，這都不像是會締造出世界紀錄的情況啊。賽場跑道表面鋪滿了灰，相當不適於跑步。當時，班尼斯特已經缺賽近八個月。在班尼斯特參賽前不久，運動員可依賽場緯度進行跑程調節，以求獲得最佳狀況。十六年前，當英國跑者席德尼・伍德森（Sydney Wooderson）創下以四分鐘又六秒跑完一・六公里的世界紀錄時，當時的另一個跑者獲得二二九公尺的領先跑程，以作彌補。不過，當班尼斯特參賽時，此項規定已被取消。基本上來講，班尼斯特沒有享受任何特權。

班尼斯特以靠著自己突破人體極限的方式破了世界紀錄。他衝破終點線後陷入癱軟狀態的照片，成了我童年時期最印象深刻的英雄畫面。除了攝影師、幾位官員以外，幾乎沒有多少人親眼目睹比賽。他以三分五十九・四秒的時間創下世界紀錄。當他抵達終點時，幾乎「失去了意識」，他在自傳中如此描述。

我站在其後被稱為羅傑・班尼斯特爵士賽道的跑場前，除了周圍已經現代化並架起了圍籬讓你無法靠得太近窺得全貌以外，這裡幾乎沒什麼改變。此時距離班尼斯特偉大賽程的當下已經過了將近六十年，即便不是六十年前的今天，至少也是六十年前的某個春天。直到今日幾乎沒有人記得就在班尼斯特破紀錄的短短幾個星期後，澳洲運動員約翰・藍迪（John Randy）就在芬蘭刷新了紀錄。

伊佛萊路交通繁忙，也不是特別舒服，而且越走越讓我懷疑是否根本不該走來這裡。不過當我在岔路任意選擇了伊佛萊彎道（Iffley Turn）繼續前行時，發現自己一轉眼已置身在美妙近似卡斯特沃德（Cotswold）的地方。伊佛萊鎮沿著大路而生，沿途盡是鄉村小屋、幾間酒吧、古老的石造教堂以及方塔。聖瑪麗教堂建於十二世紀晚期，並於一二三二年至一二四一年間成為著名的女隱士安諾拉（Annora）的隱居之所，安諾拉住在教堂側邊的單人小室內，並透過教堂牆壁切穿的窗戶聆聽告解。所謂的女隱士意味著志願性質的囚犯。安諾拉不能離開牢房，不過她可以透過窗口與訪客交談，並有一名僕佣負責照料她的起居，因此生活倒也不算太過艱苦。不過，此時此刻安諾拉的單人小室早已消失無蹤。

此外，我還要感謝坎迪達・萊西特・格倫讓我因此認識了對伊佛萊瞭若指掌的詩人凱斯・道格拉斯（Keith Douglas），他的愛人正巧住在此鎮。第二次世界大戰期間，道格拉斯寫下了如此動人心弦的詩句給情人：

吹吹口哨我就會聽見
並在傍晚坐著小船而來
隨你返回伊佛萊；
當你又躺著仰望閃電，
驟冷的線條不是雨絲，
而是我的靈魂前來輕輕親吻你的唇。

道格拉斯於一九九四年諾曼第登陸前不久於貝葉附近的聖比爾（Saint-Pierre）身亡，他和無數的年輕士兵們一起埋葬在軍人公墓，享年二十四歲。

我沿著河流走回牛津，怎麼沒有誰的靈魂前來親吻我的唇？

II

隔天一早，我在艾許莫林博物館前等候開門。艾許莫林博物館也算是最優秀的博物館之一，並於近年進行了空前未有的大整修，總預算高達六千一百萬英鎊。博物館外觀和大英博物館一樣，仍舊保有莊嚴肅穆之感。不過在冷硬的主建築外，增建了線條俐落並且十分融入四周環境的新建築，大幅擴充了展覽空間。每個展覽空間都以十分柔和的燈光襯托出光彩奪目的館藏。

艾許莫林博物館建於一六八三年，為全歐洲最古老的公共美術館。博物館以愛利亞斯．艾許莫林（Elias Ashmole）命名，但主要館藏則來自特萊德斯肯特（Tradescant）家族。艾許莫林憑空繼承大筆收藏物，不過至少他腦袋清醒，以有條件的方式將藏品捐贈給牛津市，條款要求對方以艾許莫林作為博物館名稱，並確保收藏品得到完善的照顧。十九世紀時，艾許莫林博物館將其自然史相關藏品轉賣，並選擇以藝術與考古學作為今後的展覽收藏方向。艾許莫林博物館絕對是我所見過最精彩的博物館之一。我花了將近一小時觀賞其中一個展區的古典時期雕塑，其中還包括了阿倫德爾

（Arundel）的作品。說實在的，我對雕塑沒有特別研究，不過展覽詳細解說了館方如何四處蒐集雕塑品以及進行修復的故事，我像是閱讀小說一樣忘神地走過一個又一個的展覽區域，並開始對展示的雕塑品產生濃濃興趣。等我回神時，已經過了整整一個小時了。

一八八四年亞瑟．伊文斯爵士（Sir Arthur Evans）成為艾許莫林博物館的指定管理者，並將荒涼多年的博物館予以整修，伊文斯爵士應該是近代以來與艾許莫林博物館關聯最深的人之一。伊文斯爵士照料博物館近二十四年之久，不過在一九〇〇年時，當時四十二歲的他前往克里特島（Crete）旅行並參訪了克諾索斯皇宮（Palace of Knossos），認識與皇宮息息相關的米諾斯古文明（Minoan civilization）。他在克諾索斯發現了數百個黏土碑板，其上以兩種神祕文字篆刻，伊文斯爵士稱之為線性文字A與線性文字B。許多人曾經嘗試進行解密，但卻徒勞無功。一九三二年時，伊文斯爵士認識了個男學生麥可．凡特理斯（Michael Ventris），並給他看了數個黏土碑板。凡特理斯從此一頭栽入其中世界，不管是學生時代或者後來成為年輕建築師以後，凡特理斯利用所有的空閒時間，鑽研這些黏土碑板。一九五二年，在他第一次遇見黏土碑板的二十年後，他宣布已將線性文字B破解成功。凡特理斯的成就絕對不可多得，請記得，凡特理斯從未學習過密碼學，也不了解古文明語言，此外，他還有一份正職工作。不久後，他在某日深夜高速駕車撞上停在巴奈特道路附近停放的卡車後方。當時他三十四歲，並且沒有任何自殺的原因。至今為止，線性文字A仍舊未被解密。

艾許莫林博物館展示了部分的線性文字B的黏土碑板，並詳實解釋破譯方法，以及米諾斯古文明的種種。我花了將近一小時的時間觀賞米諾斯古文明展示櫃，後來才驚覺假使我以這樣的速度逛博物館，恐怕到死前都看不完，我立刻加快腳步。不過，儘管腳步匆匆，我仍然花了三小時才逛完博物館。這地方真的是難以言盡的美好。

之後，我感覺自己需要透透氣，並決定散步到城市西側外圍山丘上的威特罕樹林（Wytham Woods）。威特罕樹林或許是全世界被研究得最透徹的樹林。一九四二年，該樹林被捐贈給當地大學，並用作植物學、環境學以及動物學等各式各樣的用途。一九四七年，學院開始於樹林進行鳥類數量之研究，此項研究成為全世界耗時最長的生物學研究，而其他部分的樹林則被用作蝙蝠、鹿、昆蟲、樹木、苔蘚、齧齒類動物以及所有可以於此溫度、氣候生存之動物的研究。

威特罕樹林離牛津市中心約五、六公里路，不過若選擇步行，則會花上比想像中更多的時間，畢竟你得穿越泰晤士河，還要通過非常繁忙的Ａ３４西向道路，兩者對行人而言都相當危險不便。我想，最容易的路徑應該就是取道波特草甸土原（Port Meadow），河流旁的大片水鄉澤國，不過我卻怎麼找也找不著。有時我走在波特草甸土原附近的住宅區馬路，有時走在也頗類似自然保育區的地方，不過那絕對不是波特草甸上原，有時又走在隨處可見的沼澤區，最後，才終於走到波特草甸土原，不過我好像身在草原最偏遠最少遊客抵達的區域。我行走的步道穿越了許多野馬奔騰的草場，牠們飛馳的速度讓我提心吊膽。我又再此想起動物踩踏致死的事件，因此飛快地移動腳步，不過好險牠們完全對我的存在無動於衷。

離開草原區後，我發現自己人在沃爾佛考特（Wolvercote），這完全出乎意料，接下來我沿著道路而行，希望能抵達威特罕鎮，那裡正是樹林的中心。沿途風景還不錯，我經過了至少出現在《摩斯》（*Morse*）影集裡一千次的鱒魚旅館（Trout Inn），還看到古德斯托修道院（Godstow Abbey）遺跡。

威特罕鎮是個可愛的小地方，有酒吧、小商店和教堂，除此之外就沒有太多可看的了。不過，我想這小鎮最缺的應該還是指向威特罕樹林的指標吧。我走在一條不知名小路上，小路尾端掛著警告標示：「私人土地。禁止通行。私人馬路。禁止交通。私人道路──配有通行證的車輛才得進入。」英國陸軍測量局地圖顯示樹林附近應有步道，不過誰找得到啊？放眼望去沒有任何指標，也沒有活人可問。

路旁有個指標指向草原區服務處，這聽起來很不錯，不過當我步行八百公尺趕到現場時，那裡根本沒有服務處也沒有步道。而且，從這裡望去，山丘上的威特罕樹林看起來比剛剛還遠。我已經走了好久，而且還得趕回牛津市，所以不可能會想再走個二．三公里山路前往樹林，或許兩、三個小時前還有那意願吧。這就是步行的難處，你願意花時間與體力趕到目的地，但往往沒有足夠的時間返回原處。

我設法找到回威特罕鎮的小路。那間商店已經關門，而且我完全找不到任何人可以問路。我看了一下附近的看板，該城鎮所有者為牛津大學，所有的居民都與大學有著租貸關係，我覺得這一切看起來似乎沒有很友善。後來，我問了住在牛津的朋友，他解釋威特罕鎮其實並沒有對外開放。雖然他們不會用電擊棒伺候你，那是加州人的專利，不過他們也沒有歡迎任何人前往小鎮作客。我開始想，如果他們真的在小鎮進行嚴密的研究的話，那確實最好不要讓人帶著狗或騎著登山腳踏車進去閒晃，我想我不得不原諒這些科學家們。

而且，現在也五點半，可以準備喝調酒了，我走回沃爾佛考特鱒魚旅館喝酒，然後搭巴士回牛津，這樣也很開心啊。

Chapter 17

The Midlands

米德蘭茲郡

我第一次到伯明罕時非常震撼，全世界有任何城市是刻意讓自己看起來很醜陋的嗎？我的老家是滿醜的，不過那也都是意外造成的。但是伯明罕是爲醜陋而生，這話一點也不誇張。內環道路、陰暗潮濕的行人地下道、巨型交流道以及恐怖至極的高樓大廈區，簡單來講，伯明罕是全天下最醜陋的地方。

I ◆

我最近買了臺新筆電，裡面裝了一套微軟蓋世太保軟體——他們會不分晝夜地問要不要灌新軟體。我不知道這軟體是幹麼用的，而且為什麼不在出廠前灌好軟體，卻要這樣騷擾別人。每次開機時，就會收到這樣的訊息：「電腦已準備好進行更新。你想要現在進行更新嗎？（我們建議你選擇現在更新。）或是希望我們之後每隔十五秒提醒你一次？」

一開始我選擇更新，不過更新時間實在太長了，而且我懷疑這究竟會有什麼好處，總是忍不住重新開機，切斷剛剛進行的動作。真的，我建議你絕對不要這樣做。開機後我收到另一則訊息：「重新進行軟體更新。不准再像剛剛那樣重新開機。記得，我們知道你三月十日花了整個下午看芭黎絲·希爾頓（Paris Hilton）的性愛影片。我們會通知你太太。別想跟微軟作對。下載會在十四個小時之後完成。」

我坐在從倫敦開往伯明罕的火車上，筆電突然在此時要求進行軟體更新，我只能咬牙接受並放棄手邊正在進行的工作。我開始打量和我分享同一張小桌子的三個男人，他們穿得一副要去上班的模樣，不過根本是在偷懶。坐在我旁邊的男子正在看電影，我猜他老闆應該不知道他在這打混還看那麼爛的電影，這是我的推測啦，電影不斷地傳來爆破和連恩·尼遜（Liam Neeson）的聲音。坐在我正前方的兩名男子則把手機當作隨身《聖經》一樣使用，緊盯著螢幕看。幾乎所有的乘客都正用手指快速地在手機上滑動。有兩個年輕男子大概不太會運用拇指吧，只能戴著耳機昏昏睡去。另外有一個男人正在看筆電與文件，這是唯一看起來有人付錢請他工作的人。

我會這樣碎碎唸的原因是因為英國政府希望用 HS2 高速鐵路取代火車，以此刺激國家經濟狀況。政府官員認為，如果所有乘客都能提早二十分鐘抵達伯明罕，應能提高產能，而當所有乘客都多了二十分鐘的工作時間時，應能為本國總體經濟帶來龐大好處。我有點看衰這種想法，如果給每個人多餘的二十分鐘的話，應該所有人都會走去買杯咖啡吧。應該每個人都會這麼做，不然二十分鐘你還能幹麼？

HS2反對者則認為高鐵一點用處都沒有，因為所有往來伯明罕的乘客都會在火車上工作。不過，我看了下四周的這些老兄，他們沒在工作啊。事實上，我很懷疑他們到底還有沒有工作咧。

不久之前，我和太太在倫敦富勒罕街（Fulham Road）訂了一套沙發，我們在五月國定假日（May Day bank holiday）[28]前從漢普郡跑到倫敦處理相關的文件作業。當我們到達家飾店門前時，發現有另外三對夫妻正站在門口前。大門深鎖，店裡一片闃黑。當時是週六早晨十點，距離公告的營業時間已經過了半小時。我們幾個人不停輪流趴在玻璃窗上觀看動靜，看看自己會不會發現什麼其他人沒注意到的地方。門口沒有張貼任何休息告示，有人用大拇指滑滑智慧型手機並回報說網站並沒有今日休息的訊息。有個男人按了電鈴，我們聽見店內傳來回音，不過很明顯地沒有任何店員前來應門。過了二十至二十五分鐘以後，我們全軍覆沒，紛紛放棄離開現場。三天後，出於好奇，我打給家飾店，想搞清楚是怎麼一回事。

「嗯哼，」一位女士用很時尚的口氣說道，「因為那天是國定假日啊。」

「不是，星期六怎麼會是國定假日。星期一才是國定假日啊。」

「嗯哼，我們那週末沒開。」

「但你們的窗口或網站都沒有告示啊。你們讓我們一群人像傻蛋似地站在那裡。」

「嗯哼，」她口氣好像是我的觀點很有趣，但這對話早已不重要了，我突然覺得她好像正在剪指甲或讀報紙。

「哼，妳知道嗎，妳根本就是無法無天無腦的垃圾。」我說。好啦，我根本沒這樣講。本人只是純幻想。相反地，我用英國佬擅長的哭腔低沉抱怨後掛掉電話。通常，你只能選擇放棄溝通或是搬到別的國家。

英國實在太奇怪了。大不列顛可是全世界第六大經濟體，不過，據我所知，英國早就不生產任何東西了。懷特布萊德（Whitbread）已經不釀啤酒。泰特利樂（Tate & Lyle）也沒在精製糖了。在英國所有的大型企業體裡面，僅僅五間公司為製造業。由於工業萎縮，因此《金融時報》（*Financial Times*）後來決定把「金融時報工業指數」的工業兩字移除，該指數與企業體表現良莠與否息息相關。在我小時候，英國生產量占全世界生產量的四分之一（不過這生產量與小布萊森完全沒有任何關係。）不過如今，英國的生產量已衰退到僅占全世界生產總量約百分之二．九左右，並且持續衰退。現在啊，我想，英國應該只負責生產勞斯萊斯（Rolls-Royce）飛機引擎以及小小罐的橘子醬吧。

幾乎所有的企業都為外資所有。漢姆利玩具店、格蘭傑（Glenmorangie）威士忌、橘子（Orange）

28——英國五月第一個星期一的假日。

手機公司、范森（Fisons）藥廠、EDF電力公司為法資企業。E.ON與Npower為德資企業。蘇格蘭電力（Scottish Power）為西班牙企業所有。麥維他消化餅（McVitie's）、佳發蛋糕（Jaffa Cakes）與呼拉圈餅乾（Hula Hoops）的製造商聯合餅乾（United Biscuits）為美法私募企業集團PAI所擁有，不過不久前中國企業似乎有意收購此公司。捷豹（Jaguar）、藍圈水泥、英國鋼鐵（British Steel）、哈洛德百貨公司（Harrods）、貝斯（Bass）釀酒廠、大部分的主要機場、重要的足球隊以及我的書商都是外資企業。英國大型企業總裁約有半數以上為外國人。

惠普（HP）與爹底（Daddies）番茄醬於荷蘭製造。史馬提巧克力豆（Smarties）於德國製造。來禮（Raleigh）為丹麥製腳踏車。二〇一〇年，經營失敗後由英國政府接手的蘇格蘭皇家銀行（RBS）貸款給美國食品集團卡夫食品（Kraft），用以購買英國歷史悠久的巧克力製造公司吉百利（Cadbury's）。當時卡夫食品承諾會在布里斯托附近開設吉百利工廠，結果根本是虛晃一招。當借貸事宜處理完畢後，卡夫食品就把巧克力工廠關閉，並將所有機械送往波蘭。

這些都不是小事。以前，人們總是驕傲英國的產品可以銷往全世界，不過現在英國連能否自給自足都成了問題。如果你將企業體賣給外資，那意味著住在其他國家的人決定了你吃什麼樣的餅乾、決定怎麼調配你的醬料，你開戶的銀行不會再有像「不列顛尼亞」（Britannia）或「哈利法克斯」（Halifax）等具有意義的名字，而是以某個沒人去過或是有百分之四十失業率的西班牙城市命名。

不過英國還是活下來了，這真是巨大的奇蹟。英國人怎麼辦到的？我真的無解。我只能說，這跟有沒有在火車上工作毫無關係。

ＨＳ２高速鐵路讓人百思不解。我覺得這些人根本瘋了，你必須退好幾步才能思考目前狀況。首先是預估成本的問題。一開始提案時預估造價為一百七十億英鎊，我記得最後一次看到相關報導時，已經漲到四百二十億英鎊。我相信目前的預估造價絕對更高，大型計畫金額的膨脹速度總是快到讓人來不及記得。關於大型建案的一切往往訴諸模糊。英法海底隧道造價超過原先估算金額的兩倍，而載客量則不到原本估計數量的一半。二〇〇六年時，第一代ＨＳ１高速鐵路的營運方信心滿滿地公布預估載客量為兩千五百萬人次，結果從頭到尾連目標的一半都無法達成。我也從來沒聽過有任何人認為ＨＳ１高速鐵路為阿什福德（Ashford）和艾貝斯費特（Ebbsfleet）兩城鎮帶來任何經濟效益。

不管ＨＳ２高速鐵路最終造價多寡，與其將這筆錢用在讓人們快速抵達伯明罕，遠不如將之運用在其他更有社會意義的事情上。此外，別忘了高速鐵路將會摧毀英國鄉村。說真的，所謂的高鐵，有任何可以吸引人的地方嗎？不過就是讓火車快速通過的鐵軌罷了。但它將製造永恆的強烈噪音，並以明顯可見的方式在地表留下傷疤，進而摧毀英式古典鄉村景色。高鐵的建造期將破壞並影響數以萬計人們的日常生活。如果高鐵會帶來真正的成效也就算了，但通往伯明罕的高鐵一聽就讓人興趣缺缺。說實話，開往伯明罕的火車快車就綽綽有餘了。

更特別的是，HS2高速鐵路的停靠點完全不是多數旅客想去的地方。來自北部並希望前往希斯洛的旅客必須拉著大包小包的行李在老橡樹公地（Old Oak Common）換車，並搭上僅僅行駛十九公里路的火車。如果想去蓋特威克（Gatwick）更是困難重重。如果乘客希望搭上歐洲列車，那就必須先在尤斯頓換車，沿著尤斯頓路走八百公尺路到聖潘克拉斯車站（St Pancras）。竟然還有人提議可以在這段路上加裝自動人行步道。你可以想像乘坐八百公尺長的自動人行步道嗎？我真的想把提議者好好地鞭打一頓。

我的想法是，為什麼不保留原本的火車，但是將內裝改造得更為舒適、優雅，讓乘客不想下車呢？這樣，乘客們可以望著快速飛掠而過的醫院、學校、球場以及不用砸數百萬英鎊就可以享有的鄉村美景。或者，我們也可以換上蒸汽火車頭，讓志工負責營運伯明罕火車，那樣子的話全英國的人都會跑來一探究竟。

如果還有多餘預算的話，那不如加裝不會讓廁所排泄物直接掉落在鐵軌上的馬桶吧，這樣當我坐在劍橋或牛津站鬱悶地吃著史密斯書店（WHSmith）的三明治時，不會看到黑鳥們飛撲至眼前啄食軌道上的人類排泄物與衛生紙。拜託，難道吞嚥史密斯書店的三明治還不夠困難嗎？

上一次來伯明罕是二〇〇八年應英國鄉村保護委員會要求，前往三黨大會尋求對「反扔棄垃圾運動」的支持。當時的情況超怪。我先到伯恩茅斯與幾位自由民主黨代表碰面，與會成員真的少到不行，我猜就算我們一起走進飯店電梯內，都還放得進一輛三明治推車吧。然而，當時的自由民主黨根本完全岔題（我想他們取這黨名是有深意的），所以進展也不大。

接著我到曼徹斯特與工黨議員共進早餐，不過，根本沒人出現，坦白說，連一個人都沒有，除了打包了很多甜甜圈回家以外，整趟旅程真的奇慘無比。

所以，最後只剩下與保守黨在伯明罕的碰面了。保守黨為我在大會上安排了一個時段，這聽起來稍微比其他兩黨好一點。我不但可以展現對保守黨的偏好，還可以透過電視對廣大觀眾侃侃而談。大會當天我趕赴伯明罕市中心的會議廳，撲了滿臉的粉並站在側臺等待。當主持人介紹我時，我聽到了此生所聽過最淒慘稀疏的掌聲。大廳裡大概只有三十人，其中有六名很明顯地在睡覺，其他的好像都已往生。我忍不住想這樣開場：「請問我們要開始演講還是先等屍袋送過來？」我講完後，抱著匆擾亡者的心情悄悄離開。後來我才知道，政黨大會差不多就是這德性。唯有黨主席出現時，人們才會積極參與。

之後，我沿著維多利亞廣場（Victoria Square）和新街（New Street）走回車站，這裡散步起來非常舒服。我不敢相信原來伯明罕這麼進步。當時我想，下次一定要回來好好看看，我想，那就是今天了。

我第一次到伯明罕時非常震撼，全世界有任何城市是刻意讓自己看起來很醜陋的嗎？我的老家是滿醜的，不過那也都是意外造成的。但是伯明罕是為醜陋而生，這話一點也不誇張。問題的根源在一九三五年至一九六三年間負責進行城市計畫的工程師赫伯特・曼佐尼爵士（Sir Herbert Manzoni），他認為老建築「只有感性意義而毫無價值」，並且希望打造全新的伯明罕。他在伯明罕蓋了內環道路、陰暗潮濕的行人地下道、巨型交流道以及恐怖至極的高樓大廈區，簡單來講，伯明罕是全天下最醜陋的地方。

伯明罕博物館和美術館（Birmingham Museum and Art Gallery）裡有一間展區特別為曼佐尼而設，以此呈現他的不凡視野。展區內有市政廳提案時期的巨大模型，名稱差不多類似坎培拉納粹紐倫堡式建築群。模型前方牆上掛著精細繪製的草圖，如公園般延伸的高速公路切穿整個城市，城市兩側邊緣則是高聳的公共住宅區，城市裡綠意盎然。大體上來講，曼佐尼的規劃看起來還滿令人期待的。不過問題是，絕大多數的提案都沒有落實，而實際落實的部分則是迅速凋零。短短二十五年內，約有兩百棟市政大樓發現嚴重的結構問題，並因此拆除避險。

曼佐尼幾乎將伯明罕最好的建築物都拆掉了，伯明罕博物館和美術館則是幸運地躲過災難。博物館建築物本身相當優美，幾乎每間展區都存有絕美的珍藏品，以及全英國最優秀的前拉斐爾派藝術作品。館內甚至收有近日發現的斯塔福德郡寶藏（Staffordshire Hoard），以及二〇〇九年利奇菲爾德（Lichfield）農場底下二・五公分深之處所埋藏的盎格魯薩克遜寶藏。館內的咖啡廳也是全宇宙最頂級的。我花了幾個小時愉快地漫遊在不同展區間，之後又到伯明罕市區逛逛，並為城市的改變深受感動。

伯明罕確實耗費極大心血才往前邁進了一大步，不過，好景恐怕不長，該城未來令人擔憂。就在我離開此處不久後，市政府決定樽節財政並大幅刪減預算。伯明罕政府計畫裁減三分之二的市府員工。二〇一三年耗資一億八千九百萬建造而成的中央圖書館，將開館時間從每週七十三小時調整至四十小時。以整體城市而言，有多座足球場與遊樂場將會關閉。城市監視器將會縮短錄影時間。伯明罕並不打算成為更綠化、更乾淨、更令人心情愉悅的城市，相反的，它想成為更陰鬱、更髒又更危險的地方。我還是比較喜歡有視野的城市。

伯明罕市政府計畫透過上述種種方式於四年內樽節近三億三千八百萬英鎊，這聽起來是一筆頗大而且急迫的數目沒錯，不過那等同於為全伯明罕市民每人每週多掙了一．四英鎊而已。我頗好奇這些伯明罕幸運兒們要怎麼樣花費那每週多出來的一．四英鎊。或許可以拿去在那加快二十分鐘的高鐵上大肆消費一番吧。

感謝伯明罕市政府，你讓我們大家更有錢了啊。

II

我出發至什羅普郡（Shropshire）的鐵橋谷（Ironbridge），後者顯然很滿意自己的鐵橋，並以此為名。不過，鐵橋結構確實很精細，並且是全世界第一座鐵橋，甚至可以說是第一座鐵製建築體。

多虧亞伯拉罕．達比（Abraham Darby）家族三代的心血，才發展了得以建製鐵橋的煉鐵工業。第一代亞伯拉罕．達比為貴格會商人，一七〇六年時，他來到後來稱為鐵橋谷的寇布魯克岱爾（Coalbrookdale），計畫製作更好的鐵鍋，他用木炭取代焦炭煉鐵，以此提高溫度與煉鐵質量。亞伯拉罕．達比二世與三世則擴展企業，建蓋了火力十足並可供大量煉鐵的熔爐，成為英國工業革命推手。亞伯拉罕．達比三世建蓋了鐵橋，展示其企業的技術與可靠度。達比一家不但讓全世界進入鋼鐵時代，還示範了如何操作市場行銷。

亞伯拉罕．達比三世邀請湯瑪斯．普利奇爾德（Thomas Pritchard）擔任設計師，這實在是個很不尋常的決定。普利奇爾德並沒有任何建築或工程專業訓練背景。他本身職業為木藝師傅，後來開發了一些概念性作品。他設計並施作了幾間教堂與一座橋梁，不過規模都很小，而且為木造建物。他從未使用煉鐵製作永久性建築物，不過，當時全世界也沒有任何人有經驗啦。普利奇爾德確實跌破大家眼鏡，事實上，他創造了全世界最壯觀的景致之一。鐵橋優雅、具備繁複細節，但卻同時具有高度的實用價值。鐵橋的每一個部分都有其功能，又令人百看不厭。真的，我現在就站在鐵橋面前，根本捨不得把眼光移開。我想，所有人都會忍不住想要來橋上走走，試著從不同角度欣賞橋身。簡言之，鐵橋散發出眾所震懾的耀眼光芒。可惜的是，普利奇爾德從未親眼見到鐵橋完工。普利奇爾德於一七七七年聖誕節前兩天驟然去世，當時開工近四年的鐵橋預計於一個月後完工。普利奇爾德享年五十四歲。

鐵橋谷鎮極度優美寧靜，城鎮座落於鐵橋正對面樹林密布的陡峭山坡上，下方則是賽文河（River Severn）。雖然今日此地確實是觀光景點，不過城鎮美景實在是超過預期太多太多。鐵橋谷鎮的商店非常有趣，也算精緻，咖啡館與旅館看上去也頗有水準。我喝了一杯非常不錯的咖啡（當然更感謝對方還送我一塊免費的比司吉小麵包），接著就散步逛逛瀏覽商店櫥窗。要不是布萊森太太已經添購了各式各樣的沙發枕頭與毛毯，我也會想好好地採購一下，不過，我已經夠常在家裡的一堆抱枕與毛毯下發現整組沙發或床墊了。城鎮下方有個叫做白心旅館（White Hart Inn）的酒吧，酒吧前的小黑板溫馨地寫著：如果你只想借用廁所，請進，別擔心要消費什麼的。這告示也太貼心了吧，超級可愛，我當下立刻覺得鐵橋谷和白心旅館絕對是什羅普郡最美的風景之一。

如果沿著鐵橋往城鎮走約一．六公里路，就會碰見達比家族的火爐，也就是工業革命的發源地。原本如煉獄般駭人的火爐區，如今搖身成為風景區，老建築受到妥善照料，而巨大磚造工廠則改設為博物館。博物館入場券為九．二五英鎊，我拿到了一英鎊的折扣，心滿意足，我想，這證明我夠老了吧。後來我還很開心地發現門票還可以連帶參觀「達比之屋」，雖說也不知道那房子究竟位在何方。不過館員建議我先到達比之屋看看，因為剛剛才有一整車的小朋友進場，這些小學生恐怕會在博物館內盡情地奔跑二十或三十分鐘，直到老師扯開喉嚨大吼為止，接著再被趕到休息區域吃午餐便當。

我向館員道謝後，穿越草皮，直達達比之屋，兩建築間距離不到幾百公尺。達比之屋住宅群建於十八世紀，屋主可以從宅院窗戶觀望工廠狀態。屋子的狀態保存得不錯，遊客可以輕易地想像達比一家人的生活，不過這裡再也沒有熏人黑煙或地震，畢竟工廠早已停止運作。屋內臥室的桌上放了導覽書，亞瑟・瑞斯特克（Arthur Raistrick）所著《貴格會在科學與工業領域的發展》（*Quakers in Science and Industry*），我把書拿到旁邊，結果竟然太過投入地讀了半小時之久。出乎我的意料，貴格會在達比家族的年代為深受打壓與欺凌的弱勢團體。貴格會成員因為從政和謀求教職的不順，因此轉而投入工商界發展，並開始擴張勢力，最後在銀行界與巧克力製造業方面展露頭角。巴克萊與勞埃德（Lloyds）兩家族銀行皆為貴格會成員所有，而知名的吉百利、傅萊斯（Frys）與羅恩斯（Rowntrees）巧克力也都出於貴格會家族之手。顯然，貴格會成員們為英國帶來更多的財富與視野，而這一切竟然得感謝最初的霸凌。以前我從來沒想過要排斥貴格會成員，不過如果這樣會讓英國更欣欣向榮的話，我是滿樂意的。

達比之屋與博物館間就是老煤爐（Old Furnace），眾所皆知的工業革命的發源地。其實到了一九五〇年代左右，達比家族的重要性早就被全世界給遺忘了。老煤爐在幾個世代的荒廢下，深埋在土塊與碎石間，當時人們得用掃把與鏟子深掘一陣，才讓老煤爐重見天日。現在的老煤爐不一樣了。老煤爐外圍架起了玻璃時尚結構，內部則有志工導覽民眾相關知識，這裡成了深受重視的歷史景點，不過對我而言，老煤爐看起來就是個老舊煤爐啊。我想偷聽志工的講解因此裝出對他身旁的物件抱持著濃厚興趣的樣子，不過志工的科技知識實在太過淵博，讓人宣告放棄。

由於猜想自己的科技知識不足以了解鋼鐵業歷史，我逕自走遍相關展區，在那裡我獲得不少關於濕式製程、乾式製程、鑄鐵與柏思麥（Bessemer）煉鋼法的訊息，不過一切根本是左耳進右耳出，如呼吸般地自然消失在空氣之中。雖然一無所獲，但我卻感到被滌淨了身心。博物館藏有許多鑄鐵製品——餐桌椅、花園家具、裝飾性桌子、鍋子、廚具甚至碗具。看起來巧奪天工。

參觀了一切後，我到男廁完成我的濕式製程[29]。接著走回巴士站，等待一輛能帶我回二十一世紀的巴士。

29——指到廁所撒泡尿，為了呼應前文，作者故意以鋼鐵製造術語表示。

Chapter 18

It's So Bracing!

心情好！

這裡看起來就像是最普通的英式濱海小鎮，霓虹燈四處閃耀、吵鬧的電動遊戲機臺和噁心的棉花糖味道伴隨著雨水味濃濃地朝我鼻腔襲來。放眼望去所有人都躲在門廊或雨棚下。有少數人在吃著炸魚薯條，而多數人則是站著呆望濕冷陰沉的斯凱格內斯。這哪裡讓人心情好啊。

◆

I

所有人都知道，「斯凱格內斯（Skegness）就是讓人心情好。」這句話來自一九〇八年約翰・海賽爾（John Hassall）繪製的海報。海報上一個俏皮、發福的漁民蹦蹦跳跳地走過海灘，下方寫著：「斯凱格內斯就是讓人心情好。」畫中人物為橋利漁夫（Jolly Fisherman），海賽爾的設計很有特色，不過我覺得最特別的是畫面中沒有陽光、嬉鬧的泳客、騎驢小童、帆布摺椅或其他常見的海灘遊樂設施。橋利漁夫精心地打扮自己，天氣卻看起來糟透了，而且他連個朋友都沒有。不過這短短幾個字讓斯凱格內斯聲名大噪，無數的人因此造訪此地沙灘。這海報讓海賽爾賺了十二畿尼（guinea）。海報原稿掛在斯凱格內斯市政廳。如果可以的話我會滿想看看的，不過剛好市政廳週末休息，因此作罷。

這週末太慘了，陰陰慘慘，完全沒有夏日氣氛。我從漢普郡開來斯凱格內斯，沿途都是水窪、泥濘，雨刷規律地啪啪作響讓我昏昏欲睡，疲勞駕駛到一個極致的時候我開始幻想跳出窗外飛越馬路邊的水溝，看看自己能不能完美降落在馬鈴薯田。我猜我可能會死吧，不過繼續開到斯凱格內斯也不會好到哪裡去。林肯郡還在老遠的地方，而斯凱格內斯也是半斤八兩地遠。

當我抵達斯凱格內斯後立刻到民宿報到，丟下包包，出門一探究竟。我一邊縮頭淋著雨，一邊四處張望。斯凱格內斯看起來滿正常的，我相信只要南遷個數百公尺就可以解決唯一的氣候問題。這裡看起來就像是最普通的英式濱海小鎮，霓虹燈四處閃耀、吵鬧的電動遊戲機臺和噁心的棉花糖味道伴隨著雨水味濃濃地朝我鼻腔襲來。濱海區主視覺是一棟可愛的鐘塔，附近還有座風景宜人的鐘塔公園（Tower Gardens）。放眼望去所有人都躲在門廊或雨棚下。有少數人在吃著炸魚薯條，而多數人則是站著呆望濕冷陰沉的斯凱格內斯。這哪裡讓人心情好啊。

我在主要大街洛利路（Lumley Road）來回走動。路的一端是間叫艾莉森的老派商店，你可以在這大肆採購以前阿婆們會穿的衣服，再過去的慈善服飾店賣的也是阿婆阿公的最愛。接著是一間名叫驚喜（Stumble Inn）的酒吧。外頭的男人看起來讓人覺得他這輩子應該都不是服務業的料。除此之外，斯凱格內斯市中心就是些一元商店、手機店、賭馬站和咖啡館。在羅馬銀行（Roman Bank）路上，有間希羅醫美診所（Hydro Health and Beauty）正推銷一堆我覺得毫無必要、甚至聽起來應該立法禁止的手術：果酸換膚、靜脈曲張切除、保妥適（Botox）肉毒桿菌注射、玻尿酸注射、大腸水療等等。斯凱格內斯似乎提供了包羅萬象的服務。或許我很龜毛吧，不過就算我打算嘗試讓別人清洗我的大腸，也不會選擇斯凱格內斯的美容師。不過，顯然我是少數中的少數，希羅醫美診所看起來比其他幾間商店生意好多了。

這就是荒涼的斯凱格內斯市中心。探查完市容後，我往北走到濱海區域，朝著布特林（Butlin's）假日營地的指標走去；大約一百年前，當我第一次來到英國度暑假時，我一直期待可以造訪布特林假日營地。這可能和我看過的《女人至上》（*Woman's Own*）雜誌有關吧。

我在哈洛威精神療養院工作時，負責照顧杜克病房，也就是醫院主樓上方的小房區域。我就是在那兒觀看之前提過的板球比賽。杜克病房的病人們不但討喜也很溫馴，唯有在某些時候會歇斯底里起來。因為用藥的關係，這群病人相當安靜，也因此不太需要管理。病人們會自己更衣，穿著也頗普通，舉止規矩、順從，連吃飯都很準時，此外，還會自行收拾床鋪。

每天早晨，護理長喬利先生（Mr Jolly）會像陣北風一樣吹過哈洛威療養院，把病人們從馬桶上、椅子上搖醒，要求他們去花園打掃，或是進行輕微的職能治療。接著，他就會屁股拍拍一走了之，直到下午茶的時間才會回來。在他離開前會打電話給我，「絕對不要發生什麼事得讓任何人躺上擔架。」而接下來的六、七個小時之內，就由我負責掌管一切。

當時的我根本還沒出社會，因此將此視為重責大任。我在哈洛威療養院的第一天緊張兮兮，用英國皇家海軍軍官布萊上校（Captain Bligh）巡視邦蒂（Bounty）小艇的態度巡視了整棟療養院。不過後來我發現，巡視四十張空病床和公共澡堂這檔事實在不必太過於嚴肅看待。因此，我開始找些能讓自己轉移注意力的事情。杜克病房就滿有趣的。休息室裡放了許多拼圖，拼圖不是全部混成一堆，就是太過困難，以至於沒有任何人能獨立完成。療養院的櫃子裡整齊擺放了掃除用具、梯子，還有一棵樹枝半斷的聖誕樹。不過我在最後排的櫃子裡發現了五到六箱的《女人至上》雜誌，這本週刊總是刊載了主婦們最需要的歡愉建言、笑話等。這五、六箱的雜誌包含了一九五〇年以來的完整集數。我立刻抱了一整箱的雜誌回到療養院辦公室。

這就是我的大不列顛生活文化教育的啟蒙點。接下來整個長長的寧靜夏日與初秋，我都在喬利先生的辦公桌前，雙腳翹在半開的抽屜上，一邊讀整箱的《女人至上》雜誌，那就像是一盒巧克力一樣，我期待每一期的英國文化指南，興致勃勃地讀每一篇文章，也確實受益良多，記得寫手有海蒂・賈克（Hattie Jacques）、亞當・費斯（Adam Faith）、道格拉斯・巴德（Douglas Bader）、湯米・史提爾（Tommy Steele）、艾爾瑪・寇克（Alma Cogan）和許許多多我從不認識的作家們。我讀到瑪格麗特公主笑容背後的眼淚，以及所有人都得耐心地與新十進制搏鬥的時期，還學到把切達乳酪切成方塊再插上牙籤，就可以變成派對點心（接下來的幾期雜誌讓我知道所有的食物都可以切成方塊，做成派對食物）。我學會如何自製救生衣和花園池塘，還知道英國婦人們喜歡把所有食材都放進烤馬鈴薯裡面試試看。我了解了英國人如何在征服世界後，仍舊在回家前精挑細選沙拉醬。

每件事對我來說都很新鮮，英國實在太妙了！這雜誌塞滿了奇奇怪怪的生活建議。英國有個小鎮每年都會舉辦山丘滾乳酪大賽。沒錯，沒什麼不可以啊！英國佬會吃一種叫牛奶凍（blancmange）的點心，閒暇之餘會跳莫瑞斯舞，還會喝大麥汁。那一整個夏天所學到的東西大概遠勝我人生中其他夏天的總和。

就在我沉浸在浩瀚的英國生活知識大海時，讀到了斯凱格內斯市、比爾・布特林（Bill Butlin）和英國度假營地崛起的故事。布特林來自加拿大並在歐洲發跡，以銷售碰碰車致富。他在洽談碰碰車生意時認識了退休軍官哈利・華納（Harry Warner），華納擁有位在海靈島（Hayling Island）漢普郡海岸的遊樂園與餐廳（距離博格諾不遠處）。一九二八年，布特林接手經營遊樂園，並發想出度假營地的概念——人們可以來這裡度假一整週、看海，並且可以在園內進行經濟實惠的全包式消費。一九三六年，布特林在斯凱格內斯市外圍的蘿蔔園開了第一間布特林度假營地。很快地，他在英國全境內開設了數個營地，而其他生意人也紛紛跟進。教會社團、夏令營和工會等等，也都開啟了自己的營地。英國法西斯主義者聯會（British Union of Fascists）甚至有兩個營地。布特林的老合夥人華納上尉也開了幾個自己的營地，另一位商人法萊德・龐丁（Fred Pontin）也隨後跟進。

對我來說這實在太荒謬了。到底有誰會花錢進行這種折磨？早晨時，野營者會被關不掉的大聲公給吵醒，並聽從召喚趕到公共餐廳用早餐，之後還得進行一整天丟臉的日常競賽，到了晚上十一點時，營地則會召喚所有人進小木屋，隨即上鎖。布特林讓英國人度過如同軍隊戰俘般的週末，而英國佬還讚不絕口。

小木屋雖然狹小但卻鋪有地毯，也有燈泡、自來水與女管家服務。這對當時的野營者來說，是連自家都沒有的豪華設施。木屋外則有四人共用的公共浴室。當時營地價格為一週三英鎊，野營者享有每日三餐、傍晚表演節目（跳舞晚宴或莎士比亞戲劇表演）或游泳、射箭、木球或騎小馬。這聽起來都還算吸引人，不過在我讀過北伊利諾大學（Northern Illinois University）歷史學者珊德拉·特拉臣·道森（Sandra Trudgen Dawson）著作的《二十一世紀英國度假營地》（*Holiday Camps in Twentieth-Century Britain*）後，我才真正了解英國度假營地的美妙之處。原來大部分的度假營地旅客想要得到的其實是性愛。「很多的女服務生，」她寫道，「其實是性工作者，原本布特林營地的標語：『你可以找到適合對象的地方。』現在聽起來有了別的意涵。」不過女服務生不只是唯一的性愛對象。營地工作人員彼此間也不乏風流韻事，也有人頻頻與客人上床。道森的研究指出，僱員們甚至有祕密的計分系統：與女客人上床得到五點、與美麗的競賽得主上床有十點、和營地經理的太太上床有十五點。而未成年的男男女女也抱著尋覓其他青少年男女的心情，來此享樂。

戰後時期正是英式度假營地的黃金年代。斯凱格內斯市的布特林營地甚至還有專屬鐵路和小型機場。一九六〇年代初期，每年約有兩百五十萬人造訪度假營地。而濱海度假勝地和旅館則是歷經嚴重的經濟蕭條期。一間旅館老闆克拉克內爾（J. E. Cracknell）推出了聊勝於無的「自助旅店」（Sel-Tels），希望能為旅館業力挽狂瀾，所謂的自助旅店裡沒有任何服務人員，遊客則可以自由地使用所有設施，並自備餐點。傍晚時媽媽們可以在旅館廚房裡烹飪餐點，並與家人們在餐廳用餐，餐後也必須自行收拾，這樣的話，旅館不會額外向遊客收取任何費用。很明顯的，這點子根本沒有人買單。不管那些獨立旅館再怎麼努力嘗試，都無法挽回走下坡的趨勢。

雖然度假營地熱潮看似永不會退燒，不過在營地風達到頂點時，這項產業很快地開始分崩離析。由於新時代的來臨，飛到地中海度假勝地曬太陽，恐怕都比待在陰冷的斯凱格內斯發抖一整個星期來得便宜。而對老年人和小家庭而言，營地的青少年也變成令人厭惡的主要因素，爭吵打鬧和酒醉嘔吐成了營地必備的節目之一。為了節省管理成本，度假營地開始縮減管理費用，而營地整體環境立刻開始每況愈下。懷特島上的某個非布特林度假營地狀況糟到四百名野營者竟然群起抗議，拒絕付費。不過，確實營地的情況越來越糟。數年前，太太曾經在我工作期間帶小孩們去威爾斯普爾赫利（Pwllheli）的布特林營地。原本他們打算待四個晚上，不過到了第二天晚上，孩子們就受不了黏膩的床單以及老是被其他野孩子搶奪零食的日子嚷著要回家。我的孩子甚至跟我說，如果在廁所裡不乖乖坐好的話，還會聽到菌菇正在生長的聲音。

一九七〇年代至八〇年代之間，三家主要度假產業公司布特林、華爾納（Warner's）與龐丁（Pontin's）被轉手了無數次，總是有許多企業以為自己能扭轉乾坤。瑞克機構（The Rank Organisation）、蘇格蘭新堡啤酒廠（Scottish & Newcastle Breweries）、卡萊遊憩事業（Coral Leisure）和大都會飯店（Grand Metropolitan Hotels）都曾經誤判情勢，認輸慘賠。幾乎所有的營地都關門大吉。當度假營地產業瀕臨谷底時，赫默爾亨普斯特德（Hemel Hempstead）的家族企業卡萊遊憩事業將斯凱格內斯、博格諾禮吉斯與莫哈德（Minehead）的三個營區買下，並進行智慧型管理與現代化翻修，卡萊家族算是唯一僅存的度假營地經營贏家。

據說，斯凱格內斯度假營地內保留了一間自一九三六年使用至今的小木屋，好讓遊客體會度假營地的歷史悠久。我還滿希望親眼瞧瞧的。我出發往布特林營地的方向走去，我走了好久，沿途除了漆黑荒涼一片和下不完的雨之外什麼都沒有。我把一位騎著腳踏車的男孩攔了下來問他布特林還有多久的路。「嗯，好幾公里吧。」他說完後迅速騎走。結果，布特林的斯凱格內斯營地根本不在斯凱格內斯城內，而是在靠近A52將近六公里遠的英格羅邁爾斯（Ingoldmells）。我從車窗內望向外頭，感覺自己置身在蒸汽室裡，立刻決定明早再說。

我全身濕透地回到旅館房間，並立刻換上乾衣服。閒閒沒事，我上網逛了一下遊歷英國網站（VisitEngland），英國國家旅遊局（English Tourist Board）好像以為把字黏在一起就會比較時髦不顯老，不過我覺得那根本代表他們不但很缺遊客還很需要有新腦袋的管理階層，這樣亂寫一通真的滿糗的。原來每年約有五十三萬七千名遊客造訪斯凱格內斯，為全英國排名第九的熱門觀光城市。

在濱海城鎮之中，斯凱格內斯排名僅次於斯卡伯勒（Scarborough）和布萊克浦（Blackpool）。以消費金額來看，斯凱格內斯的觀光收入遠高於巴斯、伯明罕與泰恩河（Tyne）畔的新堡（Newcastle）。好吧，或許遊客們都來這清洗大腸吧，誰說得準呢？

當時間終於緩緩流逝來到了傍晚時分，我跑去一間巨大、沒有特色的餐廳喝杯餐前啤酒，然後到一間叫做甘地的印度餐廳靜靜吃自己的晚餐。食物還不差，但是甘地的生意似乎不太好。因為不想太早回到空無一人的旅館房間，我刻意用緩慢的速度進食眼前的咖哩雞翅，順便配上一杯又一杯的印度啤酒。雖然好像喝得有點過頭了，不過這讓我心情很好。當我走到門口時，突然發現自己無法把右手穿進外套裡，好在一位年輕服務員前來幫忙協助我安全離開。

「謝謝。」我向他道謝而且瞬間想到一個可以讓餐廳生意變好的點子。「你應該把這裡變成貓王主題餐廳，」我補了一句，「餐廳可以改名為『愛我，坦都』（Love Me Tandoor）」。

我讓服務生自己好好思考一下，接著腳步踉蹌、搖搖晃晃地走向深夜大街。

II

隔天一早，我開車北往英格羅邁爾斯，並且順利找到像是大型監獄機構的布特林營地。營地圍籬上有尖刺，微微透出致命感，整座營地被圍籬嚴密包圍，氣氛讓人感到這裡不但不歡迎任何人進去，也不希望進去的人出來。營地前門有圍欄以及警衛室。我和警衛說想看看原始的小屋，不過他用很抱歉的口吻說，他不能讓我任意參觀。我必須等兩個小時待營地辦公室開門後，才能購買門票入園。一張門票要二十英鎊，我們兩個都覺得花這錢看個僅有八十年歷史的小屋實在太划不來了。也因此，我轉身離開園區。

我確實有點想預約一間小木屋過夜，不過即便對我這種人來說啦，一個大男人自己待在布特林營地眼巴巴地看著別人度假，也太詭異了。要是有人挑釁，甚至認出我怎麼辦？那些野小孩也滿可能來揍我的，結果不堪設想。「布萊恩因為發糖果給小孩，結果陷入打鬥之中，目前人在警局。」我抱著失望的心情回到車上，往北開往格里姆斯比（Grimsby）。

格里姆斯比為二十一世紀全世界最大的漁港，遠勝過英國或北歐的任何漁港。我曾經看過歷史照片拍攝格里姆斯比港口捕撈到的近似鱈魚的鱈鰲魚如山一般地堆著，甚至遠遠高過一般人的高度，每條鱈鰲魚至少都有一．八公尺長。現在，早已沒有任何漁民看過那麼長的鱈鰲魚了。一九五〇年，格里姆斯比一艘漁船可以載回二〇萬公斤的鱈鰲魚漁獲。今天，每年能捕獲到的鱈鰲魚大約僅有八〇〇〇公斤重，並且占捕撈總漁獲的一小部分而已。鱈魚、大比目魚、黑線鱈、鰩魚、狼魚以及其他許許多多我們從未聽過的魚種，都被過度捕撈堆疊在碼頭邊，完全違背永續原則。數個世代以來，拖網漁船破壞海底表層，讓北海海底成為海洋沙漠。一九五〇年，格里姆斯比捕撈了近億公斤的鱈魚。如今，此地每年的鱈魚捕撈量不到三〇萬公斤。目前，格里姆斯比每年捕獲的未加工魚類已從二億公斤滑落至六五萬公斤。約克大學（York University）海洋學家卡倫·羅伯茲（Callum Roberts）的研究指出，儘管今日格里姆斯比漁港的撈捕量早已銳減，不過這還是遠超過北海所能負荷的範圍。羅伯茲著作的《生命之洋》（*Ocean of Life*）指出，每年歐洲國家所捕撈的漁獲量往往超過各國科學家建議範圍至少三分之一。

不過對比全世界，歐洲國家仍舊略為收斂。羅伯茲著作裡提及眾多令人震驚的事實，其中他列舉出誤捕清單，顯示有多少海洋生物因錯上漁船而死於非命。羅伯茲舉例說明，若依照規定於太平洋海域合法捕撈兩百一十一條鬼頭刀，那麼因為錯捕上岸爾後又被拋回海洋致死的海洋生物包括有：

四百八十八隻烏龜
四百五十五條魟魚和蝠魟魚
四百六十條鯊魚
六十八條旗魚
三十四條槍魚
三十二條鮪魚

十一條棘鰆
八條旗魚
四條大型翻車魚

以上為依照國際法規合法誤撈的容許範圍。拖網漁船甚至被視為「友善烏龜」的漁業設計。而上述清單所為的不過就是讓兩百一十一個人晚餐可以吃到鬼頭刀而已。

格里姆斯比和我預期的大不相同。我以為這裡會是個繁忙的小城市，以市中心為輻散點延伸出數條狹窄小道，通往石造碼頭，就有點像是康瓦爾郡碼頭的放大版。原來，格里姆斯比碼頭不但無比巨大，也離城鎮相當遙遠。市中心並沒有忙碌的小城鎮氣息，反倒有著骯髒混亂的都市感，這裡車水馬龍，很難以悠閒地四處蹓躂。城鎮與碼頭之間為呆板無趣的大型商城，看起來死氣沉沉的。一間大型連鎖室內裝修工具店掛上了超大布條宣告即將休業。有幾間公司已經倒閉，大樓裡的垃圾滿溢堆高到逼近腳踝的位置，還有不少蒼蠅迴旋飛舞。警察局前面的草坪整齊劃一，不過許多啤酒罐與垃圾卻點綴在花叢之間。這社區到底怎麼回事？為什麼會有人這麼肆無忌憚地把垃圾扔在警察局門口，而警察局連打掃自家門前花圃的能力也沒有？

偶爾還是會有幾間不錯的店，像是約翰・派德老爹與兒子們（John Pettit and Sons）的肉鋪，這是一間招牌上寫著自一八九二年就設立於伯利恆街（Bethlehem Street）上的傳統肉攤，肉攤望上去頗受忠實顧客的支持，並且生意興隆。我滿希望這些店都能長長久久。有間理髮院叫做「燙燙染染」，令人莞爾。不過，這些就是格里姆斯比的精華區域了。

維多利亞磨坊（Victoria Mills）看起來是個巨大的磚石堆，她的前身是麵粉磨坊，下方隱隱約約有著其他的巨型商場。建築本身的條件不差，要是搬到巴特西（Battersea），應該會改造成超級奢華的公寓吧。現場舉目所及盡是荒蕪。灌木叢從磨坊上方竄出頭來。後來我才知道，一部分的建築確實改建為高級住宅，而另一邊則是宛若異次元般無人聞問，負責建設的公司屢屢違約延宕工期，荒怠住宅修復的責任。根據《格里姆斯比電訊報》（*Grimsby Telegraph*）報導，二〇一三年地方法院判決該公司必須賠償五千英鎊的違約金，而公司竟然沒有派任何人出席聽證會。我看到巨大的灌木從八樓窗戶探出頭來張揚，這絕對不會是有妥善受到照料的建築物的模樣。

沿著費斯尼河（River Freshney）發展而成的廣大碼頭區有座巨大的現代建築物，該處為漁業文化遺產中心（Fishing Heritage Centre），此博物館不但具有深度且十分精彩，展覽內容更超越漁業所涵蓋的範圍。博物館一樓裝飾得相當別緻，有許多間酒吧與炸魚薯條店設計成二〇、三〇年代的風格。有興趣的是，過去格里姆斯比居民會帶著自己的魚到炸魚薯條店，付一英鎊請店家代炸。博物館內最突出的展覽為一船艦造型的區域，展區內像是將時間定格在海中航行的瞬間，因此展場呈現傾斜狀態。這就是博物館應有的樣子吧，好玩、激發想像力、讓人可以輕鬆接受資訊並且寓教於樂。

博物館內有許多關於魚類和漁業的有趣資訊，你知道大菱鮃可以產出一千四百萬顆卵嗎？我知道這乍聽之下滿莫名奇妙的，不過我和其他兩個同行的人竟然在同一時間詫異地發出「哇」的讚歎聲，就像是電影《永不放棄》（*Carry On*）的肯尼斯・威廉斯（Kenneth Williams）一樣。漁業文化遺產中心的展覽設計相當用心、巧妙、沒有錯別字或斷句問題。我覺得倫敦自然歷史博物館的傢伙們真的應該過來好好觀摩一下，順便把漁業中心的才子才女們帶回倫敦。

我在禮品店花了很久的時間閱讀頗精彩的《格里姆斯比：世界最偉大漁港的故事》（*The Story of the World's Greatest Fishing Port*）一書，這本書記載了該城起起伏伏的歷史跌宕。我的結論是，格里姆斯比的困境似乎都是居民自己製造出來的。當格里姆斯比的漁民們在沙質海底大肆搜刮任何可見的水中生物時，政府官員也在鎮上賣力拆除絕美的建築群與紀念碑。道提公園（Doughty Park）墓地以及鎮上最好的旅館、戲院和建築物都遭到撤除。十九世紀時就存在的穀物交易所有著火箭飛船般的奇妙外型，一開始當地政府將交易所改為公共廁所，這對當地人等同於極污辱的一拳，接著政府又徹底將交易所從地表上抹除，這可說是殘忍的第二拳。看起來格里姆斯比似乎很想忘掉自身光輝的歷史。我想，政府達到心願了。格里姆斯比今天看起來這副鬼德性，絕對是居民共業。

我帶著陰鬱的心情回到車上，打算開到比較好的地方，不過，任何地方都比這好吧。

Chapter 19

The Peak District

峰區

我愜意地沿著德文特及豪登水庫走了一會，享受涼風陣陣的樹林與波光粼粼的湖面，獨自享受這壯麗的景色。當我回去取車時，看見一塊令人印象深刻的石碑。石碑獻給牧羊犬提普，根據上面的描述，提普「待在死去的主人喬瑟夫・泰格先生身邊，不肯離去，長達十五週」。十五週實在滿久的。容我提醒你，泰格的屍體可是壓在狗鍊之上。

◆

I

在我還小的時候，時常在星期日午後走到距離狄蒙市（Des Moines）約莫一・六公里外的英格索蘭（Ingersoll）電影院，看下午場電影。那座電影院只有一間放映廳（當時幾乎都是如此），無論它播什麼我都看。英格索蘭電影院顯然沒有拿到主流電影的播映權，因此播放的電影總是非主流且不受矚目的歐洲電影。在那寥寥無幾的二、三名觀眾中，我總是獨坐一角。如此衷愛電影的結果，讓我清楚記得許多可能連演員都遺忘了的電影：《美人局》（*Woman of Straw*）中的史恩・康納萊（Sean Connery）和珍娜・露露布莉姬妲（Gina Lollobrigida）；大衛・漢米斯（David Hemmings）讓人不寒而慄的《安曼、惠特寧與日哥》（*Unman, Wittering and Zigo*）；由尼克爾・威廉森（Nicol Williamson）與誘人的安娜・卡里納（Anna Karina）所主演的《奪命桃花》（*Laughter in the Dark*）。過去我總是幻想著如果羅斯福高中有幾位像她一樣的人，會發生什麼事。

這些電影的拍攝場景就跟劇情一樣，讓人永難忘懷——灰撲撲的倫敦建築、瘋狂紊亂的羅馬交通、地中海旁陽光明媚的別墅和有如九彎十八拐的小路——而這些電影都沒有比依照D・H・勞倫斯（D. H. Lawrence）小說所改編、喬安娜・辛庫斯（Joanna Shimkus）和弗蘭科・尼羅（Franco Nero）主演的電影《吉普賽之戀》（*The Virgin and the Gypsy*），那緩慢且動人的劇情更扣人心弦。電影風格非常沉悶，不時穿插鬱悶的荒野景致。其中一幕採用搖鏡拍攝，鏡頭橫越廣闊無垠的石造大壩與水庫，四周只有寂靜無聲的林野坡地與荒蕪。那座水壩是以無數的石塊所砌成，在翠綠的河水上如青山般拔起。在牆的盡頭，總有座僅具裝飾性質的城堡式塔樓。光是這幅畫面就美到令人屏息，我完全不能理解這個地方為什麼沒有受到影壇矚目。我敢保證，如果電影是在愛荷華州拍攝的話，肯定會變成熱門景點。電影結束後，我走路回家，腦中翻來覆去都是這個畫面。

三十年後，我和朋友安德魯及約翰來到了峰區，我們從豪登曠野（Howden Moor），翻下枝葉繁密的斜坡，突然間，電影中那座猶如堡壘般的水壩就這樣毫無保留地在我眼前出現。在那短短的一瞬間，我認出了那三十年前的水壩。水壩規模比我想像得小，而細節卻完美無瑕，完全符合我記憶中的氣派與華美。它的名字是德文特水庫（Derwent Reservoir），於二十世紀初完工，負責供應峰區鄰近的舊工業城鎮與雪菲爾（Sheffield）、德比（Derby）、切斯特菲爾（Chesterfield）的用水。在英國住了這麼久之後，我終於明白了，為什麼此地從未受到世人關注。英國坐擁如此多美好的事物——城堡、大宅、莊園、巨石陣、中世紀教堂、刻在山坡旁的巨大雕塑等各種文化遺產，也因此某些美好景點根本無法得到任何關注。對我來說，在英國境內總是隨意就會撞見遺落在林間的燦爛現場，這種意外所給予我的震撼，真的是一輩子難忘。如果德文特水庫位在愛荷華州，它一定會成為該州的車牌標誌。那裡將會出現露營區、露營車園區，可能連購物商場都會加入戰局。然而在這裡，此地只是一處不知名且被人遺忘的古蹟，鄉村小路的短暫停靠點。

讓我們來了解一下英國官方的統計數字。全英國有四十五萬棟列入文物保護範圍的建築，兩萬座法定古蹟，二十六處世界遺產，一千六百二十四座登記在案的公園與花園（全都具有歷史意義），六十萬處被發掘的考古遺址（每天都還有更多遺址被發現），三千五百座具歷史意義的墓園，七萬座戰爭紀念碑，四千個具特殊科學價值的地點，一萬八千五百間中世紀教堂，以及二千五百間博物館，其中包含了一億七千萬件文化藏品。擁有如此豐富且強大的文化背景，使得人們以理所當然的態度面對這些瑰寶，儘管如此的輕忽態度著實讓人詫異。但也正因如此，你可以安安靜靜地獨享這些美麗的事物，正如同此刻我與靜靜出現在眼前的德文特水庫。

水庫由賽文特河與特倫特河公共水力事業公司管理，並設立了一間有販售熱食和停車場的小型遊客中心。沿著湖邊有一條愜意的步道，可銜接至鄰近兩座同樣迷人的豪登（Howden）水庫與萊迪鮑爾（Ladybower）水庫。

還有一個原因讓德文特水庫如此特別。第二次世界大戰時，英國工程師巴尼斯．沃利斯（Barnes Wallis）發明了知名的彈跳炸彈，以進行水壩摧毀任務，而此地就是他們訓練的地方。這些炸彈的設計原理是使其能在水面上跳躍（就像打水漂時石頭會在水面上前進那般），直到它們接觸到水庫主體再產生爆炸，如果一切順利，水庫就會徹底崩毀。在實際執行時，結果並不理想。對德軍的狙擊手來說，低空飛行的飛機是最佳射擊目標，在派去執行任務的中隊裡，有將近四成彈跳炸彈失去蹤影，還有許多炸彈在水中爆炸，不過倒是沒有造成任何傷亡；有的炸彈直接落在水庫的牆壁上，並彈到鄰近區域後爆炸。只有一座水庫被嚴重損壞；潰堤的大水奪走一千七百條人命，但這些人多半是被俘虜的盟軍，因此事實上巴尼斯．沃利斯沒有殲滅任何德軍軍隊，倒是誤殺了不少自己人。不過，我們就別計較了。此一別出心裁的戰爭發明，幾乎可與雷達和恩格尼瑪密碼機（Enigma machine）相提並論，證明了英國人不屈不撓的精神與過人的才智。一九五五年，彈跳炸彈的故事被拍成電影《轟炸盧爾水壩記》（*Dam Busters*），並深受負責 BBC Two 電視臺主管的喜愛，頻頻重播。

說真的，每一次看《轟炸盧爾水壩記》，都會讓我生病。

我愜意地沿著德文特及豪登水庫走了一陣，享受涼風陣陣的樹林與波光粼粼的湖面，獨自享受這壯麗的景色。當我回去取車時，看見一塊令人印象深刻的石碑。石碑獻給牧羊犬提普（Tip），根據上面的描述，提普「待在死去的主人喬瑟夫・泰格（Joseph Tagg）先生身邊，不肯離去，長達十五週」。十五週實在滿久的。容我提醒你，泰格的屍體可是壓在狗鍊之上。事實上，我不清楚故事的來龍去脈，但我知道對我來說，我比較願意立一塊上面寫著「紀念那在我需要時給予我幫助的忠犬提普」紀念碑。

我認為最有意思的地方在於，紀念提普的石碑甚至比紀念參與彈跳炸彈計畫者的石碑還要宏偉，但接著我想起來這裡畢竟是英國，而且提普還是毛小孩。

在德文特山谷的幾公里之外，就是峰區最高點坎德斯克特（Kinder Scout），此地海拔將近六四〇公尺。坎德斯克特正是一九三二年著名的公民不服從抗暴發生處，當時來自曼徹斯特與雪菲爾的工人們秉持抗爭精神，穿越德文希爾公爵（Duke of Devonshire）的松雞獵場。他們當時為爭取山林行路權而發起抗議，因此我認為身在鄰近區域的自己，也應該致上個人的敬意。我將車子停在海菲爾德（Hayfield）美麗的村子邊上，在步行了約一・六公里後，抵達事件發生舊址——波登橋（Bowden Bridge），我很高興自己終於到了這裡。途中，我經過一幢鄉村小屋，牆上掛著一個藍色牌子，寫著此地正是偉大的性格演員亞瑟・羅維（Arthur Lowe）的出生地。他曾扮演《父親的軍隊》（*Dad's Army*）中的曼維爾上校（Captain Mainwaring）。這恰恰完美證明了為什麼用腳旅行絕對比用車旅行好，如果我決定開車通過此地，就不可能注意到這塊牌匾，這一點進一步證實了步行者的生活不但更健康，也更完整。

坎德斯克特並非光禿禿的山尖，而是雜草茂密的高原，許多時候你還可以從曼徹斯特和雪菲爾直接眺望此處。住在塵土飛揚的曼徹斯特與雪菲爾區的工人們，以浪漫的心情凝視此地，並且認為應該開放給大眾，讓人們在週末呼吸新鮮空氣並浸淫在洗滌心靈的山林，而多年來他們也確實一直這麼做。但在一九二〇年代，德文希爾公爵因為想要狩獵松雞，封閉了坎德斯克特，禁止閒雜人等進入。此舉自然引起極大的憤慨，於是在一九三二年的四月，五百人（多數為工廠的工人）聚集在海菲爾德附近的波登橋，以橫越公爵的領地作為抗議手段。

風聲傳到了公爵那裡，狩獵場的管理人駐守在外，要求所有抗議者立刻離去。結果就是一陣短暫、胡鬧又沒發揮什麼效用的混戰。其中一名管理人被抗議者敲暈（或許是不小心），但除此之外沒有任何傷亡發生，所有的抗議者都成功地登上山頂。然而當地政府卻過度緊張地逮捕了該活動的領導者，並控告他們非法入侵。五人因此被關入大牢五個月——此判決相當不合乎比例原則，並引起人民的憤怒與怨懟，怒潮甚至蔓延出德比郡。集體非法入侵（Mass Trespass，現在總是如此稱呼此事）在階級鬥爭與英國郊區的歷史上，成為極具特殊意義的一刻。在別的國家，人們為了政治與宗教而戰。在英國，人們可以為了想走在微風徐徐的獵雞場而大動干戈。我認為英國人真的很特別。

這次非法入侵的行動確實有所回報。四年後，英國國會組成一個委員會，研討該如何規劃全國國家公園。第二次世界大戰爆發時，計畫中斷，但到了一九五一年，峰區成為全英國第一座國家公園。儘管集體非法入侵具有如此崇高的象徵意義，紀念碑卻小到幾乎隱形。在停車場後頭有一塊小小的牌匾被掛在三．七公尺高的石牆上，其中一半還被旁邊的植被遮住。要不是我本來的目的就是尋找這塊牌匾，我想我一輩子都不會發現這東西。上面的敘述很簡單：「集體非法入侵坎德斯克特的活動就從此處開始，一九三二年四月二十四日。」穿越馬路後，有一條沿著溪流的窄巷，通往坎德斯克特步道的起始點。那天的天氣很棒，景色很美，但根據指標所寫，從此地開始算起，坎特斯克特步道全程需耗時六小時。當晚前我還要去峰區另一端的巴克斯頓（Buxton）住宿，因此我只朝坎德斯克特方向前行了一．六公里左右，稍稍眺望一下風景，接著轉身取車。再一次，我連一個人影都沒見到。

巴克斯頓是一座古老的溫泉小鎮，多數建築為十八世紀時期的石造建築。占據市中心約十三公頃的庭院花園（Pavilion Gardens），或許是全英國最美麗的市鎮公園。巴克斯頓有一間華麗的歌劇院，幾間壯觀的飯店，以及一座圓頂並相當引人注目的巨型建築。過去這裡曾經是醫院，現在則是德比大學（University of Derby）分部。市中心有一座建築會讓人腦中隱約浮現巴斯的皇家新月（Royal

Crescent），但兩者最大的不同在於巴克斯頓的新月建築因結構上的問題而封閉了好些年。當初的計畫是將此棟建築改建成旅館，但當我抵達這裡時，建築依舊被施工中的圍籬重重包圍，這對一級保護建築來說，實在是很悲慘的命運。問題出在承諾出資五百萬英鎊的英格蘭中東部發展署（East Midlands Development Agency），於二〇一二年被政府關閉，因此尾款難以支付。為什麼我覺得自己對這些事好像習慣了？

我在市中心繞了一圈，實在沒事好幹，只好隨意瀏覽商店櫥窗。我特別喜歡一間專門販售年長男性衣物的服飾店——波特的店（Potter's），此店於一八六〇年開張，看上去依舊可以繼續營業許多年，在這個年代，這種成就幾乎可視為一種奇蹟。我欣喜地買了幾件打折的襯衫，最主要因為品牌的名字：賽登斯蒂克．史普蘭帝斯透斯（Seidensticker Splendestos）。我知道自己曾說過再也不需要任何東西，但誰能抗拒這個名字？如果有一件衣服叫史普蘭帝斯透斯，我願意看也不看就穿上它。這個字是如此美妙，它值得被當成一個字，用來表達比華美（splendid）更高一層的境界。我甚至為他們想好了一個標語：「連華美都難以形容我們的襯衫時，我們稱它為史普蘭帝斯透斯。」

在我小時候，那還是個人人都會真心享受美麗字眼的年代。在那個年代，洗衣機擁有一個叫「奢華蒂克」（Luxe-o-Matic）的脫水模式，除草機有一個「觸發扭轉」（Trigger-Torque）鍵，唱盤播放機有一個「音波共振」（Vibro-Sonic）喇叭。當時的服裝也很讓人驚豔。我的父親曾有一件瑪格麗格（McGregor）的「幽谷格紋反之亦然」雙面夾克（Glen Plaid Visa-Versa Reversible Jacket），他總是相當愉悅地向眾人（包括全然陌生的人）展示可以如何將衣服反過來，就會變成第二件夾克。「這就是為什麼它稱為『反之亦然』」，他會這樣跟人解釋，就好像在揭開宇宙的奧祕一般。他從不稱這件夾克為「我的夾克」或「那件夾克」。它的正式名稱就是「我的反之亦然雙面夾克」。光是說這個字眼就能給予他長久的滿足。我懂這種感受。

但這一切已經消逝了。現在我們什麼都沒有，只有毫無意義的單字。看看星巴克和他們的咖啡杯尺寸——大杯（Venti）、超大杯（Trenta）和巨無霸杯（Wanko Grande）或管它叫什麼。各地的連鎖大企業都擁有一些毫無意義的字眼：帝亞吉歐（Diageo）、朗訊（Lucent）、埃森哲（Accenture）、英傑華（Aviva）。我過去曾和溫莎生命（Windsor Life）購買保險，但現在該公司改名為安心（ReAssure）。如果這間公司是專門替老人製作防尿失禁外漏的褲子，那這名稱就再恰當不過了，但對於一間保險公司來說，這名字也太爛了吧。

我懷念那些商品名稱總是讓人出奇不意的日子，當我站在波特的店窗前看著那些可以在這麼美妙的老店中購物的人時，我的心因嫉妒而隱隱作痛。在我離開這間店的同時，我開始陷入一個小小的幻想，想著自己或許未來會時不時地拜訪波特的店，只為那些純粹的字眼。

「午安，」我自己幻想，「一個星期或兩個星期前，我特別訂了幾件史普蘭帝斯透斯，我在想它們是否已經到了呢？」

「讓我看一下本子，布萊森先生，」店經理說完，用指頭逐次向下搜索以皮革裝訂成的帳冊。

「它們應該會在星期三到。」他告訴我。

「至於我那件勞埃德・阿德里與史密斯（Lloyd , Attree & Smith）的咖啡色多尼哥爾風斜紋軟呢運動外套外加人造麂皮手肘補丁呢？」

「讓我查一下，嗯，是的，它也會在星期三到。」

「太棒了。那麼我就星期三再來。那我現在先買這幾件斯洛奇薄荷綠加蔓越莓縫邊的舒爾貼身拳擊短褲。」

「當然。您是否需要包裝呢？」

「不用，我現在就穿。」

到了晚上，我穿著又新又舒適的斯洛奇內褲（「實在是太有型，有型到你想把它們套在褲子外頭」），散步到酒吧找點樂子，接著再到花園附近的漂亮小餐館用餐。其實這個描述完全符合我現在的狀況，只不過我沒有將那件斯洛奇舒爾貼身內褲套在自己的褲子外頭，實在太可惜了。

我擁有一個美妙的夜晚。女侍來收拾我的餐盤，詢問我餐點口味如何。

「啊，史普蘭帝斯透斯。」我如此回答，真心誠意。

早晨，我帶著興奮與渴望的心情起身，外頭陽光普照，我打算拜訪蒙瑟鐵路（Monsal Trail），該鐵路連接巴克斯頓至貝克威爾（Bakewell）長達一三・七公里的路徑，沿途有數個隧道和峽谷，風景美不勝收。此段原本為米德蘭鐵道（Midland Railway）從曼徹斯特通往德比路線的一部分，但該線路於一九六八年關閉。該鐵路永遠無法取得經濟收益，畢竟鐵路通過的地區人口非常稀少。其中一個大站哈斯普（Hassop），在或多或少的程度上也只是為了服務查茨沃斯（Chatsworth）莊園的人使用。現在，此地變成一個寬敞、平坦的腳踏車道與步道，為更廣大的人群帶來美好的日常生活。這趟徒步之旅確實非常完美。

最燦爛完美的一刻，莫過於看見那條貫穿蒙瑟岱爾（Monsal Dale）的壯麗基石高架橋（Headstone Viaduct）出現在眼前的時候。蒙瑟岱爾本身就具有無與倫比的自然風光，但這座綿延約三〇公尺、高高懸浮於青草與威河（River Wye）之上的高架橋，將景致提高到震撼人心的層次。想當初，當這座橋於一八六三年完工後，藝術評論家約翰·拉斯金（John Ruskin）強烈抨擊此橋的存在，認為高架橋讓蒙瑟岱爾村莊硬生生地被殘酷切開，只因為「巴克斯頓的傻子想要能在一個半小時內抵達貝克威爾，或讓貝克威爾的笨蛋能同樣快速地抵達巴克斯頓」。這個例子證明了，一件了不起的事物在初始之際，依舊可能會招來各種埋怨。雖然這個例子很常見，但我認為最特別的在於基石高架橋本身就很完美，細節精緻非凡。你認為英國國營鐵路（Network Rail）為世界創造了多少美景？根本沒有吧？答對了。一九七〇年代，當基石高架橋面臨拆遷命運時，許多人為了保護它而焦急奔走，當時抗議的規模遠超過當初附和拉斯金的人數。

離蒙瑟岱爾不遠處，有一個和惹惱拉斯金的美景同等級、但更具歷史意義的景點，那就是可以觀望鐵軌從長長隧道中沒入美麗山谷的地方。山谷頂端有一幢白色喬治亞建築，其視野足以瞭望整座山脈。乍看之下該建築看似為莊園。事實上，這棟建築為克里斯伯克棉紗工廠（Cressbrook Mill），由理查·阿克萊特（Richard Arkwright）建於一七七九年（八年後因一場大火而進行重建），其用途為紡棉。這棟棉紗廠或許是世界上最美麗的工廠，也是最重要的一座——它改變了世界。再加上另一棟距離此處幾公里、靠近馬特洛克（Matlock）的克羅姆福德工廠（Cromford Mill），兩座工廠合力開創了工業時代工作鏈的概念。今日，地球上能夠生產一切所需，其實都和德比郡的寧靜小農村有關。阿克萊特之所以會在德比郡的狹窄山谷打造工廠，全是看上那豐沛的水力發電可能性，加上此地位置偏遠，如果他想嘗試新的生產方法，也不會受到大批失業棉紡工的圍剿。而這一條件也讓他能更盡量地剝削自己的工人。運作克羅姆福德水利磨坊的工人，主要都是孤兒，他們得到的生產待遇實在令聞者垂淚。

在短短半個世紀內，棉花製造業所雇用的員工人數超過四十萬人。隨著棉花業的興盛，帶起了其他產業如造船業、金融業、鐵路，並促成運河建造、帝國擴張等。在英國壯大的歷史背後，棉花業可說功不可沒。最有意思的地方在於，英國的強盛居然是建立在一種他們自己根本沒有產的物種——棉花之上，而這些原料又是來自於大英帝國過去失守而無法掌控的國度。不過德比郡並沒有真正成為工業發展重心。隨著棉花產業的興盛，工廠急需擴張而此處的水力發電亦顯吃力，因此整個產業外移到了更大的城市如曼徹斯特和布拉德福德（Bradford）等地。德比郡再次成為風景如織卻被全世界遺忘的小鎮。如今，克羅姆福德工廠早已改造為時髦公寓。

我在另一個美麗小鎮艾胥伯恩（Ashbourne）結束今天的一日遊。鎮上仍舊有著現在頗為罕見的商店：起司店、甜品店、修鞋鋪、（至少）兩間肉鋪、菜販、老式玩具店、幾間酒吧和看上去頗為精美的古董店。鎮上的一端為紀念花園，要不是這花園離巴克斯頓的庭院花園太近，不然也滿推薦一訪美景的。小鎮的另一端則為宏偉的聖奧斯華爾德（St. Oswald's）教堂，其高聳優雅的尖塔，就像是索利茲伯里教堂（Salisbury Cathedral）的縮小版。

我走進一間看上去溫暖舒適的酒吧，並發現其中一種限定啤酒來自我居住的地區——伍德啤酒廠（Ringwood Brewery）。

「他們的窖藏啤酒也很棒。」我對酒保這麼說，想找話和他攀談。

「我們自己就有很棒的窖藏啤酒。」他充滿防禦心地對我說，就好像我剛剛批評他太太很醜一樣。

我吃了一驚。「我不是在暗示你們的窖藏啤酒不怎麼樣。我只是想說，你或許有可能沒聽過他們家這款不錯的啤酒。」

「我說了，我們已經有很棒的窖藏啤酒了。」他邊說邊把零錢找給我。

「你還真是有點傻。」我心裡想著，端著啤酒走到角落的座位，頭頂上掛著一幅被裱框的新聞報紙，內容寫著一輛煞車失靈的卡車直直衝破這家酒吧的前門。此刻的我內心有些惆悵自己竟然錯過這場好戲。

在離開家門前，我將一捆從出版商那裡收到的讀者來信塞進背包裡，於是此刻，我把信件拿出來。當你開始以寫書維生後，你就會慢慢理解到並非所有寫信給作者的人都是怪咖，而是那些奇怪的人都愛寫信給作者。最近，有一名住在哈德斯菲爾德（Huddersfield）的男子寫信給我，說他相當喜歡我的某幾部作品，並認為或許我們可以交換房子兩週，這樣他就能透過我的家來了解我，而我可以替他餵家裡的熱帶魚。「我還沒告訴妻子這件事，期待能收到正面回覆。」他寫道。另一個人希望可以寫一本叫《大英帝國的早餐》（*The Great British Breakfast*），但他不善於寫書，因此他建議我們兩人一起到英國各地旅行；他負責試吃早餐並向我形容這些食物的味道，而我負責將他的經驗轉化成文字。他建議我們兩人七三分帳，他分七，畢竟這個點子是他的，而且我的生活已經夠優渥了。另一名男子寫信來說，一九七四年他在加拿大擔任無人區的飛航員，他曾經載著一名留著薑黃色鬍鬚的年輕男子從紐芬蘭（Newfoundland）的鵝灣（Goose Bay），飛到新斯科細亞（Nova Scotia）的哈利法克斯（Halifax）。他特別記得那名年輕男子穿著蘇格蘭裙，他想知道我去紐芬蘭時，是否穿著蘇格蘭裙。

很偶爾，在這些來信中也藏有一些驚喜，就像我手上現在拿的這封信件。在一個以泡泡紙填充的信封袋裡，放著一本詹肯恩．詹寧斯（Ken Jennings）的《掛在地圖上的狂想者》（*Maphead*）樣書，內容描述一個男子對地理的熱誠。它看起來並不像我會看的書，但我才瞄了一眼，就無法自拔。表面上，這是一本關於地理樂趣的書，但許多內容都在描述無知的美國人是如何開始過度崇拜這個世界。

詹寧斯提到了一個故事，邁阿密大學的助理教授大衛．赫爾爾（David Helgren），給剛升上大學的學生們一張空白的地圖，要求他們標示出三十個知名的地方。他預期結果會好壞摻雜，但訝異地發現幾乎所有學生連一個地點都答不出來。有十一個從邁阿密來的學生，連邁阿密都找不到。《邁阿密先驅報》（*Miami Herald*）報導了這件事，後來更成為全國新聞。赫爾爾接受大量的報紙採訪與電視專訪。而邁阿密大學對此事的反應為何？他們開除了赫爾爾。有一個同事為赫爾爾打抱不平，他們同樣開除了他。

另一項調查顯示，有一成的大學生無法在地圖上找出加州或德州的所在地，有五分之一的美國人甚至無法在地圖上找到美國的位置。你怎麼可能無法在地圖上找到自己的國家？詹寧斯引述了一位參加美國妙齡小姐選拔的候選者，在被問到為什麼美國人無法在地圖上找出自己國家時的回應。她用嚴肅且堅定的心情，如此回應：

我個人認爲有些美國人無法正確執行此事的原因在於，我們國家境內有些人並沒有地圖，我也相信我們的教育就跟南非，呃，伊拉克，等地方都一樣，我也相信我們應該，我們美國的教育，應該要能協助美國，呃，應該要能協助南非、協助伊拉克及亞洲國家，這樣我們才能打造自己的未來，幫助我們的孩子。

嗯，感謝老天，至少我們還沒失去表達自己的能力。我原本沒有打算再喝一杯的，但這本書實在讓我讀得津津有味，於是我走到吧檯點了另一杯酒，讓自己可以繼續閱讀。當然，這次我很謹慎地沒有再向酒保提起其他我曾喝過的啤酒，以免他覺得我是故意來鬧的。

我繼續閱讀這本書，莎拉．裴林竟然以為非洲是一個國家。這個晚上過得實在太愉快了。

II

有時候，英國人聰明得令人嚇一跳。一九八〇年，英國政府成立了「國家遺產紀念基金會」，提供資金保護那些可能會失去的世界珍寶，但其卻沒有定義何謂國家級遺產。因此基金會可自由地決定他們想要保存什麼，只要錢還夠，只要他們認為這個項目確實屬於文化遺產範疇。世界上或許沒有比這更愚蠢或更容易遭到濫用的系統，然而在英國，這套系統卻運作良好。在該組織的努力下，英國保存了各式各樣的珍寶，無論是藝術作品或瀕臨絕種的鳥類，但我覺得他們花得最值得的錢，莫過於保存了卡爾克修道院（Calke Abbey）一地，這正是我的下一個目的地。

卡爾克修道院從來就不是一座修道院，房子的主人用修道院稱呼，只是想讓這裡聽起來更酷而已。過去，此處曾是一個非常壯觀的莊園，座落在德比郡南邊，占地廣達一二一四公頃。四百年以來，哈波・克魯（Harpur Crewe）家族都居住在此，根據該座建築的指南書所說，這家人的個性「生來孤僻」。在他們定居於此的最後一百五十年內，該家族的成員幾乎不曾離開莊園，更不讓別人進入。曾有人發現一本該莊園的十九世紀訪客登記簿，上面一條紀錄都沒有。在一九四九年之前，汽車不允許開到此地，在一九六二年以前，莊園甚至切斷了電線。

第一次世界大戰爆發前，卡爾克雇用了六十名員工，但接著莊園的經濟狀況逐漸衰敗，最後連一個僱員都沒有。當查爾斯・哈波・克魯（Charles Harpur Crewe）於一九八一年過世時，令人驚奇（更別提有多麼無知）的是居然沒有留下任何遺囑，他的兄弟亨利必須面對巨額的遺產稅，這筆龐大的稅金光是一天的利息就要一千五百英鎊。無力償還的亨利將房子交給了英國國民信託組織，當對方第一次看見卡爾克修道院，就立刻決定列入保護清單，他們真的很有眼光啊。他們形容這裡「像是個沒有尊嚴的家」，沒有比這更精闢的描述了。

莊園自一八四〇年代初期後，就沒有進行過任何修繕或裝潢。第十代男爵凡西・哈波・克魯（Vauncey Harpur Crewe）於一九二四年過世後，該家族的成員退居到宅第的某一個小角落。一九八五年，英國國民信託組織來到此地後，動手開啟了許多塵封的舊門，躲在那些門後的房間，早已塵封超過五十多年。整棟建築就像是一個散發著霉味的時光隧道。

我和另外十七個人一起參加了導覽，內容精彩絕倫。國民信託組織非常慷慨地製作了長達九十分鐘的導覽，負責講解的女士口條清晰，個性可愛，而且還無所不知。基金會以極端有效的方式防止房子繼續惡化，卻同時保留過去瀰漫在此的冷清與頹敗感。到處都有油漆斑駁剝落的景象，石膏表層也相當粗糙。導覽過程中，我曾靠在一面牆上，另一名參加導覽團的成員立刻小聲跟我說，我的夾克應該會被弄得非常髒，他的語氣帶著笑意還使勁點了好幾個頭。我將夾克脫下來檢查，事實證明他完全無誤，我們兩人相視一笑。卡爾克修道院的家具與動物標本也積著灰塵，屋內確實擁有眾多且精彩的考古珍品，我很高興地得知這些出現在地上的物品，都是由我們的老朋友——薩頓胡的貝索·布朗所發現的。

卡爾克修道院的展覽讓我非常開心，因此我決定對英國國民信託組織主動示好，我走回售票亭，加入會員。當時我不知道自己要面對多麼龐雜的手續——我必須提供兩組指紋、胸部X光片、宣示未來會買富豪汽車和上了蠟的防雨夾克。但我確實拿回了參觀卡爾克修道院的入場費，你想得沒錯，這點我真的超級感激的。

我在前往拉特蘭郡的路上，準備拜訪住在奧克罕（Oakham）的兒子一家。那天是我的孫兒生日，對於此類和吃蛋糕有強烈連結的家庭聚會，我都不會錯過。但大家並沒有期望我會在下午茶之前抵達，因此我非常高興自己能擁有一整天的時光，瀏覽全英國最美的小鎮。萊斯特郡（Leicestershire）、北安普敦郡（Northamptonshire）和諾丁罕郡之間的草原與綿延的田野風光是如此動人，但這些美麗往往是外地人很難窺探的存在。

離卡爾克修道院不遠處，有一個小村莊，隸屬於榆樹科頓（Coton in the Elms）。此地的重要性在於這是全英國境內離海最遠的地方，這頭銜聽起來頗有重量。具體的地點為弗拉茨農場教會（Church Flatts Farm），根據官方統計，該點距最近的海岸線為一一三公里。有一些路人在籬笆上以捲起來的舊毯子標名此點。我駛進農場小路，停下車，站在此地，驕傲地想著自己是全英國離海最遠的男子。在體驗了這種感受的十五秒或二十秒後，我開始體悟到無論在這裡站多久，都不會有什麼好處，因此我走回去取車，繼續上路，但內心充滿一股久久未能散去的滿足感，我準備好喝下午茶了，太棒了。

Chapter 20

Wales

威爾斯

普雷塞利山巨大而陰冷，碰巧現在又開始下起大雨，豪雨落在光禿禿的山頂讓山林更顯得陰慘。上方峭壁顯露出灰色凹窪，正是當年人類爲巨石陣而挖鑿的青石石塊所在地。我眞的很難想像當時住在索利茲伯里平原的人怎麼會知道如此遙遠的山頭，有他們所需的青石。遠古人類的一切都像是個謎。

我必須到美國做幾場演講。對我來說，能回美國還是算一件不錯的事，畢竟那是我老家。我可以看電視棒球，美國佬樂觀又友善，沒有人會不斷地抱怨天氣，除非天氣真的可怕到極點，不然的話，大家都會繼續大嚼冰塊。除此之外，造訪美國讓我能稍微抽離一下。

我想講講在德州奧斯丁（Austin）市中心旅館發生的兩件小事。當我在櫃檯辦理入住手續時，櫃檯小姐需要我的個人資料，當然，通常那包括了個人地址等。由於我們在美國的地址沒有街道號碼，美國電腦常常因此無法正確輸入該筆資料，因此我給了對方我在倫敦的地址。當小姐打完街道名稱和大樓號碼後問我，「哪個城市？」

我回答：「倫敦。」

「你可以拼給我嗎？」

我看了她一眼，她沒在開玩笑，「L-O-N-D-O-N」，我說。

「國家？」

「英格蘭。」

「你可以拼一下嗎？」

我把英格蘭拼給她。

她打了一會兒說，「電腦不能輸入英格蘭。你確定這是國家名嗎？」

我向她再三保證。「試試看不列顛好了。」我這麼建議。

我也幫她拼了不列顛，還拼了兩次，第一次她少打了 t。不過電腦還是不接受。我們又試了大不列顛，以及 UK 或 GB 等代表英國的縮寫，不過全都失敗了。我不知道還能建議她什麼。

「輸入法國是可以的。」過了一分鐘後，女孩說。

「不好意思妳說什麼？」

「輸入倫敦，法國，就沒問題了。」

「妳確定？」

她點點頭。

「嗯，那也可以啊。」

所以她就輸入了倫敦，法國，電腦好像滿開心的。完成入住手續後，我提著行李手上拿著塑膠門鎖走到不遠處的電梯前。當電梯門打開時，有位年輕女孩已經在裡面了，這讓人覺得有點奇怪，因為電梯正準備上樓而她是從樓上下來的。當電梯開始往上移動約五秒後，她突然用很緊張的口氣問我，「對不起，大廳是在剛剛那地方嗎？」

「妳是問我剛剛那有大櫃檯還有旋轉出入口的是大廳嗎？對啊。」

「哎呀。」她很懊惱地回我。

我的意思當然不是說普通的德州奧斯丁人或美國人都這樣，只是，這兩個人確實讓我覺得問題還滿嚴重的。如果連普通的成年人都不知道倫敦、英國是不是個城市或國家，或是搞不清楚什麼是飯店大廳，這應該多少有點不妙吧。我覺得這絕對是全球性的問題，並且災難正不斷地蔓延中。我不知道我們應不應該判定此事為某種危機，不過以目前所知的情況來說，德州應該早該化為隔離檢疫區吧。

我一邊回想這些莫名其妙的事，人卻已經在布里斯托附近的M4道路休息站，並打算趕到威爾斯的極西邊。心情是滿亢奮的，不過這趟車程實在太過疲乏，還讓人餓到前胸貼後背，所以我打算讓自己好好吃頓早餐。我滿心期待可以在葛納萊（Granary）自助早餐店來份大餐，那裡會有舒適的包廂和閃亮的餐具，即便餐點稱不上是美食，倒也夠美味。後來我才發現，葛納萊和其他休息站餐廳早就倒閉了。現在只剩被連鎖速食店占據的美食街。我讓自己吃了比司吉，裡面夾著半似食物的黃色黏稠物，他們稱這為克爾威治早餐（Breakfast Crudwich），還附上用紙杯裝的咖啡水以及一小包洋芋片。

我一邊吃眼前的這份克爾威治早餐，一邊煩惱人類智能問題，順便從背包裡抽出一份〈能力障礙與覺知問題：當個人無法察覺自身競爭力落後時，將造成自我認知之薄弱〉的研究報告，這份著名報告由紐約康乃爾大學的大衛·唐寧（David Dunning）與賈斯丁·庫魯格（Justin Kruger）所主導，前幾章我們曾經提過，此項研究創造了一門新的科學：笨蛋學。

畢竟這是篇學術報告，所以裡面還滿多科學術語：「後設認知能力」、「迴歸效應」、「相關係數分析」等等，不過這份報告的基本概念就是，如果你真的很笨，那你除了會做出一堆蠢事以外，還會笨到不知道自己正在做蠢事。這份蠢蛋報告其實還滿難看懂的，不過看不懂的當下又更讓人擔憂自己的智商。除此之外，倒是有些部分還滿技術性的，請見如下所述：「然而，約有四分之一的參與者低估了自己的得分，M=16.9（自我估測得分）vs. 16.4（實際得分），t(18)=1.37, ns.。」我至少把算式的前後文讀了八到十次吧，還是看不懂到底在說什麼，我頂多了解前三個字吧。不過至少我知道自己看不懂，這代表我的蠢只是普通等級，還沒到危險的程度。

這份報告絕對空前絕後，可惜的是，報告的撰寫時間為一九九九年，當時的人類還遠遠不及今日德州人的蠢笨。兩人的報告還有一項明顯的缺失，那就是它沒有告訴我們如何判定個人愚痴。這讓我感到很焦慮，因此當我返回快速道路繼續往威爾斯前進時，我用創造公共財的心情建立了一份清單，大眾可用此清單判定自己的蠢是否已經到了危險的程度。雖然這清單還不夠完整，不過至少它可以提醒你，是否該多加留意自己的健康狀況了，你可以問問自己下列問題：

1. 當你在泰式料理餐廳用餐時，你會以爲眼前的紅蘿蔔雕花盤飾只有出現在你的盤子上過嗎？
2. 你相信只要多拍錢包幾下，不見的東西就會回來嗎？
3. 如果有人用厚手套端食物給你並說「小心，盤子很燙」，你會忍不住伸手摸摸看有多燙嗎？
4. 當你去做日曬療程時，你會想反正沒看到自己眼皮是白的，別人應該也看不到嗎？
5. 假使你是男性並打算買條褲子去度假，但是買到的褲子其實當成短褲太長，當成長褲又短了一點，你有辦法毫無恥感地穿這條褲子上街嗎？
6. 當你在等緩緩到來的電梯時，你會狂按按鈕，認爲這樣可以讓它比較快到嗎？
7. 當你住在旅館時，你知道自己的咖啡杯原本是擺在浴室洗手槽下方，和洗碗精、浴廁洗劑放在一起嗎？

8. 你是不是有時候會花個七十英鎊買件上面有隻小馬的運動衫，幻想這樣會幫自己帶來意想不到的性生活嗎？（那個賣你七十英鎊運動衫的人才有最美好的性生活呢！）

9. 你是不是認爲可以一次丟七、八枚銅板到販賣機裡就不會被退幣，而且你是不是還一直把被退幣的銅板再次丟進販賣機裡，你到底在做什麼啊？

10. 你是不是在開車時還一邊在腿上的筆記本上列清單，讓車子不時偏移一、兩個車道？

11. 你知道當英國駕駛們開車掠過你時，死命地上下舞動左手是什麼意思嗎？

我只寫了這麼多，希望多少有點幫助。等到了泰比（Tenby）時或許還可以繼續和你們聊這話題，現在我得撇下那些看起來很生氣的駕駛們，開往車流少而蜿蜒的A4066了，沿著塔夫河（River Taf）一路急駛就會抵達拉恩（Laugharne）。

一九四九年至一九五三年間詩人狄倫．湯瑪斯（Dylan Thomas）曾經住在拉恩附近的船屋鎮（Boathouse），並完成他此生最好也是最後的作品。我把車停在拉恩城堡（Laugharne Castle）下方，靠著指示牌的指引，順著步道漫步在塔夫河河口邊緣，接著再爬上滿布樹林的山丘。這裡正是著名的湯瑪斯寫作小屋的所在地，小屋矗立於懸崖邊緣。寫作小屋已經被永久地鎖上，不過你仍舊可以透過窗戶一窺屋內模樣。屋內看起來彷彿湯瑪斯只是剛巧走到鎮上的布朗飯店（Brown's Hotel）吃頓午餐，馬上就會回來。小屋裡有幾張木頭椅子、布滿使用痕跡的桌子、滿櫃的書本、幾團丟在地板上的紙球。小木屋看起來並不舒適，但卻散發出神聖感。船屋鎮網站指出，湯瑪斯曾在此木屋創作《牛奶樹下》（*Under Milk Wood*）與〈不要溫馴地步入良夜〉（Do Not Go Gentle into That Good Night）等詩作（雖然我個人認為後者應該創作於更早之前）。

木屋再過去正是著名的船屋，湯瑪斯與太太凱特林（Caitlin）以及小孩居住於此，船屋為好友與贊助者瑪格麗特．泰勒（Margaret Taylor）慷慨致贈湯瑪斯的禮物。今天，船屋成為了博物館，並藏有許多湯瑪斯的遺物。儘管博物館面積小，但卻溫暖而舒適。我覺得小屋此時應當熱鬧非凡，畢竟今年正是湯瑪斯誕辰一百週年，可惜館內僅有我與其他兩位參觀者。

船屋樓上有張一九五三年十一月十日的《南威爾斯報》⊠*South Wales Argus*）剪報，封面正是湯瑪斯於紐約狂飲過世的死訊（湯瑪斯的一生都在狂飲無誤）。不過報紙的封面故事圍繞在一對農民夫婦約翰與費比．哈利斯（John and Phoebe Harries）的身上。這對農村夫婦於派丁（Pendine）路尾端約四四五公頃大的自家宅院失蹤。隨後兩人屍體發現被草草埋葬在附近。兩人是被鈍器重擊而死。凶手為年輕的遠親雷諾．哈利斯（Ronald Harries），他在審訊後被判以重刑，隔年春天受絞刑而死。雷諾．哈利斯為威爾斯最後的死刑犯之一。我覺得有趣的是，這起農民夫婦的命案竟然比喝醉酒意外死亡的偉大詩人得到《南威爾斯報》更多的關注。

拉恩的卡馬森灣（Carmarthen Bay）附近約二七公里處有個泰比小鎮，是個年代久遠的度假小城。我聽人說那裡很有味道，結果果然不錯，泰比鎮比我想像的還美。泰比鎮上滿是水彩般清淡色系的小屋、親切可愛的小飯店與旅館，很有個性的酒吧與咖啡店，還有風景壯麗視野廣闊的海灘。這就是頂級的濱海度假小鎮。我怎麼會從沒來過這裡呢？

泰比位於濱海懸崖，遼闊視野涵蓋下方數個海灘，海灘間各自以蜿蜒小徑互相連接，整個泰比鎮似乎被海水密密包圍著。泰比海灘漫長而寬廣，在我拜訪時沙灘上幾乎沒什麼遊客。我想讀者應該猜得出來本人沒那麼愛在沙灘上消磨時間，不過泰比沙灘確實連我都被征服了。

藝術家奧古斯托．約翰（Augustus John）出生於泰比，並於愛斯博蘭奈德（Esplanade）崖頂的維多利亞街（Victoria Street）屋內度過悲慘的童年。奧古斯托六歲時，母親因風濕性痛風過世（我也有痛風這毛病，不過沒人跟我說這會死掉啊），因此他在極度安靜而抑鬱的環境下由悲傷而無情的父親扶養長大。據傳，年輕的奧古斯托從未展現過任何藝術天分，直到有天他在泰比海灘潛水時頭部撞擊到礁岩後，當場成為濕漉漉的「浴血天才」。這聽起來滿荒唐的，我也常撞擊自己的頭部，但卻沒有什麼長進。不過奧古斯托確實從那時開始發展繪畫生涯，約翰．辛格．薩金特（John Singer Sargent）甚至盛讚奧古斯托為文藝復興以來畫風最精細的藝術家。

我在泰比鎮上走來走去，這裡的每間房子都讓我心花怒放。我走到海灘欣賞小船停泊在碼頭的景致，並眺望三公里遠處的卡爾迪島（Caldey Island）。

就在我拜訪泰比海灘不久後，當地報紙報導兩名來自本人祖國的男人設定導航系統，計畫從泰比鎮前往卡爾迪島；導航系統指引他們直下碼頭，衝往海灘，並往大海深處開去，而我們的美國佬竟然乖乖照辦。我還滿想知道當時車內的對話內容。可惜的是，他們在海灘直行到一半時就動彈不得，要不然他們還滿可能可以成為第一批從海底抵達卡爾迪島的車手。

這兩位老兄不願意透露姓名，只說自己來自伊利諾州。我就說吧，真的有恐怖的疾病正在蔓延啊。

一大早，我駕車開往聖大衛（St Davids），也就是威爾斯主島最西緣之地，聖大衛下方就是聖布萊德灣（St Brides Bay）的驚濤駭浪，該地居民最愛吹噓的就是此地為全英國最小的城市，意思就是，聖大衛是擁有教堂的最迷你的英國城市。說實在的，這裡就是個小村莊，不過視覺上來講確實還滿可愛的，村鎮穩穩座落於近海的小山丘上。聖大衛景色別緻，發展狀況也還不錯，有肉鋪、國民信託商店、小書店（還算有點好書），甚至還有肥臉服飾店。

聖大衛和其教堂都以曾經居住於此的聖徒聖大衛為名，我對其人其事毫無所知，因此出門前查了一下《牛津國家人物傳記大辭典》。我不相信有誰能認真讀完聖大衛的生平不發火的，這辭典根本是垃圾，該則傳記大致如下：「然則，預兆大衛神聖性的同時也確認了聖徒傳記作者瑞吉法區的奧古斯丁正教信仰，並預示大衛將於蘭迪威布里菲教會取得主教的崇高地位，儘管他當時大力申斥伯拉糾一派。」通篇文章我只讀得懂大衛活在六世紀，而且他喜歡站在水裡讓冷水浸泡至頸部，據信他活到一百四十七歲。

大衛堂美麗而壯觀，當時包括我在內僅有兩名訪客。我注意到教堂地板傾斜得非常誇張，如果你在聖壇丟一圓石，它八成會毫不猶豫地滾向西北角。我向一位態度謙恭有禮並且知識淵博的神職人員菲利浦・布列南（Philip Brenan）詢問此事。他很熱情地回答：「是的，斜坡真的相當明顯。而且特別的是，我想這是建築師刻意而為的，因為你看屋梁和窗框仍舊保持完美的水平。如果出於外力而呈現傾斜狀況，那麼屋梁等部分應當也會受到影響。所以很幸運的，地板傾斜與結構問題無關。不過這確實很怪，因為沒有人知道為什麼當初要以傾斜的方式建造教堂。」

他還向我介紹其他奇怪的地方。中殿兩端以拱門群為界，拱門採羅馬式風格因此呈現渾圓而對稱的陣形，然而當你走到底端，該處的拱門卻改為哥德式的不對稱尖銳造型。沒有人知道建築師設計背後的原因。布列南還告訴我，若我們仔細觀察教堂外牆，會發現牆面微微地往外延展。「這些都是建築師刻意而為的設計，但沒有人知道背後原因為何？」他說。

然而，更讓人百思不解的是教堂的地點。大衛堂位於陡峭山坡的低窪底部，所以除非你走到教堂面前，否則將無法發現教堂的隱身地；而大衛鎮則位於山坡的頂部。我想，建築師的用意，是希望不要讓人發現教堂的藏身之處。

我花了大半個早晨探索大衛堂與該處的半島地形，心情相當愉悅。幾乎所有彭布羅克郡（Pembrokeshire）的土地外圍都是如鯨背般渾圓的崖壁，往外眺望則是令人難以忘懷的丘陵風光，直逼百萬海景。

當晚下午，我開車到菲什加德（Fishguard），心裡一陣期待。我對菲什加德的印象很好，說來奇怪，畢竟我僅在四十年前拜訪當地，而且在短短的八、九小時的停留時間裡，我幾乎都在睡覺。一九七三年夏天，我在歐洲背包旅行並計畫前往愛爾蘭。某天深夜，好心載我一程的貨車司機把我放在市中心公園，對面則是一整排有著遮雨棚的小商店。城裡微弱的光線讓人聯想到愛德華・霍珀（Edward Hopper）的名畫。公園其實看起來很不錯了，不過我還是往上城逛逛，但很快又決定返回公園過夜。我在沾滿露水的草地上攤開睡袋，好好睡上一覺。隔天一早在菲什加德鎮醒來前，我就動身沿著陡峭山路直抵碼頭，搭最早的快船前往羅仕拿（Rosslare）。

這就是我對菲什加德的全部印象，不過我真的滿好奇小鎮是否一如往昔，因此很快地把車停在大街上準備四處看看，打算稍晚再折返旅館休息。說實在，菲什加德看起來有點怪。大街上的三間大型酒吧愛博葛溫飯店（Abergwaun Hotel）、農民軍隊（Farmers Arms）和皇家橡樹（Royal Oak）都倒閉了，另一條馬路上的船與錨（Ship and Anchor）小酒館也沒在做生意。有滿多店家都關門了，不過菲什加德仍有花店、書店、手工藝品店與咖啡館，這些應當都是城鎮繁華時期最受旅客歡迎的地方。我花了一點時間才找到當年打地鋪的公園，那不過是一小塊草皮而已。對面的小商店都還在，但看起來並沒有特別吸引人，而且遮雨棚也都撤掉了。

當晚我投宿在滿有設計感的莊園民宿（Manor Town House），民宿內的大窗有著整片的壯闊海景，這大概是此趟旅程中最舒適的旅館之一。民宿由克理斯和海倫・謝爾頓（Chris and Helen Sheldon）夫妻親手打理。我和克里斯聊了好一陣子，話題主要圍繞著菲什加德與西威爾斯打轉。基本上西威爾斯有很嚴重的經濟問題，該地居民的國內生產毛額僅達歐盟平均值的三分之二，雖說歐盟也不能當作太好的標準值，畢竟其範圍還包括了保加利亞與羅馬尼亞等地。不過這裡倒還算有人氣，畢竟彭布羅克郡的海灘確實還有可看之處。西威爾斯區域包含了像聖大衛、泰比這種美麗而繁榮的地方，也有像米爾福德港（Milford Haven）或哈佛威斯特（Haverfordwest）這種苟延殘喘的小鎮，另外就是像菲什加德這種卡在兩者之間的尷尬地方。

克里斯說大街上的三間酒吧都是最近才倒閉的，在此之前也有五、六間酒吧相繼關門。幸運的是，唯一倖存的是另一間規模較小但頗精緻的菲什加德軍隊（Fishguard Arms）。我大概在六點半時到酒吧報到，吧檯前已經有五個熟客很悠閒地在那喝酒，他們似乎有點訝異看到陌生面孔加入，不過還是非常友善地對我點了點頭。

我帶著自己的啤酒坐到角落的小圓桌，一邊心滿意足地看著幸福的黃金泡泡在杯裡打轉，一邊又意識到吧檯那兒似乎有人正用不太友善的眼光打量我。

「你看起來有點像比爾・布萊森。」

我一直都不知道該怎麼回答這類問句。

「是喔，我像嗎？」我用很白痴的語氣回答。

「我兩年前在海伊藝術節（Hay Festival）看過布萊森，你長得很像他。」

現在你了解我的長相讓別人留下多麼模糊的印象了嗎？這男的陪我喝了快一個半小時的啤酒後，還是不能確定我是不是布萊森。

最後我只得把謎底揭曉了，大家都很好奇我來菲什加德這小城鎮做什麼？菲什加德軍隊酒吧的熟客們熱情地與我攀談。他們讓我了解了此地的歷史，通常酒吧裡的人總是無所不知，他們甚至知道菲什加德居民擊退外軍，並讓此地成為全英國最後一個被攻陷的城市的故事。一七九七年，美國將軍威廉・泰德（William Tate）率領一支火力龐大的法國軍隊抵達菲什加德碼頭，並期望說服威爾斯居民加入革命。結果，威爾斯人不爽被侵犯，並向法軍開火。由於泰德的軍隊是由囚犯以及被脅迫的人民所組成的，而且，坦白講，他們都是法國人啊，泰德軍隊很快就舉雙手投降了。當農婦拿著小獵槍指著十二名入侵士兵時，他們很快地拋下武器求饒。包括泰德將軍在內的所有軍隊都被遣返法國，並被鄭重警告絕對不可再來侵犯，想也知道，這群人二話不說地聽從了威爾斯人的建議。

幾杯黃湯下肚，我對菲什加德軍隊酒吧和小鎮感到親切許多，我向我的新朋友們致意道別後，離開酒吧尋找可以果腹的小餐館。

隔天早晨我開車到當年搭快船的碼頭看看，這裡看起來還挺落魄的。一九七〇年我搭快船到愛爾蘭的時候，當時菲什加德每年的快船載客量幾乎可達到一百萬人次。如今，碼頭每年的載客量不到三十五萬人次，而且人數還節節下降。現在碼頭每天僅有兩班次快船開往愛爾蘭，其中一班竟選在凌晨兩點半出發，另一班則是下午兩點半。在兩班次快船之間的空檔，碼頭陷入一片死寂。

我繼續往北開往阿伯里斯特威斯（Aberystwyth），濱海沿線最重要的小鎮，該鎮正巧位於普雷塞利山（Preseli Mountain）與海洋之間。普雷塞利山巨大而陰冷，碰巧現在又開始下起大雨，豪雨落在光禿禿的山頂讓山林更顯得陰慘。上方峭壁顯露出灰色凹窪，正是當年人類為巨石陣而挖鑿的青石塊所在地。我真的很難想像當時住在索利茲伯里平原的人怎麼會知道如此遙遠的山頭，有他們所需的青石。遠古人類的一切都像是個謎。

阿伯里斯特威斯在大雨下顯得陰暗而低迷，附近還有著月牙型的海灣。阿伯里斯特威斯不但是濱海度假城鎮，同時也是大學城，該地為威爾斯大學的分校據點之一。我以為大學城會朝氣蓬勃，不過只能說在如此的豪雨中，阿伯里斯特威斯看起來淒慘無比。路上沒有大學生，事實上，連個人影都看不到。我把車停在學校前方，沿著彎曲、布滿水窪的步道而行。畢業舞會的舞臺似乎被前一年冬日的暴雨給摧毀了，目前正在修復，不過我沒看到任何工人，只有隨意擺放的機具。舞臺一端有著奇醜無比的伸展臺。伸展臺在照片裡似乎很美，但現在看起來只是上了顏色的三夾板。這些人真的瘋了。伸展臺過去則是大型的戰爭紀念碑三角廣場，廣場內有位女性雕像，她的長髮說不出的詭譎。我站在雨裡靜靜地觀察了一分鐘，雨滴落在我的頸上，接著走去喝杯咖啡。我回到鎮上假裝頗有興致地觀看商店櫥窗，過了一會兒發現自己未免太蠢，於是快步跑回車上，揚長而去。

我開回內陸並經過魔鬼橋（Devil's Bridge），景色不錯，接著又穿越了兩個環境優美的溫泉浴小鎮，蘭德林多德韋爾斯（Llandrindod Wells）和比爾斯韋爾斯（Builth Wells），我三不五時會下車看看風景，把自己搞得一身濕，最後終於在下午時開往布雷肯比肯斯（Brecon Beacons），此區有著巨大山脈和茂鬱山谷，並以美景著稱，不過我除了一片濕濛濛的灰雨外，什麼也看不到。這一整天真的糟透了。

廣播電臺不停地討論即將到來的蘇格蘭公投，令我聯想到為什麼威爾斯人可以如此地冷靜。威爾斯人和蘇格蘭人一樣不受到重視，而且因為威爾斯四處可見的告示牌，讓此處比蘇格蘭更像另一個獨立的國家。假使我是威爾斯人的話，應該多少會感到憤慨吧。以前的威爾斯人不是這樣的。一九七九年至一九九三年之間，威爾斯發生了兩百起縱火案，縱火者專門針對英國人在威爾斯擁有的度假小屋。警方只找到一名涉案男子席恩．羅伯斯（Sion Roberts），他在一九九三年入獄七年，不過他不太可能是縱火案主謀，畢竟縱火案開始流行時，他才七歲。在羅伯斯入獄後，縱火事件如同事件的起頭一樣突然銷聲匿跡。此後，威爾斯又恢復了以往的美麗與平靜。

當我開往此行終點克里克豪厄爾（Crickhowell）時，天色終於放晴了。薄霧漸漸散開，天空出現了軟綿綿的雲朵，陽光輕柔地灑在田野山谷之間。西方不遠處，一抹彩虹在山頭間閃現。威爾斯的美難以言喻。

克里克豪厄爾可以說是完美的城鎮，風景宜人、繁華，滿街都是好逛的商店和漂亮的房子。我到熊旅館（Bear Hotel）這間舊式驛站辦理入住手續，接著就上街伸展筋骨、享受乾爽的氣候。克里克豪厄爾唯一的問題就是車流太多，鎮裡的每條小路最終都會通往高速公路。不過我很快地找到了一條通往烏斯克河（River Usk）的小道，並沿著北岸穿越小鎮，這裡的風景確實沒有讓人失望。

我看了看手中可靠的英國陸軍測量局地圖，赫然發現自己剛剛經過的是朗達谷（Rhondda Valley）。不久以前，當地正是全世界煤礦藏量最豐富的地方。除此之外，一九六六年朗達谷還曾經發生殘酷的愛博方（Aberfan）坍塌事件。我印象深刻，那時十四歲的我坐在餐桌前讀報，了解四八二八公里外可怖的愛博方慘劇，當時有無數教師與學童於瞬間失去性命，那大概是我青少年時期唯一跳脫出自我中心意識去關懷其他人處境的一刻。

我已經記不起愛博方事件的任何細節，因此回到旅館後立刻上網查了資料。故事很簡單，一九六六年十月的某個早上，愛博方居民聽見轟隆巨響，他們定睛一看發現重達上百萬公斤的礦區廢渣正朝村莊奔騰而來。數年來，堆在村鎮上方山坡上的採煤廢棄物在瞬間轟然崩塌。崩塌事件毀損了地方學校與鄰近區域，共有一百六十名學童和二十八名成年人過世。如果崩塌事件早三十分鐘發生，學校裡根本不會有人，也不會釀成如此巨大的悲劇。如果崩坍事件發生在隔天，那麼孩童們都會返家度假，就會逃過厄難。很可惜的是，天不從人願，愛博方事件造成眾多死傷。

國家煤炭局局長羅德·羅本斯（Lord Robens）並沒有在災難當下前往愛博方探視，卻前往薩里大學（Surrey University）參與校長授職儀式，以此證明自己是個完全自私的混蛋。羅本斯不接受任何對他個人與煤炭局的批評，並完全置身災難之外。來自全世界的重建捐款湧入愛博方，不過每戶罹難孩童的家庭卻僅僅得到五百英鎊的賠償金，此外，家長還必須提出與孩童具有緊密感情連結的證明。同時，國家煤炭局偷偷地提撥了十五萬英鎊的捐款，清除煤炭局因忽視造成災難的證據。日後調查發現，國家煤炭局正是愛博方坍方事件的主因，煤炭局只得將捐款退回，然而，從未有人因此意外事件付出法律代價。

讀完了報導，我抱著嚴肅凝重的心情，在熊旅館的酒吧靜靜地喝了點餐前啤酒。

Chapter 21

The North

北方區域

火車蹣跚翻越老舊農舍與破爛不堪的郊區地帶，沿途景色平淡無奇。一定沒有人還記得（天啊我一整天都在這邊緬懷不休），此段路程正是全世界最古老的火車路段，利物浦至曼徹斯特的這五三公里路段正是全世界最早客運火車的運行路線。

◆

以前我一到英國就發現一件很特別的事，那就是——英國好安靜。我不忍心說，美國真的是一團巨大的喧囂。美國真的是很吵的國家，美國人也很吵，音量特別大。如果你坐在美國餐廳裡，你會發現你可以聽見每桌的對話內容。你可以聽見一五公尺遠的男人正在煩惱他的痔瘡，他用哪個牌子的軟膏，用兩指擦藥膏還是三指（美國人總是對醫療問題非常坦率）。

美國到哪都很吵。女服務生對著廚房呼喊菜單。巴士司機對著乘客嚷嚷。櫃檯服務人員吠叫：「下一位！」星巴克的服務生吼道：「卡蘇洛，你的咖啡好了！」（天啊，我絕對不會把自己的名字給他們。）大型商場總是透過廣播威脅顧客不要錯失特價機會，或是用冰冷的機器人語氣播報家具用品區有人心臟病發（請注意，第七走道發生了意外）。自動人行步道會不斷地提醒你再往前就是終點，你得靠自己的雙腳繼續移動。

相比之下，以前英國真的好安靜，整個國家就像是一間大型圖書館。英國的機場播報聽起來也很舒服，前面還會加上溫柔的叮咚聲，光那聲叮咚就夠紓壓了，接著溫柔的女性聲音會提醒你，三點三十四分前往吉隆坡的旅客可以開始登機。而且英國的廣播系統總是很有禮貌，從來不會命令我們做任何事，都是鼓勵大家做自己。

不過那都是過去式了，現在的英國也吵得不得了，絕大部分都是手機害的。很奇怪，如果面對面講話，英國人還頗正常，不過只要一拿到手機、讓他們坐在火車車廂，或是得個性病，他們就巴不得全天下的人都知道。有次我從斯溫頓（Swindon）坐火車到倫敦，有個坐在車廂尾的白痴用擴音和朋友講電話。車廂裡的每個人都可以清清楚楚地聽見他說的每一個字。說實話我還滿少能同時聽見來自電話兩端的對話。坐在這節車廂尾的男人顯然正和同事們一起坐火車，從會議現場折返公司，而電話另一頭的人則在辦公室。他們的聊天內容實在還滿無聊的。我記不得整個對話，但我只記得，當電話那頭的人突然用很親膩的口氣說，「嘿，那你小老婆怎樣啦？」的時候，電話突然取消擴音。全車的人默默露出微笑，並繼續讀報。英國人總是喜歡集體目睹白痴如何羞辱自己。

剛剛想到這事是因為，我現在正好坐在從倫敦開往利物浦（Liverpool）的火車上，四周的人都不停地講電話。坐在我後方是一位看不到臉孔的年輕女子，她正和朋友通話，而且每一句話她都喜歡重複三遍：「他是混蛋，他就是個混蛋啊，我跟你說過一百萬遍了，安珀，他就是個混蛋……我跟她說了，她根本不聽啊，她哪有聽過，她從來不聽我說的啊……德瑞克就這樣啊，這就是德瑞克，他是不會改的啦，他就是個混蛋……」

走道旁的另一個女人講的內容和這半斤八兩，只是用的是斯拉夫語。以前我只能無助地面對這些折磨人的傢伙，現在我有法寶了。我在包包底部翻找一陣拿出了一個夾鍊袋，裡面有之前我在約翰．路易斯百貨試用過的降噪耳機。我和太太大大誇獎過它，結果她偷偷幫我買了這當結婚紀念禮物。雖然我更想要紅色超跑，不過耳機也還可以接受啦！這耳機太神奇了，簡直是把我帶回以前的英國。我不想聽音樂或任何廣播節目，我只想要純然的寧靜。這感覺太完美了，好像在外太空漫遊一樣。

走道對面的女人還是講個不停，不過現在我只看得見不斷開闔的雙唇。我轉頭看看四周，幾乎所有的人都掛著耳機。現代生活真的很奇妙，先進的科技讓我們可以隨時享受充滿刺激的感官娛樂，但通常我們需要的只是躲進一個無人打擾的私人空間罷了。

我打開筆電，筆電顯示：「更新進度 911/ 19,267 。」

所以我閉上雙眼，想像自己是《地心引力》（*Gravity*）裡的珊卓．布拉克（Sandra Bullock）在太空漫遊。當筆電快要更新完成時，我也抵達了利物浦。

我到利物浦是為了參加艾佛頓（Everton）對曼徹斯特市的足球賽。坦白講這兩隊的比賽對我來講實在沒什麼重要性，普通的足球迷應該也這麼認為吧，不過對我的女婿克里斯而言，艾佛頓足球隊是他人生的重心，他對艾佛頓球隊的愛至死不渝。不過這位老兄其實是在離艾佛頓三二一・九公里外的薩默塞特（Somerset）長大的，他會這麼愛這球隊純粹是因為他人生中看的第一場球賽就是電視轉播的艾佛頓比賽，而那藍色制服恰巧投他所好（當時他才十歲）。這理由真的讓人哭笑不得。不過作為一個長期的球迷，克里斯還從沒看過艾佛頓球隊的主場賽，因此他最愛的老婆，也就是我最愛的女兒，幫他買了四張今天比賽的門票，讓他和我以及兩個小男孩一起去看比賽。這是屬於男子漢的夜晚，我還滿期待的啦。

克里斯和他的小朋友，八歲的芬恩（Finn）和六歲的傑西（Jesse）前一天就從倫敦過來了，所以我們先約在市中心吃午餐。我在教堂街（Chapel Street）老遠就看到他們，他們三人喜氣洋洋彷彿要參加「你有多少艾佛頓球迷商品」的比賽，全身上下都以艾佛頓為主題裝扮自己。我覺得他們絕對可以拿金牌啦，畢竟整個利物浦應該沒有任何人會穿艾佛頓的球衣。他們很快就會發現，即使是在艾佛頓，這支球隊好像也滿……低調的。

吃過午餐後，我們立刻攔了計程車趕到球場，至少是離球場附近不遠處吧，因為在球賽當天，交通實在太過壅塞。球場外確實有上千萬個穿著艾佛頓球衣、圍巾、球帽和其他五花八門關於艾佛頓的一切的一切的球迷們，這景象讓我的孫子們樂壞了。畢竟孫子們住的是倫敦郊區，而他們的朋友向來支持雀爾西隊（Chelsea）或阿森納隊（Arsenal），他們這輩子可能根本沒見過任何活生生的艾佛頓球迷，現在卻一次就出現了四萬個，感覺就像是一下子掉進天堂一般，只不過這天堂裡住滿了有著啤酒肚和短頸刺青的中年男人。

艾佛頓球隊基地其實也不在艾佛頓，而是在鄰近區域沃爾頓（Walton），那裡滿滿都是破爛酒吧、集合式住宅和施工到一半的工地。如果你搜尋「沃爾頓，利物浦」八成會得到一堆「酒類販售小店被洗劫一空」、「破獲沃爾頓劫盜幫派」、「兩沃爾頓男子行刺後被捕」的資訊。這真的是充滿男人味的區域啊。我緊緊跟在克里斯身邊，他的職業是倫敦警察，更重要的，他還是倫敦警察廳中級拳擊冠軍。我們三人緊緊地拉著克里斯的外套口袋。

艾佛頓球場位在谷德森公園（Goodison Park），這不但是全英國最古老的足球場，更是全世界歷史最悠久的球場。谷德森公園球場建於一八九二年，這絕對是目前唯一倖存的足球場。這聽起來滿浪漫的，不過實際的狀況是，就連賴比瑞亞（Liberia）或布吉納法索（Burkina Faso）的球場都比谷德森公園球場來得現代而新穎。思及球場歷史悠久，我們仍然抱著虔誠的心情進入球場，直到看見小到不行的對號座位為止。球場座位真的讓人滿不舒服的，我一次只能讓一邊的屁股坐到椅墊，不過到最後我兩邊的屁股都已僵掉，並且開始對險惡的環境無感。

比賽開始了。我是還滿愛現場的運動比賽沒錯，還自備小型望遠鏡觀賽。不過前半場我都在研究電視轉播不會拍攝的漏網畫面，像是守門員沒事時都在幹麼（他們會把雙手放在大腿兩側站著、偶爾上下跳一兩下、轉轉脖子或是繼續站著），順便也看一下球員不在球旁時都在幹麼。我個人特別喜歡觀察邊線裁判的一舉一動，他們不斷在邊線旁探頭探腦，活像長頸鹿一般。

我突然意識到我好像是整場球賽最自得其樂的觀眾，其實每次在英國看比賽都有同樣感覺。觀賽者不管支持的是哪一方，往往都抱著焦急沮喪的心情看比賽。就像現在坐在我身後的男子，他的心情好像已經跌到谷底了。

「天啊，他到底在幹麼？」他說。「他剛在想什麼啊？」「他幹麼傳球？」接著他會把這些臺詞再重播一遍。

至於坐在他身邊的另一個男人則好像對十八世紀的德國思想家很有意見。他不停地說，「幹他媽的，康德（Kant）[30]。」我不知道德國哲學家和這場球賽有啥關係，不過只要艾佛頓一失分，他就會怒吼一次，「幹他媽的一堆康德。」

「天啊，他們到底在幹麼？」那個陰鬱的男人說。

30——音似「cunt」，女性陰部的粗話。

此時，他的同伴就會回答，「因為幹他媽的他們全都是康德。」

比賽接近半場時，比數仍是零比零，我有點天真地對克里斯說，「你應該還算滿意吧？」畢竟艾佛頓現在並沒有處下風啊，他用痛苦的語氣回答我說，「怎麼可能？我們剛剛有超多好機會的，現在情況是一團爛。」他聽起來快爆炸了。

下半場時，曼徹斯特隊進球了，我的四周陷入自殺前的瞬間死寂，好險艾佛頓隊起死回生也進了一球，算是扯平。全場陷入大學派對一樣的狂歡氛圍。當比賽結束裁判吹哨宣布比數為一比一時，我想這些瘋狂球迷總該滿意了吧，沒想到周圍的男人們再度陷入黑色漩渦。

「反正，這只是比賽啊。」我試著用哲學角度來思考這一切。

「幹他媽的康德。」啊，那男人還在繼續想他的哲學問題。

傍晚時，我和克里斯和男孩們一起在市中心逛逛，不斷翻新重建的利物浦讓所有旅客包括我們在內感到目眩神迷。利物浦的市中心為「利物浦一號」（Liverpool One）特區，此建案包含了一六．九公頃極具設計感的新式住宅區、餐廳、戲院、飯店、百貨公司與商店街。利物浦像是全新的城市。我們在連鎖披薩店吃了晚餐，盡情狂歡，度過了四個男人的夜晚，直到八點半上床時間接近時，我們才返回飯店。

隔天一早吃過早餐後，我和克里斯及男孩們一起散步走到萊姆街（Lime Street）站，送他們坐火車回倫敦。我還想好好看看利物浦，因此獨自穿越了英國國教教堂，來到威爾斯區域（Welsh Streets）一帶。

約翰・普雷斯科特（John Prescott）曾經在上一次工黨政府任內推行了滿恐怖的「探路者計畫」（Pathfinder Initiative），預計拆除北英格蘭四十多萬戶維多利亞與愛德華時期的連棟房屋。普雷斯科特信口胡說北英格蘭房地產市場因為供多於求導致房價下跌。謝天謝地，腦袋混亂的普雷斯科特沒有專心致志地完成此計畫，不過他仍舊搞到了二十二億英鎊的公有資金並拆除了約三萬戶歷史建築，直到計畫因受反對而戛然而止。事實上，當一部分的英國政府致力於建蓋新市鎮的同時，另一部分的英國政府正戮力於拆除舊建築。這不是瘋了是什麼？

最徹底執行普雷斯科特的瘋狂計畫的莫過於默西塞德郡（Merseyside），該處至少拆除近四千五百戶房屋，許多人家原本住得好好的也沒礙到任何人，卻被強制拆除代以補償金。可怕的是，當地議會似乎還不想鬆手，預計拆除更多的住宅。他們瞄準王子公園（Princes Park）附近的威爾斯區域一帶（此處命名原因是因為這裡的房子多半以威爾斯語取名）。威爾斯區域環境優雅舒適，這裡的房子若搬到富勒罕或克拉罕一帶，恐怕價格會翻上一倍。不過現在威爾斯區域的房子早已空空蕩蕩無人聞問，家家戶戶門前與窗戶上都被釘滿金屬板，等待著毫無意義的整修。這看起來實在太悲慘了。我只得走回大學城一帶，至少這裡的房子看起來可愛並且受到妥善照料，讓人忘了那群在利物浦政府裡工作的白痴混球們。

我走回默西塞德郡附近的萊姆街火車站，準備前往伯肯黑德公園（Birkenhead Park）站。我看不懂發車時刻表，因此詢問了服務臺裡的年輕男子，他很快地認出我是美國人，並且指引方向，這嚇了我一大跳。結果我們突然開始聊起芝加哥白襪隊（Chicago White Sox），這應該絕對是英國火車站服務臺有史以來最冷門的話題吧。他幫我指點方向，二十分鐘後，我就出現在伯肯黑德公園的大門口了。

這就是個很普通的維多利亞式城市公園，有兒童區、運動場、樹林、美麗的小湖、船屋和鄉村式的小橋。公園裡的情侶正在散步，小孩、小狗四處奔跑，穿著短褲的男人們正在足球場上廝殺。伯肯黑德公園的週日美好時光如同其他城市公園一樣，只有一點與眾不同，它是全世界最古老的城市公園。

伯肯黑德公園的建造者為偉大的約瑟夫．帕克斯頓（Joseph Paxton），也就是查茨沃斯莊邸（Chatsworth）的園藝師，他參考了莊邸的環境規劃設計出了伯肯黑德公園。一八四七年時，公園正式對外開放，原本五〇．五公頃的荒地變成城市公園。即便是現在的我們，仍然不得不讚歎帕克斯頓的想像力。雖然當時倫敦的皇家土地如肯辛頓花園和攝政公園（Regent's Paark）都採用類似的設計規劃，不過皇家土地從未對公共開放，甚至連對上流社會階級也僅採取部分開放的封閉態度。然而，伯肯黑德公園的服務對象卻是公共大眾，並立刻大受歡迎。

伯肯黑德公園對外開放四年後，美國記者佛雷德里克．勞．奧姆斯特德（Frederick Law

Olmsted）以徒步行走的方式遊歷北英格蘭，當他來到伯肯黑德時，一間麵包店老闆大力推薦他去新公園看看。奧姆斯特德徹底愛上了伯肯黑德公園，甚至他回到美國成為成功的景觀設計師。他設計了紐約市的中央公園（Central Park），接著又在北美設計了近百座公園。伯肯黑德公園可說是現代城市公園的典範，帕克斯頓的概念的確不凡。

我回到萊姆街火車站搭車前往曼徹斯特。火車蹣跚翻越老舊農舍與破爛不堪的郊區地帶，沿途景色平淡無奇。一定沒有人還記得（天啊我一整天都在這邊緬懷不休），此段路程正是全世界最古老的火車路段，利物浦至曼徹斯特的這五三公里路段正是全世界最早客運火車的運行路線。

我來這裡是為了了解生活在維多利亞時代的威廉・赫盧金斯（William Huskisson）。赫盧金斯在世時還頗有名望，甚至還當上了英國總理，不過今天他被人記得的身分則是：全世界第一位被火車撞死的男人。一八三〇年九月十五日為利物浦至曼徹斯特火車線正式開幕的日子，也是這起悲慘意外發生的時刻。當時英國總理、威靈頓公爵和八百多名重要人士齊聚現場，準備好好體驗人造鐵路的風馳電掣。現場氣氛相當興奮，所有人都在交談，並分別進入八列火車中。

當火車行經約一半路程抵達牛頓勒威洛斯（Newton-le-Willows）時，赫盧金斯的那列火車靠站儲水。大部分的乘客也趁此機會下車伸展筋骨，順便聊聊天。當他們站在軌道旁休息時，喬治・斯蒂芬森（George Stephenson）的火箭號列車以每小時三二公里的速度飛也似地朝著眾人開來，火箭號列車可說是當時全世界最快並且最出名的火車。現在的我們似乎很難想像當時的人們目睹時速三二公里的火車時，是有多麼吃驚，畢竟他們從未見過如此快速橫向移動的機械裝置，這一切讓他們目眩神馳，特別是我們的赫虛金斯先生。他向四處閃避，最後竟然不知為何地選擇站在火車前方，並造成可想而知的可怕悲劇。

赫虛金斯的身體被撞擊得慘不忍睹，他的身子掛在火車上並一路衝往最近的城鎮埃克爾斯（Eccles）。當時火箭號的速度已達每小時五六公里，而赫虛金斯和火車上的乘客立刻成為世界上以最快速度移動的人類。人們將他帶到埃克爾斯的牧師家中並由當地醫師為他進行急救，不過由於傷勢嚴重，赫虛金斯在當晚逝世。

牛頓勒威洛斯站開往曼徹斯特數百公尺後，右方某棟公共住宅的牆上掛有一塊赫虛金斯紀念牌，該處正是他被火車撞上的地點。唯有坐在火車上並且用心尋找的人才有可能看見這塊紀念牌。我瞇著眼睛試圖閱讀紀念牌的文字，不過紀念牌一閃而逝，根本不可能閱讀。我想只有知道並且關心這段火車路線歷史，而且沒有在聽音樂或罵小孩的人才會注意到它吧。

當時利物浦約有五萬人參與了赫虛斯金的送葬隊伍，有許多商店和工廠也歇業一天以表哀悼之念。在他過世十七年後，赫虛斯金的遺孀打造了一尊穿著奇怪羅馬長袍的赫虛斯金雕像，並將雕像送給倫敦勞埃德銀行。勞埃德銀行對雕像興趣缺缺，並在赫虛斯金夫人「平安」過世後，將雕像捐給倫敦市議會，不過倫敦市議會顯然也不喜歡這份禮物，市議會把雕像放在全倫敦最小而且最少人拜訪的皮姆利科花園（Pimlico Gardens）。皮姆利科花園在過去的一百年來都被市民當作鴿糞園，無人聞問，我想這也是滿有道理的。

現在我人在曼徹斯特皮卡迪利（Piccadilly），準備到男廁小便（這就是我到每個新城市所做的第一件事），天啊，在曼徹斯特小便竟然要花三十便士。更殘忍的是，男廁是不找零的，投幣機只收十便士和二十便士的銅板。要讓機器收下五十便士退還二十便士有很難嗎？是有那麼難嗎？

我嘆了一口氣走回美食街買杯咖啡，順便換零錢，因為飢腸轆轆，就順便買了個三明治。我只付了外帶食物的價錢，雖說我就坐在離櫃檯大約十步的距離外，這大約勉強稱得上外帶吧？我覺得依照是否把食物帶出門而課稅實在滿蠢的。說實在的，我從來就沒搞懂增值稅的意義。拿這三明治作例子吧，它增值在哪兒了？肯定不是增值在我身上吧。我每咬一口，三明治就少了點價值，直到最後一口，三明治的價值徹底歸零。很明顯的，增值部分應該和三明治小販比較有關，那我為何要幫他們付稅？你不覺得很莫名其妙嗎？

我認為，如果在餐廳內用需要額外付稅而外帶不須付稅，這樣一點邏輯也沒有。外帶者不但會把包裝物帶出還會製造垃圾，而內用者則是負責任地將剩菜留在餐廳內，而且餐具也滿可能會清洗後再次使用，因此，外帶者才是應該多付額外費用的人。

以我個人經驗而言，通常星巴克或普萊恩梅傑快餐店（Pret à Manger）的服務生不見得會問你要外帶還是內用，而且也根本不會注意你講的是真還是假，也因此，你何必告訴他們實話，難道你想多拿一個金屬盤嗎？總體而言，英國人每年花費一百二十億英鎊在外帶食物上，繳了二十四億的增值稅。這些錢可以拿來蓋學校、醫院，或至少可以把街道掃乾淨點吧，買些垃圾子母車也好。大不列顛應該是所有已開發國家中購置最少街道垃圾桶的國家。而英國也絕對是所有已開發國家中，地上最多垃圾的。你看得出來兩者之間的關聯性嗎？

外帶食物增值稅是我個人最希望開徵的稅收名目，還有男性珠寶稅、蠢馬尾稅、邊走邊傳簡訊稅、沒下雨還繼續撐傘稅、耳機音樂外洩稅、在鬧區走太慢稅、手指刺青稅、行人道掉漆稅、很喜歡用反話開玩笑的稅、擁有惹人厭小型犬稅、販賣機不找零稅。我想，只要幾個月時間，就可以解決英國負債問題。

我一邊吃三明治，一邊看人們使用那三十便士的廁所。三間廁所總是隨時有人。這代表每分鐘廁所就賺進五．四英鎊，一天賺進三千英鎊。如果我們仔細計算並以最保守的方式估計，假使廁所一天營運十小時，一週六天，那麼一年可以有將近一百萬英鎊的收入。哇，小便真是生動地詮釋了「金流」一詞。我不會想課小便稅，畢竟我也是傑出的貢獻者之一。

我決定不要待在曼徹斯特，明天就是星期天，而我不想在星期天傍晚在死城裡閒逛。我在《哈！小不列顛》一書裡花了很長篇幅描述曼徹斯特，之後我也很常來這旅行。我必須說，曼徹斯特確實進步滿多的，歡迎讀者來這驗貨，不過盡量不要待到週日就是了。

本人有更想去的地方：阿爾德利埃奇（Alderley Edge）。我曾經在《經濟學人》讀到，阿爾德利埃奇是全英國前十大富裕的小鎮。該鎮人口為四千六百人，其中共有七百名高淨值（high-net-worth）的個人，高淨值就是百萬富翁的意思。阿爾德利埃奇距離曼徹斯特約有二四公里遠，位置偏南，景色秀麗。幾乎所有最強的北方足球隊員和經理們都住居於此，曾經或目前仍舊住在阿爾德利埃奇的包括有克里斯蒂亞諾・羅納度（Cristiano Ronaldo），里奧・費迪南德（Rio Ferdinand）、卡洛斯・特維斯（Carlos Tevez）、大衛・貝克漢（David Beckham）、偉恩・魯尼（Wayne Rooney）、亞力克斯・佛格森（Alex Ferguson）、馬克・休斯（Mark Hughes）等等。還有幾個《加冕街》（*Coronation Street*）[31]的演員應該也住在這裡。如果谷歌新聞無誤的話，那麼這些大明星平常的消遣就是撞爛自己的法拉利、繳超速罰單以及在房子裡惡搞讓鄰居們頭痛。不過，當然也有很多名人低調安靜地活著。以前曾經遇過住在阿爾德利埃奇的人跟我說，常碰到貝克漢在維特羅斯超市或大街採買。當時在全世界的任何地方，貝克漢只要一踏出禮車就會受到全面包圍，不過在阿爾德利埃奇，他仍舊可以像個正常人般地活著。這真的還滿貼心的。

31——英國ITV電視臺長壽電視影集。

我很開心地發現阿爾德利埃奇還滿美的，還有一條優雅而且維護得相當不錯的大街。這裡沒有書店或一整排和日常生活相關的商店像是鐵鋪、肉鋪，不過卻有裝潢得相當不錯的咖啡店、小酒館和酒吧。我本來以為這邊會和好萊塢比佛利山莊（Beverly Hills）一樣，有無數設立巨大高牆、自動門的豪宅，不過那完全不是這裡的風格。阿爾德利埃奇的住宅確實頗大，但不會有財大氣粗的感覺，整體而言，相當收斂而有品味。總之，很奇妙的，這裡讓人失望卻又同時讓人相當滿意。

傍晚時，我到德老特拉福德（De Trafford）酒吧坐坐，我剛好選到角落一張桌子，桌子上擺著週末報。我已經沒有讀報的習慣了，因此甘之如飴地享受這意外的報紙。

數年前，我曾在《泰晤士報》讀過一則長篇報導，讀完後我就徹底戒掉讀報習慣。故事關於坎伯恩（Camborne）康沃爾學院（Cornwall College）的新聞系學生，他跑到美國並且試著挑戰所有美國本地的可笑法律規定。文章很貼心地整理出至少十三個荒謬的美國法律實例——南達科他州依法禁止人們在乳酪工廠睡著；喬治亞州的瓊斯伯勒（Jonesborough）禁止人們說「嗨，男孩」；紐約州的卡梅爾（Carmel）禁止男人穿著不搭的外套與長褲出門；馬里蘭州的巴爾的摩禁止人們帶獅子上電影院等。《泰晤士報》的文章表示，這名學生將旅行至美國各地，並試著讓自己被逮捕，之後再寫一本關於此趟旅行的書。

當時，我正巧受朋友邀請在倫敦市立大學（City University in London）發表年度演說，主題則是新聞學。當時我打算以這篇文章為例，討論英國報業的新聞準確度。我試圖聯繫文章中提到的十二或十三個城市的代表，想了解他們的怪異法律。我找來找去找不到喬治亞州的瓊斯伯勒代表，因為喬治亞州根本沒有瓊斯伯勒這地方。除了瓊斯伯勒以外，我聯繫上其他城市的市長、警官或任何我認為知道答案的專業人士。有兩個城市我完全得不到任何回音。不過所有其他城市的地方官員都跟我保證，報紙提到的怪異法律根本是子虛烏有。巴爾的摩市長辦公室代表告訴我，如果你帶獅子去戲院確實會被逮捕，不過很明顯的，他們根本沒那閒功夫把這件事列為違法之事。簡單來講，整篇文章所提到的法律都是作者唬爛的。

所以如果我們重新思考《泰晤士報》的文章，那個學生根本沒去美國，根本沒寫書，根本沒被逮捕，不過他還是讓報紙寫了整版關於他的故事。我如果是教授絕對會給他最高分，至於《泰晤士報》的編輯們，真的是需要檢討一下了吧。

好吧，我其實沒有因為這愚蠢的故事氣到再也不讀報紙，不過我確實不會每天都讀了，很快我就發現其實這也沒有什麼損失。以前曾經有過那麼段日子，我回家就是期待能好好讀篇《星期日泰晤士報》（*Sunday Times*）或《觀察家報》（*Observer*）的故事，我期待讀克萊夫·詹姆斯（Clive James）從遙遠地方捎來的好笑報導；也期待讀茱利安·巴諾斯（Julian Barnes）寫的電視節目評論或是馬丁·亞密斯（Martin Amis）寫的長篇評論。我並不想污辱英國整個世代的新聞從業人員，不過，我現在只讀週末報了。我順手拿起了那份報紙。

「如果亞墨・克隆尼（Amal Clooney）穿黃色好看的話，那安娜・墨菲（Anna Murphy）也可以試試黃色。」這是報導的第一句。好，我先說，我對這些人沒有意見。我不知道他們是誰，本人祝福他們這輩子都超級幸福快樂美滿。不過如果你想和我討論他們今年夏天應該穿什麼顏色的衣服的話，幹，誰在乎啊？

「我之前一直不喜歡穿黃色衣服，」墨菲女士在文章的開頭寫道，「後來我才發現自己大錯特錯。」她很瀟脫地承認了錯誤。天啊，這絕對超過我想理解的範圍。我翻了一頁，另一個文章寫了十六招讓你的沙拉更「花枝招展」的方法。我還真的不知道，如果我向太太建議這些讓沙拉更花枝招展的方法的話，她會回答我什麼。

接著我又讀到如何選擇臉部精華液的文章（當然是買越貴的越好），如何擁有性感雙唇，以及一篇關於跨性者的嚴肅文章，這文章的用意當然只是想刊登凱特琳・詹納（Bruce Jenner）變性後的照片。其他文章的內容也是半斤八兩。現在的問題到底是我老了，還是其他三十歲的人都只剩十歲孩童的智商？我翻了翻其他週末版的文章，也大同小異，所以我把報紙丟到一邊，從背包裡拿出一本書來看。

不過我倒是有個關於貝克漢的故事可講。這故事和我的出版社朋友拉瑞・芬雷有關，芬雷就是那個我們在序文裡提過，眼睛閃閃發亮的先生。不久以前，芬雷參加倫敦書展，並在回家前到小威尼斯區喝一杯。他當時正在讀一篇稿子，有個人突然說：

「你介意我們坐這嗎？拉瑞？」

他抬頭一看，是貝克漢和另一名男子。

「當然不會。」拉瑞受寵若驚並把稿子移開，方便他們入座。

「謝啦，拉瑞。」貝克漢說。

「你怎麼會知道我的名字？」拉瑞說，臉上不由自主地有點神氣。

「拉瑞，因為你的識別證上寫著『拉瑞』啊！」貝克漢爽朗地回答。

他們聊得滿開心的，拉瑞說貝克漢人很不錯，聽起來滿棒的。

我邊看書邊想到那故事，並且想像等等會有名人來陪我喝一杯，不過突然想到我根本認不出那些名人，畢竟我早就不看報紙了。

Chapter 22

Lancashire

蘭開郡

布萊克浦的沒落讓人感到惋惜，畢竟這裡的空氣清新，視野迷人，還有大片的沙灘。布萊克浦塔仍舊是英國最特殊的建築之一，該塔兩側擁有全世界最好的宴會廳；這裡還有歷史悠久的遊樂場、不錯的戲院和許許多多維多利亞時期留下的老建築。

◆

I

我坐火車到普雷斯頓（Preston）站，接著又轉車，一路顛簸晃盪不安，讓人猜想是否來到了煤礦城。

窗外景色是無止境的工業城與沙石漫天，轉眼間我們竟然來到綠洲般的舒適小城：林罕（Lytham）。眼前精巧的火車站讓人欣喜，事實上，火車站已經改建為小酒館，但乘客還是可以在此上下車。再過去的城鎮入口處前，則是一個小公園。

林罕是個有著玫瑰色磚牆的精緻小城，繁榮、乾淨，還有著維多利亞式的舒適感，城裡處處可見整齊的草地，里布爾河（River Ribble）河口前則有著如詩如畫的風車，轉旋著黑色扇葉。再過去，越過銀銀閃閃的泥灘，隱約可見南方一六公里遠處的紹斯波特（Southport）。

我把包包放在林罕綠地附近的克理夫頓公園飯店（Clifton Park Hotel）後，就上街轉轉，前往一二．八公里外海岸邊的布萊克浦（Blackpool）。路途雖然不輕鬆，但景色值回票價。海灘旁的步道可以直接通往另一個北方前哨小鎮聖安（St. Anne），其風景亦十分迷人。天空顯得灰鬱厚重，像條濕抹布掛在空中。不過海風卻十分乾燥、舒適，讓我心情很好。

因為布萊克浦塔（Blackpool Tower）所散發出的強大氣場，我遠遠地就認出布萊克浦，這可是蘭開郡的艾菲爾鐵塔呢。布萊克浦塔僅有艾菲爾鐵塔的一半高度，但是看起來卻似乎一樣巨大，部分原因很可能是塔身結構堅固、線條俐落，而年代久遠的關係吧。此塔建於艾菲爾鐵塔完工的五年後。

布萊克浦有一條耗費一億英鎊修復的新穎海濱步道，原本用途為提高海防，不過卻也提供了布萊克浦長達三公里蜿蜒、優美的散步空間。這條步道其實更像是可以與遊客互動的雕塑作品；步道高低起伏延展，帶著遊客上下移動，還有順暢適合滑板族競賽的坡道，和可以當作椅子的階梯。這應該算是全世界最棒的步道，只要你盡量把目光放在極遠處的海洋，不要回頭看遠方的破落布萊克浦，畢竟，今日的布萊克浦早已一無所有了。

在我初次造訪大不列顛時，每年約有兩千萬遊客造訪布萊克浦。現在的遊客數量連一半都不到。布萊克浦向來是個價格實惠的度假聖地，不過在以前更能保有輕鬆自在的風格和趣味。今天的布萊克浦隱約透出憂鬱破敗的孤寂感，白天的街道人影稀疏，到了晚上更讓人覺得惶惶不安。

根據《布萊克浦公報》（*Blackpool Gazette*）調查顯示，布萊克浦市中心約有一百間以上的商業場所暫停營運。一百五十間旅館等待頂讓。二〇一四年，《衛報》報導指出，全英國最惡劣的旅館為布萊克浦面海的新君怡飯店（New Kimberley Hotel），該旅館負責人彼得・馬特卡夫（Peter Metcalf）因公共安全違規被判刑十八個月，其嚴重違規內容高達十五項，包括：無火災警報器、封閉逃生出口等；此外，旅館的九十間房間僅有半數供水。稍早之前，新君怡飯店更因二十項食品安全衛生違規，被吊銷酒類執照。

關於布萊克浦的一切都讓人沮喪。自二〇〇四年至二〇一三年之間，該地減少了百分之十一的工作機會，成為繼格洛斯特（Gloucester）與羅奇岱爾（Rochdale）之後最衰敗的英國城鎮。二〇一三年，研究指出布萊克浦為全英國最不健康的城鎮，該地擁有全英最高的酒精相關致死率，約百分之四十的懷孕女性吸菸，而男性平均死亡年齡比全英國的平均值早了五年。布萊克浦步上了其他濱海小鎮的後塵，成為藏污納垢的場所。新君怡飯店裡住的不是遊客，遊客早已消失在此地，飯店的住客們幾乎都是流浪漢和窮人，這些人蝸居在骯髒、不安全的骯髒建物裡，因為這是他們唯一付得起房租的地方。以布萊克浦衰退的速度看來，要東山再起幾乎是不可能的事。

布萊克浦的沒落讓人感到惋惜，畢竟這裡的空氣清新，視野迷人，還有大片的沙灘。布萊克浦塔仍舊是英國最特殊的建築之一，該塔兩側擁有全世界最好的宴會廳；這裡還有歷史悠久的遊樂場、不錯的戲院和許許多多維多利亞時期留下的老建築。

布萊克浦需要提升安全性並重振市容，讓遊客們有值得消費的選擇，像是不錯的商店、娛樂性高的表演，以及乾淨和吸引人的餐廳。我個人還滿推崇威瑟斯本連鎖餐廳，他們似乎很懂得營造讓消費者愉悅的環境，而且還不用花太多的錢，乾脆讓威瑟斯本餐廳重振布萊克浦如何？

我還有一個更不可能的建議。為什麼政府不介入呢？布萊克浦需要徹頭徹尾地改造一番，把環境弄得更現代、創造更好的工作機會、改進飯店、餐廳與遊樂園的素質，提升遊客來訪的意願，這些都需要大規模的整體計畫，需要資金、相關投資獎勵機制。但是依照《衛報》報導，目前該鎮最重要的大型重振計畫為引進停車換乘系統，以及在主要停車場提供充電站。我真的不覺得這些計畫對現況有何幫助。

如果由我負責推廣布萊克浦重振計畫的話（我不好意思說我最想重振的是可以盡情喝酒和狂吐的地方），我會讓傳統海岸節目重返舞臺。海岸節目藝術早已大不如前，所有的廣告看板都是皇后合唱團和貓王的模仿秀，或聽都沒聽過的「爆笑劇團」（Cirque du Hilarious）喜劇秀這類節目。濱海小鎮早已丟失了最根本的特質。

數年前，我曾經為了《國家地理頻道》的節目在布萊克浦住了好幾個月，還因此看了鎮上的所有表演節目。我印象最深刻的節目是「小與大」（Little and Large），那節目真的非常動人，機智、討喜而且擅長和觀眾互動，他們會隨意地挑選觀眾聊天或調侃，隨意地用對方的職業、家鄉、配偶、風格或衣著開開玩笑。那是我在戲院玩得最開心的一次。隨後，我在後臺訪問表演者，他們看起來筋疲力竭。要和現場觀眾互動真的不容易。表演者艾迪．拉奇（Eddie Large，他日後動了換心手術，難怪當時看起來那麼疲憊）表示，他們已經後繼無人，他們是最末代的音樂廳表演者。我當時沒想那麼多，不過還真的被他說中了。

之後，我們很常帶小孩子去看海岸節目的表演，十之八九都會盡興而歸；我記得，我們在伯恩茅斯的歌劇院（Pavilion Theatre）看了「柯樂奇家族」（Krankies），那真的很棒，回味無窮。我不想假裝內行，那音樂超大聲也很具感染力，笑點很直白逗趣，設計的橋段也都技巧純熟且達到效果。整場表演充滿了吵鬧而活潑的段落，視覺設計也毫不馬虎。這絕對是英國文化最專擅長的領域，不過現在這些都已經消逝了，讓人感到非常遺憾。

我在海灘走了好一陣子，看到一間又一間快倒閉的旅館。再不久就是燈節，到時英國北部的人都會擠到這來觀賞燈泡奇觀。不過這項昔日單純的消遣也讓布萊克浦的酗酒與暴力事件更為頻傳。在我離開布萊克浦三天後，約有五百名年輕人群聚市中心，並隨機破壞市鎮設施。他們將路邊物件充作武器，用以攻擊警察。雖然報紙沒有調查過激事件背後的主因，不過當過小的大腦與烈酒結合時，就會產生更不穩定的化學作用。最後，有三名警察受傷，並有十二名年紀約在十三歲至二十二歲之間的青少年被捕。這就是布萊克浦毀滅前的最後一哩路。

我設法走回林罕。當我走到步道盡頭時，回頭看了布萊克浦最後一眼。海濱遊樂場的燈光恰好打亮，巨大的布萊克浦塔俯瞰著整座城鎮。只要保持適當的距離，布萊克浦似乎還滿棒的。

時間已經滿晚了，接近傍晚時刻，我拖著疲憊的身軀回到林罕，幸運的是，旅館後方有裝潢得很不錯的酒館塔帕斯（Taps），讓人可以好好提振精神，以及馬席納（Moshina）印度餐館（這餐館的衛生評價有五顆星，太厲害了！），再過去還有幾間小館，不過光這兩間就讓我對林罕產生了濃厚的情感，並開始期待前方的旅程。晚餐後，我在城鎮間好好地散了個步，並且訝異地發現林罕近看所產生的好感度甚至還比上次快速觀望時高出許多。林罕有很多特色老店。我還滿鍾意喬治雷普利男裝店（George Ripley's）。這間店看起來很有自己的風味——感覺店裡會賣有橫條紋或閃電線條的開襟毛衣、有拉鍊口袋的外套、有幻覺系香檳泡泡圖案的領帶、可以當作街頭逞凶武器的長尖領外套。雖然這些都不是我的風格，你們還應該記得我是穿史普蘭帝斯透斯的男人，不過我還是非常開心看到世界上還有人在賣這些衣服。我真心希望喬治雷普利男裝店可以長長久久。

我看到了一間招牌上寫著「湯姆塔，美味起士鋪，成立於一九四九年」的小店，不過很快地又發現了另一間更具歷史的商店，招牌上寫著「威蘭炸魚薯條，成立於一九三七年」。兩間店看起來都很誘人。林罕還有間相當傳統古典的史特瑞格（Stringers）百貨公司，以及外型出色的「卜拉迪克與布斯」（Plackitt and Booth）書店；書店外掛著「維多利亞・希斯洛普（Victoria Hislop）即將出版」的牌子，祝福她寫作順利。

上述總總，讓我覺得林罕應該算是英國北方最值得推薦的小城，我抱著大肆慶祝的心情走進看起來很歡樂的「船與國王」（Ship and Royal）小酒館，並在睡前好好地喝上一杯。

II

比利時最讓我讚歎的（很明顯地不會有其他太多原因），那就是火車時刻表的可靠程度。你可以打賭開往根特（Ghent）的火車會於下午兩點零二分離站，並且永遠都會停靠在二號月臺。火車時刻表上會清楚顯示月臺號碼，上述種種充分展現了比利時火車的可靠程度。

至於英國的鐵路系統則把載客運輸這回事看得較為輕鬆。我記得，二〇〇三年在我搬到諾福克郡時，有天在倫敦國王十字站時，我發現售票機無法列印前往懷蒙德翰（Wymondham）的車票，於是排了老長的隊伍希望英國鐵路能履行徵人廣告上的訊息：「徵人啟事——尋找喜歡面對群眾的人。」

結果櫃檯服務員用完全沒有高低起伏的音調對我說道，「你必須到利物浦街站才能坐到開往蒙蒙翰的火車。」他完全發音錯誤，是懷蒙德翰。

「怎麼會？之前一整個月我都是從這搭火車到懷蒙德翰，中間還會經過劍橋。」我說。

「不行。」他說。

「你是說我不行這樣做，還是鐵路局不允許？」

「都是。」

「不過我一直都這樣搭乘的啊。」我把舊火車票拿出來澄清，「懷蒙德翰至倫敦車站，中間停靠劍橋。」

他看了票根一下，不過認為這票根不能證明我說的話。

「所以你到底要幹麼？」他說，「後面還有很長的隊伍。」

「你就給我一張到懷蒙德翰的車票。」我嘆了一口氣。

「你沒辦法從這搭到懷蒙德翰。」他陰沉地回覆我。

「我會試試看。」我回他一句，那男人聳了聳肩，給了我到劍橋的單程票，我在劍橋時又買了開往懷蒙德翰的車票，不過因為排隊隊伍太長，而錯過了火車。我寫了抱怨信給英國鐵路，下一次我到國王十字站時，突然就買到了通往懷蒙德翰的火車票。全英國都應該感謝我讓英國鐵路提供了這項服務。不過基本上我並沒有推薦你搭火車，畢竟英國鐵路是由一群混蛋所組成的，這點和比利時還滿相像的。

隔天早上的經歷讓我又回想起了上述種種。當時我打算從林罕搭車到普雷斯頓，並預計在十點四十五分轉車至肯德爾（Kendal）。我拿了火車時刻表想確認自己的行程，上頭卻沒有顯示任何會在十點四十五分出發的火車。我看了顯示螢幕和時刻表，也是同樣的答案。所以我跑到服務臺希望他們對此事略知一二。

「啊，」他的口氣好像是我提出了什麼有趣的觀點一樣，「十點四十五分開往肯德爾的火車，就是上面寫的十點三十五分開往布萊克浦北部的這班火車。」

我望著他許久。我的腦袋冒出這樣的聲音，「如果你在等十點四十五分開往肯德爾的火車，別人卻告訴你那就是十點三十五分開往布萊克浦北部的這班火車，你一定是中風了！」

「為什麼啊？」我問。

「嗯，你看，因為火車會在這裡分行。有一半的列車開往布萊克浦北部，這部分預計十點三十五分出發。另一部分的列車就是十點四十五開往溫德米爾（Windermere）的這班肯德爾線。不過因為電視螢幕太小了，所以我們無法放上所有資訊，怕造成乘客混淆。」

「但是我已經混淆啦。」

「這就是問題！」他很積極地回應我的抱怨。「我們好像只是把事情弄得更複雜了。幾乎每天都有人來問我，十點四十五分的班車要在哪裡搭？需要我幫你指路嗎？」

「太感謝你了。」

他帶我走到三號月臺，並告訴我確切的位置。「火車會在十點二十八分離開。你要選前四節列車，不然就會坐到布萊克浦。」

「我剛就是從那來的。」

他很慎重地點點頭。「沒錯，所以你一定要坐上前四節列車。」

「所以站在這對嗎？」我指了指腳下的位置，好像只要往前或往後幾吋，就會受到詛咒一樣。

「對，就是這裡，你千萬別搭到下一班列車或下下班列車，你一定要搭上那一班火車。」他看起來超級擔心的，「知道了嗎？」

我很把握地點了點頭，站在月臺上枯等。對面月臺上站了一群通勤者，每個人手上都拿著筆記本或文件板。我覺得他們看起來都應該只能和櫥櫃裡的東西發生性關係。我試著猜想他們的餘生會不會發生任何有趣的事，結果想破了頭。

有兩列火車進站了。螢幕顯示下一班列車正是十點三十五分開往布萊克浦北部的火車，不過由於火車誤點，將於十點三十七分進站。月臺上越來越多人了，有位站務員率領一整隊的乘客出現，並且貼心地用手指向某一小塊月臺空間，希望乘客們在確切的位置等待。結果，竟然有列火車在十點二十九分進站了，所有人都陷入了恐慌，這列火車是十點三十五分那列火車提早抵達還是另外一列車？誰分得出來啊？放眼望去沒有任何站務員。我很不願意移動雙腳，畢竟站務員指示我只能在這範圍內上車，旁邊的男人似乎自告奮勇地想嘗試。他上了車，就再也沒回來了。過了幾分鐘以後，我也決定跳上火車，車廂內小桌旁的年老夫妻們緊張地問我，這列火車是不是要去溫德米爾。

「應該是吧，」我在他們對面坐下，「但我們最好做好準備，隨時跳車。」

他們點了點頭，兩手掐緊隨身行囊。

過沒多久，火車廣播宣布這列真的是前往溫德米爾的火車，前往布萊克浦北部的旅客必須下車，改搭其他四節車廂。這時後方有個男子急忙地起身準備離開。

我的新朋友們來自威德尼斯（Widnes），準備到溫德米爾度假。兩人精心準備了野餐組合，要享用這些餐點，手指還得必須非常靈活才行，野餐組合包括——蓋著小巧蓋子的瓶子、必須以一整套連續動作才能打開的微波盒、必須用非常俐落的手法才能「砰」一聲打開的小罐果醬。夫妻倆帶了兩顆水煮蛋，他們以法醫般的潔癖感在桌巾上一一剝開蛋殼，好像害怕等會有人要求他們復原一樣。我可以猜想他們平常都如何打發時間。

我們還處得滿愉快的。他們給了我一塊巧克力消化比司吉，我跟他們提起上次湖區之旅時，我搭了從溫德米爾到懷蒙德翰的火車，因此車票上印了「WDM」到「WMD」的縮寫。不知道全世界還有沒有人發生過這樣的巧合。

「一定沒有。」那位太太用崇拜的眼光看著我，一邊說道。

「結果之後不久，我又拿到了一張『Diss』到『Liss』的車票。」我補了一句。

「我覺得這應該也很少發生呢。」

「對啊，沒錯。」

「不過我玩得非常愉快。」我說完之後，同車的三個人立刻陷入朦朧的睡夢中。

我在肯德爾和新朋友們道別。我預定了火車站接駁服務，湖區的大眾交通系統實在不太可靠。當火車時代來臨時，浪漫的威廉・華茲華斯（William Wordsworth）[32]與其他可敬的人們曾一起激烈抵抗火車的噪音、黑煙，以及來自下流社會的一日旅行者進入他們的高級城鎮，所以，直到今日，湖區的鐵路系統僅僅接駁至最外圍區域；也因此，湖區從未發展出工廠或郊區社群，現代旅客們也只能以汽車造訪該區。

我決定從外圍面海西側進入湖區，這條路應該會比從溫德米爾或安布賽德進入湖區來得安靜許多；不到二十分鐘後，我就來到莫克姆灣（Morecambe Bay）北側的傳統觀光小鎮格蘭奇奧弗金沙（Grange-over-Sands）。以前我常帶小孩子來這度假。格蘭奇奧弗金沙算相當受歡迎的度假城鎮，

32——英國浪漫主義詩歌的主要奠基人和成就最高者，「湖畔派」詩人的重要代表。

有高爾夫球場、可以餵湖裡小鴨的公園，還有我們最鍾愛的下午茶店。我很久沒來了，所以滿開心看到這裡景色依然，只是遊客似乎比我想像的少了許多，街上的商店相當空蕩。不過好消息是，鎮上最棒的肉鋪和餡餅店赫金森格蘭奇（Higginson's of Grange）還在營業，而且裡面擠滿了客人。我買了個小豬肉餅帶到公園板凳就著莫克姆灣的景色吃了起來。豬肉餅實在太美味了。我覺得英國是世界上唯一能夠做出兼具化痰功能的美食的國家。

莫克姆灣應該是全英國最美的海灣。因為潮汐作用，莫克姆灣每天至少有兩次退潮，遊客可以在九公尺高的海水湧入前，在沙灘閒晃一下。不過遊客可不能太過鬆懈，因為海水漲潮非常快，而且多半以強烈碎浪、異常波流等出人意料的方式出現並將遊客包圍，整齊劃一的海浪難得看見。很多遊客會在海灘散步，過沒多久卻突然發現自己已置身於逐漸萎縮的巨大沙洲上。二〇〇四年二月時，至少有二十一名違法的中國籍撿蛤者受困在海灣中誤判浪潮而溺斃，因為是違法移民，所以沒有人知道確切的傷亡數字，此次事件為有史以來最嚴重的莫克姆灣悲劇。撿蛤者為了每磅九便士的蛤類來到死亡沙灘上。

數年前，我參與《哈！小不列顛》電視節目的製作，當時我和電視製作團隊花了數個月的時間旅行英國。有一天，我們來到了一個我完全沒印象的鬼地方。

「我們現在在哪？」我問。

「巴羅因弗內斯（Barrow-in-Furness）。」我的好友製作人埃倫・雪爾溫（Allan Sherwin）用很陽光的語調回答。在一起工作了幾個星期以後，我知道製作人的邏輯通常和一般人不大一樣。

「埃倫，為什麼我們會在巴羅因弗內斯？」我問。

「因為到不了柏頓（Bolton）啊，老兄。」他回答。

「什麼意思？」

「我們沒有拿到柏頓的攝影許可。」

「所以你選擇巴羅因弗內斯？」

他皺了皺眉若有所思地用手指開始數。「柏頓是北方小鎮。工業城。沮喪。字母開頭是B。這都符合條件啊，不是嗎？」

「你知道嗎？我從來沒來過這，我也沒在書裡提到柏頓。」

「對啦，但他們讓我們拍攝啊。」他很有耐心地解釋，還很親切地捏了捏我手臂一下。「你一定會想到臺詞的。一定會很棒啦。」

我們就在巴羅因弗內斯拍攝了一整天，當然現在早就不記得這地方的任何一切了。我試著想要在鎮上逛逛，看看會不會有任何記憶如潮水般湧向我？

巴羅因弗內斯可以說是大不列顛殘缺的義肢，可有可無的邊緣存在。它位於半島地帶，並且只能以搖晃的慢車通往其他地方。以前這裡曾經是座工業城，還有著世界第一大的鋼廠，不過現已歇業。今日，巴羅因弗內斯以憂鬱和邊緣的氣息著稱。我在星期天早晨出來逛逛，市容看起來不算太壞。我把車停在商業區邊緣，改以步行觀望四周。街道寬敞、乾淨，路旁則有頗具歷史感的紅色砂岩磚房。幾乎每個街角的圓環都有群花綻放，以及早被忽視的歷史人物雕像，不過我實在無法隔著老遠細讀雕像說明，也不想為了平頂帽還是什麼鬼的發明者約西亞・格賓斯（Josiah Gubbins）的雕像鑽進車流裡。若遠觀巴羅因弗內斯，狀況看起來還可以，乾淨、繁榮而且在乎自己的歷史。不過當我越深入其市中心，破敗腐壞的氣味就越刺鼻。

市中心心臟地帶為狹長彎曲的行人步道，雖然人潮頗多，不過看起來並沒有任何商業氣息，多數人只是聚集在此。身上有著滿滿刺青、散發出危險氣息的男人，三五成群窩在街角，讓此處有種監獄放風處的氣氛。幾乎每隔幾步路，大樓就會掛出招租的廣告。廉價的賽福爾（Savers）連鎖衛浴用品店掛了牌子指引顧客到鄰近的莫克姆灣分店消費。如果有任何人建議你轉往莫克姆灣消費，你就知道這地方絕對是慘中之慘。

我來到咖世家（Costa）咖啡店，令人驚訝的是，客人全是穿著時髦的上班族。我喝了一杯提神的咖啡，回到監所營地，漫步到步道盡頭，那裡的房子全都掛著出租招牌，男人們牽著凶惡的大狗逛街，至此，我思忖自己應該不可能融入巴羅因弗內斯的監獄風情畫，因此折返車上，決定加速開往有著綠野山丘、綿羊的坎布里亞（Cumbria），在那裡你可以輕撫小狗的頭，並且不會被砍掉雙手。

Chapter 23

The Lakes

湖區

對美國人來說，英國國家公園實在非常奇怪，因爲它根本不是公園，只是一片看上去特別美麗、且分外舒適，可供英國人進行三項鄉村活動的土地。在美國，國家公園就是叢林荒野，沒有任何人可以居住在國家公園裡面，而英國國家公園就跟一般農場、村莊、小聚落沒兩樣，只不過遊客數目較爲龐大而已。

◆

一九五七年，英國人在各方面都表現得異常完美。他們包辦了世界上約五分之一的產品。他們擁有世界各地的土地，稱霸海上與空中的速度紀錄，就連一·六公里路完跑紀錄，也再次被他們贏回去：七月時，德里克·艾伯森（Derek Ibbotson）以三分五十七秒二的紀錄，從澳洲人約翰·藍迪手中奪回世界冠軍。

就全世界航空產業來看，英國是僅次於美國的霸主。

費蘭蒂（Ferranti）的阿特拉斯（Atlas）電腦是全世界最強大的主機——遠超過其他品牌甚至是IBM的主機。英國剛開發出氫彈——其邪惡的人工智慧開發也遠超過其他國度，僅次於美國與蘇聯。此外，他們還在坎布里亞的海岸——瑟拉菲爾德（Sellafield）的柯爾德霍爾（Dalder Hall），建造了世界上第一座成功運作的核電廠。

一直到我在此趟行程前閱讀了一些資料後，才知道英國的核能成果居然如此顯赫。原來，在一九四四年二次世界大戰席捲全球期間，邱吉爾和羅斯福簽訂了合約，承諾兩國在戰後，共享雙方在核子武器與核能發展的研究成果。但是沒過多久，羅斯福過世，兩年後，美國國會通過《麥克馬洪法案》（McMahon Act），任何人如果以任何方法向第三方（包括英國）洩露核反應的資訊，皆屬犯罪，罪可致死。因此，英國必須全然獨立地發展核產業與氫彈。他們的發展是如此成功，很快就取得驚人的成果。

就這樣，一九五七年的英國站在世界之巔。緊接著，一切卻分崩離析，而瑟拉菲爾德（當時稱為溫斯克爾〔Windscale〕）就是這場崩毀的起點。一九五七年十月，在例常的維修中，其中一座核反應爐因溫度過高而起火燃燒，在這危急時刻，卻沒有任何一個人知道該怎麼辦。一般來說，瑟拉菲爾德的反應爐爐芯都是以空氣冷卻，杜絕溫度過高的意外發生。然而正因溫度過高的事件不應該發生，因此他們從未擬定任何應變計畫。此刻，給予反應爐額外的空氣，也只會助長火焰。因此唯一的替代方案，就是朝反應爐灑水，但沒有人知道如果朝著溫度超高的核爐芯澆水，會發生什麼事。

他們擔心水或許會導致大規模的爆炸（劇烈的核爆），讓大量高輻射性物質進入平流層，導致歐洲與北大西洋陷入混亂。即便以最樂觀的預期來看，湖區依舊會需要撤離，坎布里爾郡外圍的好幾萬公頃土地，也將封閉數年（如果不是幾十年的話），並徹底限制人類進出。全世界將會失去壯麗的坎布里爾郡一整個世代。此外，無論是在國際聲望與經濟賠償上，英國也都將會為此付出無以復加的代價。

最後，往核爐芯灑水的作法竟然成功了，沒有任何巨大災難發生。當然，有些牛奶攪拌桶中的牛奶必須倒掉，連續好幾年坎布里爾郡的羊隻都會發光，但整體來說這個結果算是非常幸運。但此事件讓大眾信心一落千丈，英國民眾再也無法像法國人民那樣，信賴或接受核能。

我必須承認自己完全無法信任核能產業。幾年前我在《紐約客》上讀到文章描述華盛頓州的漢福德區（Handford）大型工業區的狀況。漢福德區或許是最能代表現代人毫無責任心的實體證據。在一九四三年至一九八〇年間，漢福德區將包含鍶、鈽、鉋等六十三種有毒物質的液態廢料，排入了哥倫比亞河流域的地下水區。有些時候，排放或許是出於不小心或意外，但更多時候則是蓄意而為。漢福德區的工程師在執行這些任務後，還無恥地堅稱這些水依舊非常乾淨與合乎衛生標準，並引用鮭魚的化驗結果證明河水的安全性；工程師辯稱一個人需要一次吃進多達一百磅的鮭魚，才有可能累積到足以被偵測到的輻射量。但他們心知肚明卻沒說出口的，卻是這些鮭魚在洄游到哥倫比亞河時，是不進食的。牠們是來產卵的，而鮭魚產卵時並不吃東西，且停留的時間更沒有漫長到足以吸收顯著輻射量。然而，這些科學家明知道其他水生動物——甲殼類、浮游生物、藻類與長期於此生活的魚類，其身上帶有的輻射量濃度是正常平均值的十萬倍，卻選擇隱匿其情。這些科學家還真是居心叵測啊。

漢福德區的報導讓我萬分痛心且震驚。說真的，我從不知道美國人居然可以如此惡意地欺騙其他美國人，因此我希望在英國情況會好些。但事與願違，或者該說情況並沒有好到哪裡去。英國的核能專家或許沒有那般無情，但也同樣虛偽。一九七二年，英國參與簽署《倫敦公約》（*London Convention*），加入擁核國家的行列。《倫敦公約》中，明文禁止簽署國家使用船隻將高濃度放射性廢料倒進海洋裡。但內容沒有提到管線，因此英國在沒有任何概念或證據觀測、分析行為後果的情況下，利用管線將大量有毒廢棄物直接排進愛爾蘭海。到了一九八〇年代晚期，根據奧勒岡州立大學（Oregon State University）的環境科學家雅各布．漢布林（Jacob D. Hamblin）統計，營運瑟拉菲爾德核電廠的工程師們，讓全歐暴露在比「所有核能廠、核武測試、車諾比事件和封裝後的固體廢料……之綜合程度」更高的輻射量之內，卻同時宣稱自己是遵守《倫敦公約》的乖乖牌。

瑟拉菲爾德還有更多有毒囤積物，包括世界上最大的鈽儲備（二八〇〇〇公斤），但沒有任何人知道這些東西究竟放在何處，因為紀錄做得非常隨便。根據《觀察家報》的報導，瑟拉菲爾德的B30大樓是全歐洲最危險的建築。而位於該棟建築隔壁的，則是僅次於B30的危險大樓。此建築群裡放滿了緩慢老化的燃料棒與各種受到污染且老舊的金屬及器械。

二〇一四年六月，聽起來最具威脅性的組織——英國核能設施除役局（UK Nuclear Decommissioning Authority）宣布，清除瑟拉菲爾德核廢料的費用為七百九十一億英鎊。該集團的執行長約翰．克拉克（John Clarke）對《金融時報》表示，「現在，我們必須查清楚那些建築中放了些什麼，又該如何清運？」

我想我可以幫你，克拉克先生。這可是足以威脅半世紀生態圈的毒物，當它們被拋棄的時候應該至少要被詳細記錄。克拉克描述自己當前的工作就像是「一趟發現之旅」，當我們談論核廢料清運時，應該沒有人有辦法忍受他的口氣。

結果，無論瑟拉菲爾德核電廠在其極短的工作年限中能為英國帶來何等好處，其經濟方面的支出絕對超過英國所能負荷的範圍，而且我們還必須考量那一大堆可能會維持毒性……呃……約數百年的污染廢棄物。我不是專家，但根據這些事實來看，人類實在還沒有成熟到能夠使用核燃料的程度。

當我於一九九〇年代拍攝《哈！小不列顛》電視節目時，造訪了瑟拉菲爾德核電廠的遊客中心。那是一座高智慧、高科技的博物館，自信地宣揚核能的安全、可靠與偉大。除卻這些用力過猛的宣傳以外，我記得那裡是一個很好玩的地方。那裡或許是世界上唯一個將鈽描述得如此可愛、俏皮的地方。在我拜訪瑟拉菲爾德的時候，每年約為二十萬人次參觀該地，但這個數字在接下來的幾年內銳減。此刻，當我開到瑟拉菲爾德，企圖重溫核能的美妙時，小屋裡的男人告訴我遊客中心已於二〇一二年關閉。

我抱著錯愕的心情，繼續開往聖比斯（St Bees）。

聖比斯是一座村莊，也是一所私立學校，學校在寬廣的土地上建造出無比氣派的建築。我不知道這所學校的評價是好是壞，但我知道他們出了一位非常有名的校友羅溫·艾金森（Rowan Atkinson）——豆豆先生，除此之外我對此地一無所知。過去我總是幻想聖比斯是一位善良的養蜂男子[33]，深受昆蟲們的敬愛，更是蜂蜜的守護神。然而，聖比斯其實是一名女子，她是愛爾蘭公主，為了躲避被迫嫁給維京人的命運，而逃到坎布里爾郡的這個小村落。她跟蜜蜂一點都沒有關係。她真實的名字為貝嘉（Bega），但隨著時間流逝，名字也漸漸失真。部分專家學者認為貝嘉公主並不存在。

聖比斯村莊就位在知名海對海步道（Coast-to-Coast Walk）的西端。這條步道可帶領你從愛爾蘭海走到北海，也因此此處成為健行者聖地。有些人看上去精神抖擻，有些則魂不附體，端看他們

33——因為聖比斯（St Bees）名稱同英文的蜜蜂（Bee），且擁有聖徒（St）頭銜。

位在旅程的起點還是終點。我唯一一次來訪聖比斯，是在二〇一〇年，當時我參加好友喬恩．戴維森（Jon Davidson）舉辦的橫跨湖區慈善健走。喬恩是杜倫大學的地質學教授，但他絕對不是無聊的人。（嗯，事實上有些時候他也會有點無聊，尤其當他在探查新的片岩或其他東西時。）二〇〇六年，喬恩的兒子、也是我在這地球上最崇拜的英雄麥克思（Max），得了白血病，當時他四歲。沒過多久，喬恩也得了白血病。但喬恩並不是因為麥克思而感染了白血病，兩人得到的是不同類型的白血病，他們可說是相當罕見且不幸的巧合。這真的有夠倒楣吧？但令人開心的是，他們都康復了，喬恩更於二〇一〇年組織了「麥克思健走」（Max Walk）活動，替白血病及淋巴瘤研究募集資金。他們的構想是讓喬恩跟他的好友克雷格．威爾森（Craig Wilson）一起完成東西全長三〇五．七公里海對海步道健走，而他們的親朋好友可以選擇全程或參與部分路段的健行。我只能參與前三天的路徑，而那段路徑剛好帶領我們從聖比斯橫跨湖區，抵達帕特岱爾（Patterdale），路程共計六八公里。這簡直是自殺式的健走，但天氣實在太棒了，而且每當我撫著心臟求饒時，都會引起眾多美女上前慰問。

此刻，我走向海邊，想要找到當初健走的起點。我沿著微風徐徐的峽角，朝著老舊燈塔前行，但天色漸漸變暗，轉眼間立刻感到飢餓難耐，我只好轉身回到旅店，洗了個澡，動身前往皇后區（Queens）的酒吧覓食。皇后區的週末夜依舊非常寧靜。一對情侶坐在擺好餐具的桌前，顯然是在等待食物，另外還有兩個男子站在吧檯前，這就是今晚全部的顧客了。我點了一瓶酒，並詢問對方是否可以點些食物。站在吧檯裡面的男子露出肅穆的神情。「食物需要等上一個小時。我們今晚有點忙不過來。」

「但根本沒客人啊。」我有些疑惑地說。

酒保冷漠地對著廚房點頭示意。「裡面就只有一位廚師。」他說得好像廚師正趴在地上，隻身爬過戰火區一樣。後來也有一些客人進來，想點些食物，結果都被打發走了。說真的，現在的酒吧到底怎麼了？我喝光了啤酒，走過馬路來到對面的莊園飯店（Manor House Hotel），裡面人滿為患，根本一位難求。於是，我走進村莊，裡面還有一間叫「露露」（Lulu's）的小餐館，我在這裡吃到晚餐。我只能說，裡面的食物就跟菜單上描述的一樣亂七八糟。

用餐後，不想直接回旅館的我，在外頭逛了一圈，夜晚的聖比斯就跟白天一樣讓人流連忘返。每一間小屋窗簾背後，都透出微弱的光芒。唯一格格不入的是一間用堅固的鐵捲門隔絕窗戶與大門的商店，店主好像在準備迎擊隆美爾（Rommel）坦克軍隊。當一間商店被密實的金屬包圍時，著實帶給人不可信任的感受。哈克尼（Hackney）或托克斯泰斯（Toxteth）的街景已經夠讓人不舒服了，但連鄉村小鎮都得如此武裝防衛，真的太荒謬了。

隔天早晨，我再次回到高高懸在愛爾蘭海上方的海岸步道。湖區旅客很少願意多花點時間來到海岸邊，但這裡其實滿有趣的。濱海步道的一邊是深不見底的大海，另一邊則是廣闊且懾人的陡峭荒原美景。兩者之間，則是一些凌亂且看上去鬱鬱寡歡的小村莊，就好像巴羅因弗內斯的某一小部分城鎮被大海捲走，並沖積到此。我想，問題就在於過於孤立的地理位置。除了已經關閉的瑟拉菲爾德以外，這裡幾乎沒有什麼工作機會。但往好處想，如果你的居住城鎮如此地黯淡無光，至少你還坐擁世界級的美景。

我沿著洛威斯湖（Loweswater）小徑指標，打算過道科克茅斯（Cockermouth）前往凱茨威克（Keswick）。我以為自己對湖區瞭若指掌，但原來有一個湖是我從來沒聽過的，於是我猛力急彎，回頭準備好好調查一番。這條小徑既窄且緩，但沿途的風光美到令人屏息。寧靜時候的湖區（也就是多數時候），堪稱地球上最美麗的地方——而這裡確實是我所見過最美的地方之一。此刻天地間只有我一人。除了幾座小農場外，此地散發著好幾年都不曾有人來過的氛圍。小徑是如此狹窄，讓我不得不時時保持警覺，以免擦撞到旁邊乾燥的石牆，許多時候我會把車停下來，跳下車，欣賞美景。最後，我將車子丟在路旁的空地，在洛威斯湖和鄰近的克拉默克湖（Crummock Water）間的低地，走了八〇〇公尺的路，美輪美奐的山谷與高聳的山丘，全都沐浴在煦煦日光中。沿途上，一個人影都沒有。我甚至可以將車子停在路中央。

現在，我來到了湖區國家公園的正中心。對美國人來說，英國國家公園實在非常奇怪，因為它根本不是公園，只是一片看上去特別美麗、且分外舒適，可供英國人進行三項鄉村活動（健行、騎腳踏車、將車停在路邊坐在車上打盹）的土地。在美國，國家公園就是叢林荒野，沒有任何人可以居住在國家公園裡面（除了少數護林員以外），而英國國家公園就跟一般農場、村莊、小聚落沒兩樣，只不過遊客數目較為龐大而已。以湖區來論，此地的遊客數量確實相當龐大。

一九九四年，我曾替《國家地理雜誌》撰寫了關於湖區的文章。當時，一年造訪湖區的遊客數為一千兩百萬人。現在，人數攀升到了一千六百萬。其中一個主要城鎮——安布賽德（Ambleside），當時每日車流量為一萬一千車次，現在則激增到一萬九千車次。這些人全部都要擠進小小的湖區。湖區國家公園從北到南，全長不過為六二・七公里，最寬的地方也就五三公里。換句話說，湖區的遊客人數是美國黃石公園的四倍，但其面積卻只有黃石公園的四分之一。在最繁忙的季節，每天會有多達二十五萬人擠進此地。

儘管如此，湖區卻以不可思議的方式接納湧進來的人潮。多數觀光客只會造訪幾處景點——安布賽德、格拉斯米爾（Grasmere）和鮑內斯（Bowness）。如果你願意沿著某條步道往上走個幾百公尺，就可以輕易找到一處只屬於你的山坡。這就是現在的我。過了巴特米爾（Buttermere）不遠，我找到了一個泥地停車場，裡面只有兩輛車（其中一輛車上有一對情侶正在打盹），於是我決定停車，下車走一走。周遭的景致奇妙地似曾相似，從地圖上，我終於發現自己在海斯達克（Haystacks）的下坡處，二〇一〇年時，我曾和喬恩・戴維森和他的朋友一起走到這。由下往上看，天色壯闊。湖區的山坡並不算非常高，即便是離我所站之處約一・六公里左右的最高點斯科費爾峰（Scafell Pike），也只超過〇・九公里一點，但此路徑充滿挑戰且相當陡峭。如果你曾攀登過湖區的山坡，你就會明白我的膽戰心驚。

有一個古老的謎語這麼說的：湖區有多少個湖？答案是一個，因為只有巴森斯韋特湖（Bassenthwaite Lake）的名字裡，真的有湖（lake）這個字。其他地方都用「米爾」（mere），如溫德米爾和巴特米爾；或是水（water），如克拉默克湖和科尼斯頓湖（Coniston Water）；以及小湖（tarn），如你所想的。這裡有成千上百個小湖，有些面積就跟池塘差不多。所以說，其實此地擁有至少十六個湖泊，和上百個用語精確的人會稱之為池塘的水域。你很難說哪裡擁有最美麗的風景，但我清楚記得自己曾經從斯基道峰（Skiddaw）的那一側，俯瞰德文特湖（Derwent Water）時，當時心想天堂就該如此。我從來沒有走到德文特湖旁邊。此刻，我決定好好填補這個遺憾。

凱茨威克是德文特湖旁最大的村落，而我認為此處也是湖區最令人喜愛的小鎮。上一次我來到此地時，市中心的主要街道已規劃成行人專用區，並有了諸多改善。我很高興成立於一九四七年的布萊森茶屋（Bryson's Tea Room）依舊門庭若市。我向下走，探索部分的濱湖步道。這裡真的非常美麗，在點綴著石頭與吃草羊群的崎嶇山巒下，映著乾淨且閃閃動人的湖水。離岸邊幾百公尺之處，是樹木繁茂的德文特小島，上面有一幢宏偉的房子。根據一塊由英國國民信託組織所製作的看板，我得知該棟宅第在十八世紀時，為詭異的喬瑟夫．波克林頓（Joseph Pocklington）所擁有。每年他都會舉辦帆船賽，「挑戰凱茨威克的居民，必須武力進攻該島，而宅院主人則會用大砲回擊」。看來，人們真的很懂得如何享受湖區生活。我很想要參觀這座島嶼（即便現在已經沒有大砲），但此地基本上不對外開放，因此我只能在湖邊漫步一小時，滿足未了的心願。

其中一個讓我特別喜愛凱茨威克的原因，就是這裡有大量的戶外用品店。對熱愛Gore-Tex的人來說，這裡簡直是買也買不盡的購物天堂。我走進喬治費雪（George Fisher's）商場，裡面陳列了琳琅滿目的背包、水壺與防水用具，我大受感動並覺得應該要採買些什麼。我挑了一個可以將兩種物品（像是水壺與登山背包）扣在一起的時尚金屬釦環，且再也不用擔心自己沒有把兩項裝備扣在一起的東西了。或許有一天我會需要這個東西，且等到這天來臨時，我已做好萬全準備。站在結帳櫃檯的男子給了我一個尊敬的點頭禮，就好像我已正式加入兄弟會般，儘管我們兩人看上去是來自截然不同世界的人。

「準備爬山嗎？」他問。

「去憤怒角。」我嚴肅地回答。

「那段路很漫長。」他說，露出欽佩的神情。

「是的。」我附和道，表情依舊嚴肅，期待他可以認出我，並在接下來的一整天四處對人說，「比爾・布萊森今天有來這裡。他正在為憤怒角遠征整裝。」而人們會說，「天啊，他真是勇者。我想我會去買幾本他的書。」但他沒有認出我，計畫破功。櫃檯上展示了《彼得・利弗西：傳奇攀岩者的故事》（*Peter Livesey: Stories of a Rock-Climbing Legend*）這本書。我認識彼得・利弗西。一九八〇年至一九九〇年代，我住在北約克郡馬勒罕岱爾（Malhamdale），利弗西的家不過離我家約一・六公里路。我知道他是非常出色的攀岩者，但我從來都不知道他的人生如此傳奇——他以前就非常謙遜也非常傑出。我買了那本書，並帶著書到商店後側的二樓咖啡廳。我買了三明治並開始低頭閱讀，對於利弗西的技巧與勇氣佩服得五體投地。我一直都不知道，在我離開馬勒罕岱爾的一年後，他因為胰臟癌去世。當時他不過五十四歲，真是個可憐人。

咖啡廳還有另一群人，一個由兩對夫妻所組成的小團體，他們看上去就像是提早退休的老傢伙，我想，八成是一起來度假的。所有人都穿得非常得體。他們的口音聽上去應該來自南方且教養很好。每個人前面都有咖啡和蛋糕，我預估總花費應該落在二十鎊左右。當我走到櫃檯前準備付帳時，那個團體中的一名女性已經站在櫃檯前。她接過了找零，投了一點小費到小費碗裡。那個碗的位置對她來說有點高，她應該是猜測裡面已經有許多銅板，而她的銅板也會立刻消失在成堆的銅板中。但當我走向前時，我清楚看見那個碗裡面只有一枚孤零零的十便士銅板。

是我錯了，還是英國人已經變成這副模樣——在別人看不見的時候，悄悄地投機行事？我並不是說這種行為只有英國人會做，或是在英國特別常見。我只是想說，過去這種情況幾乎見不到，現在卻變得相當普遍。多數我所認識的英國人都非常堅持做正確的事，無論別人會不會發現他們做了什麼。所以，他們不會隨地亂丟垃圾或將用完的空罐扔在路邊，也不會讓自己的狗在步道上便溺，更不會任意占用兩個停車格。英國人或許不會留小費（畢竟是英國人），但也絕對不會丟一枚超級不值錢的銅板，還假裝自己留了一筆還算說得過去的小費。狡猾並不屬於英國文化。英國人不應該變成這樣。現在，有許多人不再關心事情的對錯，只在意有沒有人在監視。良心只有在目擊者的情況下才適用。這種想法是從何而生的？當你看到連穿著貝豪斯（Berghaus）上衣的女士都做出卑鄙行為時，你會怎麼做？

我開車到湖區最大的主城鎮與遊客中心——溫德米爾的鮑內斯（Bowness-on-Windermere）。人們總是用熱鬧來形容鮑內斯，而真正的意思就是這裡擠爆了。此地常年擠滿遊客，多數都是白髮蒼蒼的老人，四處遊蕩，參觀櫥窗，用一壺壺的熱茶來殺時間，並等著回家時間的到來。自從我二十年前因為《國家地理雜誌》的文章來到湖區以後，此地的平均遊客人數上升到每日一萬一千人次，其中有許多人在行程的最後來到鮑內斯，卻不知道自己在這裡該做些什麼。

不得不說，鮑內斯確實擁有美麗的湖景。溫德米爾是全湖區最大的湖域，儘管這件事其實不太重要。但湖的長度不過一六公里，最寬的地方也不到〇．八公里，水深更經常只有幾公尺。由於淡水生物學協會（Freshwater Biological Association）的關係，此處是世界上最被頻繁研究的湖域。淡水生物學協會的總部就位在溫德米爾邊，從一九二九年開始該組織就開始研究此地水質，而溫德米爾湖也成為監測淡水生物最久的自然區。

今日的英國學者，或許是全地球上最熱心於大自然研究的人。只要任何生物會呼吸、會抽搐，或甚至只是像苔蘚那般靜靜躺著，英國人就絕對不會放過。他們有英國苔蘚植物學會（British

Bryological Society)、英國多足動物和等足動物團體（British Myriapod and Isopod Group）、英國藻類學會（British Phycological Society）、蚋研究團體（Simuliidae Study Group）、倫敦軟體動物學會（Malacological Society of London）、貝殼學會（Conchological Society）、搖蚊研究團體（Chironomid Study Group），當然還有英國苔蘚學會（British Lichen Society）等數十個組織，熱衷於搜集、保存和研究那些你我經常忽略甚至根本沒意識到其存在的微小生物。

當我使用研究這個字眼時，我指的是扎扎實實的研究。一九七六年至二〇一二年間，英國蝴蝶監測計畫（United Kingdom Butterfly Monitoring Scheme）的自願者，為了「蝴蝶異動」（butterfly transacts）——其實是指任何一塊的鄉村土地上——走了五三六〇〇〇公里的路，記錄英國國內的蝴蝶生態。其他團體也抱持著同樣的熱情，研究蛾、蝙蝠、青蛙、石蛾、蜻蜓、真菌蚋、淡水扁型蟲和——嗯，幾乎是任何事物。英國甚至還有黏菌記錄計畫（Slime Mould Recording Scheme），你應該會覺得很特別，該計畫的負責人就住在莫德（Mold）[34]。在這些組織之中，確實有人發現了聞所未聞的有趣事實。有人在諾福克郡的一個民宅後院裡，發現了全世界獨一無二的千足蟲品種；一種只出現在加州史丹佛大學校園的苔蘚，被發現出沒在康瓦爾郡的步道旁。沒有人可以回答，為什麼此苔蘚只會出現在這兩個截然不同的地點，唯一可確定的事，就是他們會在苔蘚學術研討會的雞尾酒會時，熱烈討論類似的發現。

為了完成《國家地理雜誌》的文章，我在湖邊花了一整個早上的時間，和淡水生物學協會的年輕科學家交談，卻一點都聽不懂她說的話。某天，我在檔案中發現了自己當時做的筆記，上面寫著：「生態評估——生的？輪蟲、介形蟲、神仙蝦。極難評估。前景不妙。雙翅目蛹。非常令人擔憂！」

最後，我停止做筆記，後來索性不聽，並趁她喋喋不休並將容器放進水裡時，盡情地欣賞湖光山色。替我們駕駛船的人是護林員史蒂芬．塔特洛克（Steve Tatlock），他告訴我們在繁忙的時候，溫德米爾湖一天就有可能出現一千六百艘汽艇，以這個大小的湖來說這可是相當驚人的量，每艘汽艇都橫衝直撞，還有許多人在玩滑水，人體快速移動在帆船、划艇、獨木舟和充氣船之間，甚至還有一些健壯的泳客自顧自地游泳。遊客讓整個湖面充滿噪音，並製造出危險、討人厭又劇烈的波動。英國並沒有很多湖，許多湖域更禁止駕駛汽艇，因此溫德米爾是個能讓遊客為所欲為的罕見景點。

塔特洛克問我是否想要嘗試滑水的速度感，我當然說好。他請科學家把器材收一收，猛力地踩了油門，讓我們以卡通片特有的速度急速奔馳。我們在湖水上跳耀，船身幾乎沒有碰到湖面。此舉動看似魯莽，但至少現在是寧靜的早晨，四處水域還算空曠。「試著想像當另外一千六百艘船都這麼做，」塔特洛克吼著，「並從四面八方全速前進，那這簡直是瘋了。」

二〇〇五年，在三十年的激烈爭論後，溫德米爾終於頒布時速限制——每小時一六公里，對於

34——此字有黴菌的意思。

珍惜寧靜的人來說，湖邊變得寧靜多了。但對於居住湖域的生物來說，這個消息就沒那麼令人開心了。藻華變得越來越常見，而魚群的數量則逐年穩定下降。即便以更恆久的自然環境觀點來看，情況也不容許我們太樂觀。二〇一三年，一個野生動物組織協會公布了一份《自然環評》（*State of Nature*）報告，根據他們的觀察，全英國有三分之二的物種（無論是植物或動物）正在減少，部分情況極端嚴重。自一九六〇年起，繁殖的鳥類數量已經減少了四千四百萬。以更長遠的時間軸來看，共有十四種苔蘚和地錢門從英國地表滅絕，更不要提已消失的二十三種蜜蜂與黃蜂。我的結論是，儘管英國非常擅長分析自己所擁有的事物，卻不是那麼擅長好好地保存。

雖然如此，我依舊得說，在我拜訪溫德米爾的時候，景致看上去依舊美麗如昔，岸邊湖水清澈。根據我的判斷，在水面上跳躍的昆蟲似乎也很愉悅。我沿著湖邊走到索里（Sawrey）碼頭，順便觀望了一下此處湖水。一包空香菸盒就落在水裡。我將垃圾撈起來，甩了一下水，四處張望垃圾桶，但卻找也找不到。於是我嘆了口氣，將盒子用力擠乾，再放到夾克的口袋。在想到自己無法對溫德米爾的自然環境（以及地球上其他瀕危土地）做出更多貢獻後，我緩慢地走回車上，繼續前行。

Chapter 24

Yorkshire

約克郡

我愛約克郡也愛約克郡的人們。我欣賞他們的直率。如果你希望有人能誠實地告訴你的缺點，那麼約克郡的居民絕對是天底下最熱心的一群人了。我曾在馬勒罕岱爾住了八年之久，易怒的岱爾人每天都會提醒我有多失敗。

◆

當晚我在柯比朗斯岱爾（Kirkby Lonsdale）過夜，這裡可是半月山谷（Lune Valley）的非官方市中心。柯比朗斯岱爾景色優美且少為人知，其實幾乎這一帶的風景地都處於隱密狀態。由於湖區和約克郡山谷國家公園（Yorkshire Dales National Parks）的名氣過大，以至於英國西北部的其他景點都幸運地少有人跡。你可以到博蘭德森林（Forest of Bowland）或半月山谷，獨享整片美景。半月山谷和湖區一樣美麗（只是沒有湖而已），鄰近谷地也值得一訪；說實在的，應該從沒有人聽說過有半月山谷這地方吧？

柯比朗斯岱爾是個不錯的小鎮，規模小巧而欣欣向榮。以前這裡總會賣以當地羊毛編織而成的針織衫，路邊也總有幾間手工藝品店，不過現在都已消失了蹤影。柯比朗斯岱爾多了許多咖啡店與餐館，我想這就是現在全世界人們最需要的東西。

一早，我開車到坎布里亞的塞德伯（Sedbergh），過去它被視為約克郡的一部分，甚至被戲稱為西部賽馬場（West Riding）。塞德伯以優秀的公立學校系統而著名，其歷史可溯及十五世紀；不過近年來該地致力於成為「英國書城」，並且開設了無數的大型、精緻的二手書店，當然也有些小書店趁勢而生。塞德伯還有很棒的登山用品店、琳琅滿目的五金行、一些咖啡館和快餐店，總之這裡的商店種類遠超過你對遙遠山區小鎮的想像。塞德伯鎮上只有一棟其醜無比的英國電信（BT）大樓，我懷疑這世界上還有任何大樓能醜陋到如此人神共憤的程度嗎？我真的很想知道，為什麼當我人在漢普郡收不到隔壁房間的寬頻訊號時，英國電信公司會指派一個遠在印度班加羅爾（Bangalore）的暴躁傢伙幫我解決問題。不過，這又離題了。

我到大街的咖啡店找杯咖啡。這咖啡店似乎頗認真看待「英國書城」這塊牌匾，因為店裡竟然有整排的書櫃讓客人可以邊吃點心邊看書。我立刻被英國女神凱特蒂．普萊斯所寫的《你只活一次》（*You Only Live Once*）吸引了目光。我們這位普萊斯小姐觀察到了，你只可能活一次（我發現她對人類存亡問題真的別有一番研究），不過整本書一直不斷描述這段觀察也夠煩人了吧。我很訝異地發現，普萊斯小姐已經出版了第五本自傳，這太可怕了，畢竟她也才二十五歲（雖然她身體可能有某些部位較為衰老）。除了以強迫症般的方式出版自傳外，她還寫過五本小說。此外，她還經營國際事業，每天還得帶著兩顆至少三十公斤的巨乳行動。

《你只活一次》這本書雖然只交代了普萊斯小姐的一小部分人生，不過這已經代表兩段婚姻、一群小孩以及多段關係。第一章〈愛太多〉，標題已說明了一切。第六章的標題〈我少女般的粉紅小馬〉更是詭異（這什麼鬼，我可是剛剛才吃早餐）。整本書其實都圍繞著她與亞歷克斯・瑞德（Alex Reid）的婚姻打轉。我個人認為兩人應該是為了第五頻道（Channel 5）的《付我錢就吃蟲》（*I'll Eat Bugs for Money*）節目前往澳洲叢林進而認識的（我看照片的推測）。兩人在二〇一〇年二月結婚，並在十一個月後離婚。我覺得連臉上的粉刺都比這持久。

我翻過書背想看看哪間出版社發行了如此高水準的文學回憶錄，結果是藍燈書屋（Random House），也就是敝人的出版社。哇，天啊，我和普萊斯小姐也是一家人喔。我們可說是處於同一塊商業版圖上。怎麼沒有人邀我參加發行派對呢？真的太惡劣了啦。

話題回到約克郡，我愛約克郡也愛約克郡的人們。我欣賞他們的直率。就如同我在《哈！小不列顛》說的，如果你希望有人能誠實地告訴你的缺點，那麼約克郡的居民絕對是天底下最熱心的一群人了。我曾在馬勒罕岱爾住了八年之久，易怒的岱爾人每天都會提醒我有多失敗。

我還滿想念馬勒罕岱爾，那真是讓人喜愛的地方。不過為了本書求新求變的精神，我決定一訪比較陌生的丹特岱爾（Dentdale）。丹特岱爾最著名的就是該城為塞特爾到卡萊爾（Settle-to-Carlisle）鐵路路線上的大站之一，該鐵路八成是全英國最無用但景色最為秀麗的鐵路線。一八六〇年，米德蘭鐵路（Midland Railway）的詹姆士·歐波特（James Allport）企圖設計出前往蘇格蘭的鐵路線。由於東西兩岸都早有鐵路前往蘇格蘭，因此歐波特決定讓列車從中部殺出生路。此路線唯一的可能方式即是穿越最荒涼、遙遠與廣無人煙的奔寧丘（Pennine Hills），此區長達一一五·八公里，而且地勢跌宕萬千，堪稱工程師最可怕的噩夢。塞特爾到卡萊爾鐵路共計經過十四個隧道，其中畢里默爾（Blea Moor）隧道更長達二·四公里，此外還穿越二十一座高架橋，數座高架橋的規模極為壯觀。這一切根本不敷成本。結果，當歐波特與其他工程師了解到此案之不可行時，他們轉向議會求饒，期望獲得棄免案子的資格，也就是獲允放棄此計畫，沒想到議會悲愴地拒絕了他們的請求。

歐波特指派了年輕工程師查爾斯·雪爾蘭德（Charles Sharland）完成工程。人們對雪爾蘭德根本一無所知，僅知他來自塔斯馬尼亞島（Tasmania），並且年僅二十歲。此工程之浩大根本超越了任何人的想像，而要在曠野中戮力勞動，更是艱鉅異常。雪爾蘭德鎮日睡在馬車上，並在暴雨和風雪下趕工。更令人訝異的是，雪爾蘭德還患有肺結核。可想而知，雪爾蘭德在即將完工時病發，並以二十五歲的年紀退休，前往托基靜養。隨後，雪爾蘭德驟然過世，他從未親眼見過塞特爾到卡萊爾鐵路火車奔馳的模樣，儘管那是他畢生的心血。我本想參觀他在托基的住所，可惜他顯然早已被眾人遺忘，無人知曉他的故居所在地。因此，我希望至少能看一眼他親手打造的鐵路。

塞特爾到卡萊爾鐵路於一八七六年五月一日正式啟用，景色非凡。由於實際的施工考量，該鐵路線的車站離村鎮往往還有一大段距離。柯比斯蒂芬（Kirkby Stephen）站離柯比斯蒂芬鎮還有二．四公里；若旅客想從丹特站走到丹特鎮，得行走一八二公尺陡峭的山路向下而行。

我曾搭乘塞特爾到卡萊爾鐵路數次，岱爾這段的景色確實引人入勝，不過鐵路工程的素質讓人不敢恭維。如果想了解施工品質的話，你必須下車探查。此刻我在丹特赫德（Dent Head）高架橋下車，想了解實況。丹特赫德高架橋約一八二公尺長，途經十座拱門，並於谷底突升約三〇公尺。這聽起來好像並沒有特別壯觀，不過親眼目睹，仍舊令人折服。我把頭深深後仰觀望，結果差點讓自己因不平衡而摔落山谷。

英國鐵路一直設法關閉此路段，並持續刪減成本。丹特站曾被關閉近十六年，其他車站也無人聞問。不過，近年來，塞特爾到卡萊爾鐵路只花了一點頭腦管理和行銷，就大獲成功。現在，每日有七班列車雙向往返於此路段，一九八三年的年載客量為九萬人次，二〇一三年更攀升至一百二十萬人次。

塞特爾到卡萊爾鐵路路段中最具代表性的建築設計應為瑞波赫德高架橋（Ribblehead Viaduct），橋身橫穿越瑞波河（River Ribble），並於山谷間奔騰四〇〇公尺路。瑞波赫德高架橋共有二十四座拱門，最高點則離周圍山景至少三二公尺。數年來，英國國鐵因成本因素數度想關閉此高架橋，並在旁邊建設一條新式鋼橋。此計畫當然會徹底破壞約克郡的經典風景。很幸運的是，感性終究勝過了理性，約克郡最終覓得維護資金，並保存此景點。這不就是萬物運行的準則嗎？如果你有好東西，又想保存它，那就要花錢。如果你不想花錢，那就沒法保存好東西啊。這道理應該適用於整個當代英國吧。

我駕車駛過寧靜的鄉村小路。路漸漸越爬越高，山景也越顯荒涼坎坷，但仍舊很美。乳牛三五成群地聚集在綠野間，而陡峭高原則蔚然獨立於高處，讓景致分外突出迷人。

我如同孤星般穿越賈斯岱爾赫德（Garsdale Head），經過了著名的默爾卡德旅館（Moorcock Inn）[35]——我常覺得旅館不妨改名為浪女旅館；接著路徑往下延伸，進入繁忙、遊客川流不息的霍伊斯（Hawes）；我想我應該是有史以來唯一過霍伊斯而不入，沒有花一小時購物逛櫥窗的旅者。我還真不知道為什麼全世界的人都得跑去那兒。我轉往史瓦岱爾（Swaledale）與溫斯禮岱爾（Wensleydale）開去，兩地為岱爾區最美麗的珍寶。我把車停在斯維特（Thwaite）並散步至鄰近的穆克（Muker）村鎮，接著又折返回來，沿途巧遇許多乳牛，我可沒讓牠們逮到機會磨蹭我。接著我開往阿斯克利葛（Askrigg），也就是電視影集《萬物生靈》（*All Creatures Great and Small*）中的

35——音近似 more-cock，意即更多的陰莖。

道洛比（Darrowby）村鎮，以前這裡總是擠滿了遠道而來的影迷和巴士，現在的阿斯克利葛已經恢復了寧靜。小鎮居民應該不需再以販賣寫著靈感小語的木牌、下午茶和紀念品維生了，這應該是進步的象徵吧。

阿斯克利葛再過去約八公里遠處為艾斯加斯瀑布（Aysgarth Falls）景點。這裡不似尼加拉瀑布整面而生，而是由小群瀑布組合而成，烏瑞河（River Ure）滔滔直縱而下穿越數個灰岩層。雖然艾斯加斯瀑布不夠壯觀，但卻有著小巧的景致，而且觀賞想要跳石而過的笨蛋們掉入水中，絕對是人生一大樂事。有幾個年輕鄉巴佬正在瀑布區潑水嬉鬧，也頗讓人賞心悅目。

過了許久，我抵達繁忙商鎮萊布爾恩（Leyburn），四處都是車子。我在潘萊（Penley's）餐館旁的廣場停車，並吃了個辣卡疆（cajun）捲餅，我在想，三十年前要是有人料到約克郡居民愛吃辣卡疆捲餅的話，威廉．希爾（William Hill）[36]會給他什麼獎勵呢？

萊布爾恩鎮的景色並沒有太出色，不過這裡卻是某條美麗、神祕的步道起點。萊布爾恩鎮西側商店街後方有座名為「萊布爾恩披肩」（Leyburn Shawl）的峭壁森林，森林高出溫斯岱爾約三二一九公尺，景色出眾。據傳，萊布爾恩披肩之名與蘇格蘭瑪麗女王有關，一五六八年時瑪麗被監禁在柏頓城堡（Bolton Castle）近六個月之久，相傳她曾在逃獄途中將披肩遺落在森林之間。不過該則傳聞最早記錄於一六六二年的英國典籍，那時，瑪麗應該早已沒有……脖子了吧。《牛津英文辭典》（*Oxford English Dictionary*）並沒有任何條目指稱披肩有景觀功能，這有點可惜，不過能怎麼辦呢？人生本來就是充滿了遺憾啊。

「披肩」再過去稍遠處正是普雷斯頓痕（Preston-under-Scar）村鎮，接著在過去是柏頓城堡（Bolton Castle），城堡宛若西洋棋中的城堡棋子，靜默地矗立於山丘上。不知是什麼原因，城堡的名稱為柏頓城堡，而緊鄰而居的村鎮則稱作城堡柏頓（Castle Bolton）。柏頓城堡建於十四世紀，以克勤克儉的方式營運至今。柏頓城堡門票要價八・五英鎊，這錢我是說什麼都不會願意付的，況且，我的時間也不夠了。柏頓城堡距離萊布爾恩鎮比我想的還遠，這表示我大概傍晚五點前都無法回到車上，而之後我還有一小時的路程得趕。不過，我也滿開心花了一個小時多走了這段行程。我開始疾走折返，告別兩座城堡後，飛也似地趕回停在萊布爾恩的出租汽車旁邊，它可是我的旅程良伴呢。

我在巴納德城堡（Barnard Castle），杜倫郡提斯河（River Tees）附近的美麗商鎮過夜。很可惜，我到達時間太晚，錯過了可以造訪鮑斯美術館（Bowes Museum）的時間。我只好在夜幕低垂的鎮裡散步，卻也自得其樂。我走過一間房屋，屋旁掛著「西里爾・諾斯古德・帕金森（C. Northcote

36——英國最大博彩公司創辦人。

Parkinson）出生於賈爾各德（Galgate）四十五號」的牌匾，還滿有趣的。我想從古至今，帕金森所提出的觀點簡直無人能敵。他最為人所知的名句是：「工作總會填滿它可用的完成時間。」此名言被稱作「帕金森定律」（Parkinson's Law）。帕金森於一九五五年《經濟學人》的漫畫專欄寫下此名句，當時他在新加坡馬來亞大學擔任教授。帕金森隨後將此名句撰寫成一本薄薄的小書，並成為世界知名的暢銷書作家，他因此書名利雙收，和其他不世出的奇才相比，帕金森確實得到了應有的注目。他成為哈佛大學與加州柏克萊大學的客座教授，並四處演講。他撰寫了多本著作，甚至包括小說，不過最受歡迎的仍是《帕金森定律》一書。帕金森賺進大筆財富，甚至搬至葛恩西島（Guernsey）避稅。帕金森於一九九三年過世，享年八十三歲，他在最後的三十五年歲月裡，幾乎沒有提出任何有新意的想法。不過，《牛津國家人物傳記大辭典》以一千五百字的篇幅描述帕金森，而對於早已遭世人遺忘的塞特爾到卡萊爾鐵路的工程師查爾斯・雪爾蘭德，則隻字未提。這真值得深思啊。

巴納德城堡有許多看上去頗吸引人的酒吧。我踱步到老威爾旅館（Old Well Inn）喝點餐前酒，結果這地方和我臭味相投。我的小桌旁放了一本《酒吧與酒館》（*Pub and Bar*）雜誌，原本我只是出於好奇隨便翻翻，沒想到雜誌文筆流暢且富文學性，讓人心情大振，畢竟現在的雜誌早已窮途末路了不是嗎？有篇關於多塞特與薩默塞特邊境雷普頓丘（Rimpton Hill）名叫「白色郵報」（White Post）酒館的文章，讓我讀得津津有味。白色郵報酒館恰好開在兩鎮邊境線上，由於兩地飲酒執照法規的差異，為求合法，當時人們必須在十點時轉移到另一個房間繼續喝酒，直到十點半為止。我不知為什麼，這故事讓我又強烈懷念起從前的英國。

之後，我找了間印度餐館吃咖哩飯，接下來的十個小時我都感到全身不對勁。雖然還不到神智不清的程度，不過整晚都被奇異的夢境給包圍。我在睡夢中突然醒過來，在床頭的筆記本寫下自以為相當不得了的點子與觀察後，倒頭呼呼大睡。

隔天一早，我邊收拾行囊邊想起這件事。我打開筆記本，上頭寫著，「反正吉米．薩維爾（Jimmy Savile）[37]已經死了。」

這句話有任何深意嗎？我真的看不出來。

37——英國廣播節目主持人，以非主流叛逆形象著稱，並深陷性騷擾醜聞之中，於二〇一一年去世。

Chapter 25

Durham and the Northeast

杜倫與東北部

或許我不夠客觀，不過我認爲杜倫應該是全世界最棒的小城。杜倫很友善、智慧並且悉心保存古蹟，致使一切盡善盡美。我曾在《哈！小不列顛》大大誇獎了杜倫，因此杜倫大學頒給我榮譽學位。頒授學位典禮時，我又再次連珠砲般地讚美此地，杜倫大學又給了我名譽校長一職。嗯哼，這小城眞的不錯吧。

I ◆

倫敦格洛斯特路地鐵站外廣場中央有個大型植物盆栽。因為灌木尖刺傷人，因此植物外圍砌了一堵小牆，人們往往坐在圍牆旁吃三明治或等待朋友。盆栽看起來雖不漂亮，但也滿讓人賞心悅目的。

沒想到，有一天市議會突然決定將盆栽拿走，讓廣場變得空曠惱人。不久後，我經過格洛斯特路地鐵站外，剛好巧遇幾名穿著螢光黃背心的市議會公務人員，他們站在空曠的廣場上寫著筆記。我趨前詢問，為何市議會要將盆栽移除？對方表示，該區已經沒有足夠經費可以照料盆栽。我心想，天啊，我們的時代竟然已經養不起幾株灌木盆栽了嗎？

我一邊思考一邊往北走向杜倫舊城，並站在偉大的巨石堆——杜倫教堂前。之前，我曾經和杜倫教堂的建築師克里斯多福・道恩斯（Christopher Downs）共度愉快早晨，其實當時我還滿訝異老舊教堂竟然會需要聘請全職建築師進行日常修復，即便杜倫教堂確實年代久遠而規模恢宏，但這仍舊在我的想像之外。對老舊建築物而言，分崩離析即是日常，而建築師必須小心地維護所有細節。而且，石頭並非人們所想像的恆久。即便堅石，也會在數百年的暴雨颳風摧殘下，逐漸崩解分裂。克里斯多福表示，當石頭露出崩解預兆時，就必須小心地將舊石移出，換入新石。這難倒我了。難道不能將舊石換面再繼續使用嗎？

克里斯多福看著我，好像在審視我對建築的無知。「因為石頭厚度僅有一五至一七公分而已。」他解釋道。出乎我的意料，杜倫教堂的牆壁並非由石頭打造而成，教堂外層為一五至一七公分厚的石板，而內層則是同樣厚度的隱藏結構，工匠在兩結構間保持了約一四公分的空間，並以石塊、磚石建造出近似水泥般的砂漿基座。

其實杜倫教堂和所有偉大的古老建築物一樣，都是由兩層薄薄石塊將巨量碎石定型而成的。不過，真正獨特的是，由於塗膠碎石基座被夾在兩層石塊結構之間，空氣難以進入，也因此，約需四十年的時間膠質塗層才能完全乾透。當膠質塗層徹底乾燥、整體結構定型後，教堂石匠才能開始以精確角度建造門框、過梁，而後期外加結構也會緩慢地推移至正確的位置。這就是石造建築的成形方式。經過四十年緩慢的推移定位後，建築物終於下降平移至正確定點，並固定於此。對我而言，這實在太不簡單了，人們竟然能預視如此複雜的建築方式並投入如此大量心力，建造出自己此生很有可能無法親眼見得的完美建築。

雖然我對建築依舊無知，不過我相信二十一世紀的我們絕對比十一世紀的人們擁有更多資源；然而，當時的人們足以取得足夠資源建造如此輝煌、恆久的杜倫教堂，而我們卻連盆栽裡的六株灌木都照顧不來。我覺得我們還真的病得不輕。

或許我不夠客觀，不過我認為杜倫應該是全世界最棒的小城。杜倫很友善、智慧並且悉心保存古蹟，致使一切盡善盡美。我曾在《哈！小不列顛》大大誇獎了杜倫，因此杜倫大學頒給我榮譽學位。頒授學位典禮時，我又再次連珠砲般地讚美此地，杜倫大學又給了我名譽校長一職。嗯哼，這小城真的不錯吧。

事實上，全世界除了英國學術界以外，應該沒人知道大學名譽校長是個什麼樣的職位。我個人相當崇拜的好友肯尼斯．卡爾門爵士（Sir Kenneth Calman）是杜倫大學的副校長，當他訊問我是否有意願擔任二〇〇五年名譽校長時，我問他的第一個問題就是，「名譽校長要幹麼？」

「呃，」他用親切而富智慧的口吻回答，「名譽校長就像是坐浴盆一樣，每個人都希望有一個，可是沒人知道該怎麼使用它。」

名譽校長是大學名義上的負責人，但是並沒有執行權責、沒有權力、沒有目的。負責營運整座大學的是副校長。「你的工作，」肯尼斯告訴我，「就是保持人畜無害、親切的態度，並且每年出席兩次畢業典禮。」在那六年期間，這就是敝人的工作，我愛這工作。我發現名譽校長其實就和女王的母后和聖誕老公公差不多。

沒有多少人注意到，英國在各方面擁有相當健全的發展環境，高等教育就是個很好的例子。就拿英國與美國來做比較好了，我們都知道，美國大學的預算金額令人咋舌。哈佛大學每年所受捐獻金額為三百二十億美金，這金額似乎已比許多國家的國內生產毛額還高。耶魯大學每年所受捐獻金額為兩百億美金，普林斯頓大學與史丹佛大學每年受捐獻金額各為一百八十億美金，其他學校也不遑多讓。

在我的家鄉愛荷華州的格林內爾（Grinnell）有間頗受地方尊敬的文科大學，這大學的重要性大約也僅有美國西北部的居民知曉。此大學有一千六百八十名學生，每年受捐獻金額為十五億美金。這相當於牛津與劍橋大學每年受捐金額的總合。美國八十一所大學每年受捐贈金額總計為十億美金。

上述金額還僅僅是捐款部分而已。學費與體育賽事也讓美國大學荷包滿滿。你知道嗎，俄亥俄州立大學每年因體育項目獲利一億一千五百萬美金，我必須很慚愧地說，其中有約四千萬美金來自於捐贈。這是真的，人們每年至少捐四千萬美金給俄亥俄州立大學，好讓他們能吸引到更多優秀的運動員加入校隊，據我所知，他們也運用此資金去吸引條件更好的啦啦隊員，而這筆金額等同於英國埃克塞特大學每年受捐獻的總金額。全英國只有二十六所大學的年度受捐金額超過俄亥俄州立大學的足球隊。

之前我曾經和美國維吉尼亞大學募款專員共進晚餐，席間他一派自然地提到該所大學正推行五年三十億的募款計畫，我就從那時開始關注美國大學募款議題。維吉尼亞大學聘請了專業的募款團隊執行此計畫，其獨立部門共計有兩百五十位員工；募款部門的部長年薪為五十萬美金，這在維吉尼亞大學是僅次於足球隊教練的第二高薪。基本上來講，維吉尼亞大學就是一部賺錢機器。

最後，維吉尼亞大學達成了募款目標，這真的滿驚人的。根據二〇一四年《泰晤士報高等教育特刊》（*Times Higher Education*）的世界評比，這是公認最客觀的全球大學評比，維吉尼亞大學全球排名為一百三十名，這成績遠遠不及上述其他十八間優秀的英國大學。以《泰晤士報高等教育特刊》的評比來說，維吉尼亞大學與英國蘭開斯特大學（Lancaster University）約略屬同一等級大學，而後者每年受捐贈金額僅及維吉尼亞大學的千分之一。這也太不可思議了吧。

若你深思一番，更能體會英國高等教育的非凡成就，全球百大名校內，英國大學包辦了其中的十一所。換句話說，擁有全世界百分之一人口的英國，創造出全世界百分之十一的頂級大學，還包辦約百分之十二的學術引用，以及百分之十六最常被引述的研究成果。

我滿懷疑世界上是否有任何國家能在經濟資源如此短缺的情況下，創造出如此頂級的高等教育成就與環境。我認為這正是當代英國最卓越不凡之處。

我曾經在杜倫一條歷史悠久而尊貴的艾菲特橋（Elvet Bridge）上有過非常奇怪的經驗。我之前早就不記得了，但現在在我步向杜倫教堂時，突然想起這事。以前我在畢業季參加杜倫大學畢業典禮時，常常都會行經位在我下榻旅館與教堂中間的艾菲特橋，畢業典禮多半在教堂舉行，並充滿了神聖與隆重的氣氛。

有天早上，當我趕往教堂參與第一場典禮時，一股奇怪的感覺襲上心頭，促使我探頭往橋邊張望。我不知道那是哪來的靈感。不過在我身下約莫九、十二公尺遠處，有兩個媽媽正坐在湍急洶湧的威爾河（River Wear）步道旁的搖椅上閒話家常。其中一個媽媽帶了個幼兒。當我往下張望時，那幼兒正巧在船板上搖搖學步。他猛力踏上船板並突然間失去平衡，掉入水裡。他整個人淹沒在河裡，水很快地沒到頸部，幾乎要把他給吞噬了，幼兒露出驚恐的神色。恰巧，我人就在他的視線前方。我們兩人在那一瞬間凝視著對方，共享這突如其來的一刻。那小男孩就在船板旁的漩渦裡打轉，偶爾也會保持住平衡，一瞬間又開始隨著水流飄移，他慢慢地往河水奔騰處移去，像是被潮流捲走一樣。

事情就發生在一瞬間，我猜想我和這搖搖學步的幼兒一樣，一切都以慢動作般發生在我們眼前。我目睹了小男孩的死亡現場，我成為他在世前所看見的最後一張臉。這個畫面難道不會影響你一生嗎？

不過，好險，時間突然恢復了正常的速度，正常世界開始尋常運作。我向他的媽媽呼喊，並將眼神望向水面，此時立刻傳來尖叫聲，而小幼兒也在被滾滾河水捲走前被抱起，救離水面。那位媽媽和她的朋友非常擔憂小幼兒的狀況，但我看得出來他已經沒事了。過了一會兒，我的這位新朋友抬起頭來，給了我一個像是「很好我沒事」的感謝眼神。既然我什麼事也幫不上忙，加上自己也要遲到了，因此只能向他揮了揮手，趕忙離去。

雖然我個人非常不迷信，不過也不免覺得自己在那天清晨恰巧望向水面這件事，真的非常神奇。不久後，我向教堂裡的一名朋友提起此事，他默默地點了點頭，將手指向天空像是意指，「當然，那是老天保佑。」

我也無聲地點了點頭，不過心裡卻想，「那老天幹麼把他推下水呢？」

過了艾菲特橋後，有條稱作貝理（Bailey）的鵝卵石小徑可直接通往綠色宮殿（Palace Green），綠色宮殿外圍是巨型樹籬，內有廣場、尖聳入雲的教堂以及杜倫城堡；此處已歸屬於大學校園，建築物櫛比鱗次。我穿過巨大的橡木門進入教堂區，途中三不五時頻頻抬頭仰望教堂，驚歎建築規模的氣派。這絕對是全世界上最壯觀但又保有低調氣息的偉大建築物之一。

杜倫教堂東側盡頭是九祭壇禮拜堂（Chapel of the Nine Altars），其有圓周二七．四公尺的巨大華麗玫瑰窗，玫瑰窗彩繪玻璃成了巨大的萬花筒，建築師更以精緻的石材窗花格固定薄脆的巨型玻璃。數年前，杜倫教堂一位職員跟我說過，維修師在進行某次維護計畫時，曾經仔細丈量過所有窗戶接榫細節尺寸並將資料傳真給工程公司，讓對方以超級電腦進行評估。三週後，工程師緊急回報，「不論如何，千萬不要建造那窗戶！」

我曾經向建築師克里斯多福．道恩斯提起這則故事，他給了我一個善解人意的微笑。他認為這則故事的真實性堪疑，不過本質上並沒有錯。現在沒有任何人敢建造如此規模的窗戶了。以他的觀點而言，杜倫教堂的窗戶，確實相當逼近工程許可的範圍。「很奇妙的，儘管沒有電腦或其他複雜工具的輔助，從前的建築師恰巧知道極限在哪。」他告訴我，「這點確實非常不可思議。」

我又欣賞了教堂一陣後，漫步走回教堂後方，也就是大學區域，接著沿著貝理小徑穿越樹林，來到另一個景點普林班橋（Prebends' Bridge）。這絕對是全英國最美的景致之一，教堂俯瞰著寧靜、綠意盎然的小河，河流靜謐地流過眼前。一八一七年透納（J. M. W. Turner）曾經在著名畫作中描繪此景，而普林班橋的美景似乎從未改變。

遊客們從世界各地湧向杜倫教堂與普林班橋，卻對維護景致所需的成本無知無覺。普林班橋屬於杜倫教堂所有。數年前，普林班橋需進行結構修復，教堂負責人麥可・薩德格洛夫（Michael Sadgrove）向我表示，光是搭建鷹架成本就高達十萬英鎊。我問他教堂參觀者是否會給予教堂捐獻金？他說平均每遊客捐獻四十便士，而約有一半以上的遊客不會捐獻任何費用。

我必須繼續趕路前往新堡（Newcastle）用晚餐，並且參加由北區癌症研究機構（Northern Institute for Cancer Research）所舉辦的慈善義走活動。因為好友喬恩・戴維森，也就是曾經拉我參加二〇一〇年橫跨湖區慈善健走的那位老兄，我與上述的癌症機構有了接觸，並了解其英雄般的使命。北區癌症研究機構由喬斯夫・凡爾穆爾教授（Prof H. Josef Vormoor）所主導，凡爾穆爾任職於新堡大學詹姆士・史賓斯爵士教授（Sir James Spence Professor）兒童健康部門，並且為英國最重要的兒童癌症專家。

我邊趕路邊聽第四電臺新聞，並且聯想到了喬斯夫；新聞提到大衛・卡麥隆（David Cameron）希望再次向下修正英國移民數額。我每次聽到相關議題就會覺得耳疼，或許是因為我自己也是移民吧。喬斯夫也是移民。他是德國人，而他的太太布莉塔（Britta）也來自德國，她甚至比喬斯夫還討喜。布莉塔是家庭醫師，我很希望她是我的家庭醫師，因為她不但聰明而且仁慈。這就是卡麥隆讓我抓狂的原因。

如果喬斯夫和布莉塔明日就搬離英國，並讓移民數額下降兩名，英國政府應該視此為正向變動，認為英國社會將會更趨近於完美。我認為杜倫大學凱洛斯・福恩克（Carlos Frenk）教授是我所認識最聰明的人，他是全世界最重要的宇宙學家，更吸引了全世界最優秀的人才來到杜倫大學。凱洛斯・福恩克是墨西哥人。他來自相當富裕的家庭，而他定居於此的原因是，英國會讓他名利雙收。雖然他也可以選擇哈佛大學或加州理工學院（Caltech），但他熱愛杜倫。如果福恩克明日離開英國，英國政府亦將會視此為移民問題的正向進展。我還需要解釋此邏輯的愚蠢嗎？

我並不是否定英國政府的人口數量管制政策。但我的意思是，數人頭一點意義也沒有。喬恩・戴維森的太太多娜（Donna）來自美國。她不但讓人喜愛也非常聰明。多娜為美國企業工作，並且協助設計全世界的遊客中心，她不但促進英國經濟，也在閒暇之餘，全力為北區癌症研究機構募款。像我們這樣的人不計其數。我們會來英國是因為熱愛此地，或是愛上了英國人，又或者兩者皆是。請容我這麼說，像我們這樣的移民讓英國更具國際觀，更多元化和更有生產力，有時也讓英國變得更可愛和更寬闊。如果你覺得唯有英國人懷孕生出來的英國人才配居住於此，那你真的就白痴啊。

除此之外，像我們這樣的人，是不可能往教堂捐獻箱只丟四十便士的。

當晚，北區癌症研究機構舉辦了無懈可擊的募款晚宴，來自巴伯服飾家族的一位女士慷慨贊助了大筆資金，因此我約了大夥改天一起去買幾件巴伯風衣。隔天，我抵達布雷頓莊園（Blagdon Hall），也就是慈善義走的活動地點。

布雷頓莊園為雷德利子爵（Viscounts Ridley）的祖傳家產。現任子爵以麥特・雷德利（Matt Ridley）的身分為世人所熟知，他不僅是文字工作者，也擁有寬大包容的靈魂。我認識雷德利有數年之久，但從不知道他是一位子爵。直到我第一次拜訪他，他站在自家門口——一棟宛若我高中學校大小般的豪宅前等待我來臨時，我才知道他的身分地位如此顯赫。

麥特年輕時為《經濟學人》記者，一度派駐美國。他曾經跟我提起，某次他為了政黨預選活動遠赴愛荷華州，並且在旅館櫃檯辦理入住手續時，發現櫃檯後方掛了一幅十八世紀的英國鄉村莊園複製畫。麥特對此畫無比熟悉，因為畫中的莊園正是布雷頓莊園，而原畫則掛在麥特家中。他對年輕的櫃檯小姐說，「我想妳一定不會相信，畫裡的正是我家。」櫃檯小姐轉頭看了油畫一眼，再看了麥特一眼，她的眼神像是麥特剛剛才說自己其實住在迪士尼奇妙仙子的城堡裡一樣，她默默地完成入住手續，沒有其他任何回應。

麥特的太太安雅（Anya）也同樣讓人喜愛，而且擁有宛若超級電腦般的智慧，她是新堡大學的資深神經學家。安雅也是美國人。他們的兒子馬修（Mathew）為劍橋大學學生，並為去年《大學競賽》（*University Challenge*）[38]節目的冠軍參賽者之一。馬修絕對是不可多得的年輕才俊，麥特夫婦惹人愛的女兒愛麗絲（Iris）也同樣聰明。他們的小孩都是英國人，不過他們的頭腦，乃至四分之三的基因都來自美國。

這難道還不足以證明我的論點嗎？

慈善義走活動相當成功，事實上，這活動總是讓人滿心歡喜，不但有趣而且非常感人，幾乎所有的參賽者都與兒童癌症息息相關，他們的身分或許是家長、兄弟姐妹，甚至是患者本人。我應該不用跟你形容慈善義走活動有多麼棒，畢竟幾乎所有的英國人多多少少都參加過這類活動。不過，很遺憾的，慈善義走這概念似乎只在英國國內流行。當我在一九九五年搬到美國新罕布什爾（New Hampshire）時，有位鄰居正打算參加波士頓馬拉松，我和她說，「哇，那我可以贊助妳。」天啊，當時她的表情有夠可怕的。她以為我說的是愛迪達（Adidas）或耐吉（Nike）企業的商業贊助，屆時她會揹著三明治夾板上頭寫著：「快買比爾．布萊森的書喔！」美國人根本沒有為了慈善募款而跑的概念。

僅僅如此的小事，就讓英國顯得如此不凡。慈善義走和一小群的傑出移民者，就是我說的英國文化之寶。

喔，對了，除此之外，還有「大地女神」（Northumberlandia），藝術家查爾斯．詹克斯（Charles Jencks）所創造的巨型雕塑品。雷德利子爵家族將大地女神雕塑捐贈給兒童癌症義走，分擔了部分的經費。上次義走結束後，麥特特地帶我參觀女神雕塑。他對此作品相當自豪，這也不是沒有原因

38——英國益智節目，主要內容為知名大學學生的知識對抗賽。

的。大地女神是一座臥躺像，橫越四〇二公尺長，高度約三〇公尺，創作者以雷德利家族土地採礦而餘的土壤、煤渣建造此像，並沿其路徑種植草皮。

大地女神規模相當壯觀。「她正是，」麥特和我說，「全世界最巨大的女性塑像。」觀賞此雕塑品是樁美事，但若沿著步道行走，也相當舒適。步道將引領遊客直抵女神頭部、雙峰頂部，再沿著她的手臂到達綠意盎然的臀部。我想這應該是我近年來所觀賞最特殊的奇景之一。

我還滿希望再花幾個小時漫走大地女神步道，不過本人還有行程得趕。我必須前往蘇格蘭了，在此先結束英格蘭旅程的部分。

II

當晚我在新堡往北一四四．八公里處的北貝里克（North Berwick）過夜，此處已達蘇格蘭區域。我希望一早能駕車開往愛丁堡，接著往北穿越凱恩戈姆山脈（Cairngorms）抵達印威內斯，再繼續行往阿勒浦（Ullapool）與憤怒角。雖然現在正是拜訪憤怒角的絕佳季節，但我實在沒有多餘時間逗留，我最期待的，其實是駕車穿越高地（Highlands）的部分。很奇妙，雖然沒有人知道所謂的高地從何處開始，又從哪裡結束，不過當你進入耀眼神聖的山區，被燦爛的空氣給包圍時，你就知道已經到了。我非常期待高地之旅。

人們常把北貝里克與特威德河畔貝里克（Berwick-upon-Tweed）搞混，但兩地根本天差地遠，後者位在六四公里遠處的福斯灣（Firth of Forth）沿岸。我對北貝里克一無所知，純粹是因為此處位在通往愛丁堡的路上，才打算順道造訪。不過啊，北貝里克滿美的，是個繁榮、迷人的濱海小鎮，還有極度受歡迎的海景高爾夫球場，令人聯想到聖安德魯斯（St Andrews）。那是我最愛的地方了。

我把行囊往旅館一丟，就到大街上繞繞。我走到航船旅館，這裡看起來還不錯，順手拿起了桌上放著的略有閱讀痕跡的《東洛錫安快報》（*East Lothian Courier*），報紙針對福斯灣沿岸垃圾計畫（Forth Couastal Litter Campaign）做了相當精彩的報導。福斯灣沿岸垃圾計畫組織者不但勤奮地撿拾垃圾，還會細數垃圾數量，真該好好感謝他們。最近，該組織共計撿拾五萬五千件垃圾，其中包括五十五件派對拉炮、二十三個交通三角錐、十二支牙刷、四十隻外科手術手套和十五件束腹。說真的，那十五件束腹讓我沉思許久；這是怎麼一回事？所以有人分趟丟棄了十五件束腹在海邊？或是有一群束腹使用者在海邊辦派對順便丟棄了自己的束腹？如果是第二個解釋的話，那就和派對拉炮有點關聯了。很可惜，《東洛錫安快報》沒有對此加以解釋。

報紙新聞頁面多半關於酒吧打鬥事件，頻率大約是每頁有五件打鬥案件，而其他則是關於花卉博覽會、趣味競賽或是慈善活動的消息。我從來沒見過有哪個區域可以讓如此的暴力與善良共存。當我走到吧檯拿第二杯啤酒時，我轉身正好和準備坐我位子的男人面對面，我們像是跳舞般不停地舉步、換腳，並擋住對方的去路。我給了他一個無助的微笑，這應該是普通人的反應吧，不過他的表情看起來似乎是想把我的頭砸向牆壁。我覺得這就是蘇格蘭的恐怖之處。你不能確定下一個碰見的蘇格蘭佬會想讓你吃拐子，還是敲碎你的額骨。

接著，我來到大街上吃泰式料理，再走到海邊看看對岸的小島群。其中有個菲德拉島（Fidra）據說正是羅伯特·路易斯·史蒂文森（Robert Louis Stevenson）撰寫《金銀島》（*Treasure Island*）時的靈感來源。史蒂文森從小在菲德拉島長大。景色還滿美的，從這邊望去自然看不見什麼束腹。

就在我觀賞海景時，手機突然響了，嚇死人了。我太太打來和我解釋家裡發生的一些事。但我無法告訴你是什麼事。總之，我在美國有件訴訟案。我對某人採取了某些行動，而這一切的一切代表我現在依法不得談論此事。好吧，總之有事情發生了，我必須回家一趟，高地等等我啊。

Chapter 26

To Cape Wrath (and Considerably Beyond)

憤怒角（以及其他的許許多多）

憤怒角的名稱其實和此險惡的地形無關。「憤怒」一詞爲古老挪威語中的調頭處，當維京人的船艦看到此處時，就該趕緊調頭返回北部區域，不過，確實，憤怒角一地的自然形勢相當險峻。據說，每臨冬日，憤怒角的風速可高達每小時二二五公里。

◆

I

要從英格蘭南方抵達憤怒角必須克服兩個困難。第一個困難，就是從英格蘭南方抵達憤怒角。你看，依照谷歌地圖，從我家後院出門必須跋山涉水一一二六・五公里才能抵達憤怒角，路途超級漫長的。途中還得搭一小段火車、開車，並從偏僻孤遠的德內斯灣（Kyle of Durness）坐小船行水路，再搭乘小巴士彎彎曲曲地穿越崎嶇蠻荒山區。光是規劃路線就需要一番功夫。

而第二個困難則是，你根本無法確定自己是否會順利抵達憤怒角。憤怒角官方網站表示，小船航班因受到潮流與天氣影響，十分不穩定；此處蘇格蘭水域不但極端多變，並且深具危險性。此外，由於英國國防部在此擁有近兩萬五千畝土地，軍方時常在沒有對外宣布的情況下，逕行封鎖土地展開射擊與爆破等訓練。除了上述諸般限制以外，憤怒島的巴士與小船也僅提供半年的服務，如果你錯過了秋天的最末一班小船，就必須再等待六個月，才能搭上春天的船班。

為了讓行程能稍微順利點，太太打電話嘗試為我預約船位。

「我們不接受預約。」某個男人回覆她。

「不過這路途對他而言真的非常遠。」她說。

「憤怒角對每個人來說都很遠。」他指出了重點。

「好吧，那如果他直接在現場買票，應該買得到吧？」

「嗯，應該沒問題吧，」那男人說，「我們現在沒有很忙。至少不是天天都很忙，偶爾幾天比較忙而已。」

「這樣我不太知道要怎麼計畫？」

「如果他早點來，應該就可以吧。」

「多早呢？」

「越早越好，」那男人回答道，「好啦，再見。」他把電話掛斷。

我就這樣在一個下雨的週日傍晚，無所適從地自倫敦尤斯頓火車站搭上非常非常長、著名的賈里尼恩臥鋪火車（Caledonian Sleeper），我完全不知道自己最後會落腳在什麼地方，唯一可以確定的就是我可以躲在K車廂，也就是我今晚的臥房，等待賈里尼恩臥鋪火車像輸送帶一樣把我送到遙遠的蘇格蘭北部。

搭乘賈里尼恩臥鋪火車的經驗，真的，有點不如預期。事實上，除了不如預期以外，甚至還比想像的糟糕很多。不過呢，至少車廂仍舊保持乾淨以及一定的舒適程度，火車服務人員也相當友善。我翻閱了一下放在床頭邊的手冊，火車公司即將在二〇一八年增購七十五列臥鋪火車，同時修繕原有的火車。火車公司更以相當自豪的口吻強調，所有的床單枕套都已進行重新清潔。我讀不懂什麼是重新清潔，不過感覺像是只會清理到一種程度而已，但也許只是我的誤讀。

我散步到餐車喝酒。餐車裡至少已經有五、六個乘客。我看了看放在桌上的菜單。菜單上只有蘇格蘭食物，這實在不對愛荷華人的胃口（我相信所有的愛荷華州老兄都會同意本人觀點）。晚餐選項有雜碎肚、馬鈴薯佐白蘿蔔泥，點心則有泰納克茶點蛋糕（Tunnock's teacake）和堤莉太太軟糖（Mrs Tilly's Scottish Tablet），我覺得這些東西聽起來都不像晚餐，比較像是你會把它丟進溫水裡拿來泡腳舒減疼痛的東西。我想，它們應該會發出嘶嘶的氣泡聲。此外，火車菜單上連飲料也是蘇格蘭風味的，包括礦泉水。我只好點了坦納特（Tennent）窖藏啤酒。

我知道用火車餐點來評判一個國家的特性或人民意志似乎太過武斷，不過我真的忍不住想，蘇格蘭的國家主義是否太過火了？我的意思是，這些可憐的老兄拒絕承認奇巧巧克力（Kit-Kats）和康沃爾（Cornish）小餡餅的美味，然後在這邊強迫自己吃白蘿蔔泥和泡腳藥劑佐愛國主義。我覺得實在有點太超過了。

數年前，我想至少是一九八〇年代初期吧，我人在蘇格蘭佩思郡（Perthshire）阿伯費爾迪（Aberfeldy）的運動酒吧，當時正在播放英國對義大利的重要足球賽事。比賽一開始，英國似乎占了上風，但是我是酒吧裡唯一高舉雙手歡呼的人。沒過多久，義大利開始領先，酒吧裡的所有人都感到一陣歡快，開始暢飲啤酒，記得當時我想，「這些人都不支持英國隊。」這讓我感覺很不自在。我向來會為蘇格蘭隊、威爾斯隊，甚至北愛爾蘭共和國隊歡呼，我想我們都算表兄弟吧。即便現在，我還是會為蘇格蘭隊用力歡呼，不過有一小部分的我總是暗暗心想，「去死吧，希望馬爾他隊（Malta）整死他們。」很神奇的是，我的願望通常都會實現。

總之呢，我還滿開心蘇格蘭公投結果選擇繼續留在大不列顛聯合王國。我愛蘇格蘭人，只求他們不要老是給我一種想推我去撞牆的表情就好。

我很快回到臥鋪倒頭呼呼大睡，宛若嬰孩，直到服務員敲門並送上熱騰騰的早餐時才驚醒。我不知道賈里尼恩臥鋪火車有附早餐，所以還滿開心的。

「火車誤點了兩小時。」他心情愉悅地向我說道。

「嗯。」我說。

我把窗簾拉開。火車正經過高地區域，山丘、峽谷以及黑色公路在列車後方苦苦追趕。一覺醒來，人已在全新的國境之內，這感覺真的不錯。過了好久，我們終於抵達金尤西（Kingussie）站，並在此停靠。不過由於火車實在停了太久，讓人懷疑我們是否會永久滯留金尤西。火車靜悄悄毫無聲息，人的聽覺開始變得異常敏銳。我聽到其他車廂的旅客對話，還聽見車窗邊蒼蠅垂死掙扎的拍翅聲。我望出窗外，看見昨晚在餐車遇見的其中三個人正在月臺抽菸。我走出列車，發現所有人都在月臺稍作休息。服務員正巧經過我身邊，並且告訴我，前方火車引擎燒壞了，我們的火車頭正前往現場支援。我覺得自己好像成為《湯瑪士小火車》（*Thomas the Tank Engine*）的主角了。

我不知道我們到底在金尤西停留了多久。我只知道當我們抵達終點站印威內斯時，整趟行程至少超過了十五個小時。我從市中心走了約一．六公里路進入輕工業區，揮手招了輛計程車後，抱著愉悅美好的心情往北前往阿勒浦。

計程車自印威內斯行約九六．六公里路後，抵達蟠龍湖（Loch Broom）附近的阿勒浦，此城小巧可愛，景色優美。我在旅館辦理好手續後，立刻上街感受城裡氣氛，並舒展四肢。阿勒浦市中心滿是遊客，大家看起來相當悠閒與開心。阿勒浦是個滿讓人喜歡的地方，繁榮、友善而且非常整潔。乘客可自碼頭搭乘小船前往路易斯島（Isle of Lewis）的斯托諾韋（Stornoway），碼頭邊有種商業氣氛與忙碌感，若是到附近的藝廊和小商店應該可以找到碼頭相關資料。我還滿享受這裡的。

我突然想到，如果每個英國小鎮都能維持類似的風格該有多好？若能讓布萊克浦和格里姆斯比也具備相同程度的舒適、整齊有序，那英國應該就完美無瑕了。我可以告訴你我的想像嗎？我希望英國政府可以如此宣告天下，「我們希望停止對經濟成長的過度追求，以及對其他領域的犧牲。經濟成長並不能提高國家幸福感，只會創造出瑞士與共和黨。因此，未來我們將致力於把英國打造成可愛、迷人和進步的國家。我們將打造最好的學校和醫院、最舒適的大眾運輸、最活躍的藝術場景、藏書最豐富而實用的圖書館、最大規模的公園、最乾淨的街道，以及最進步的社會政策。簡單來講，我們可以變成瑞典，但是不用吃那麼多鯡魚，幽默感也比較正常。」這不是很棒嗎？不過，我知道這只是痴人說夢而已。

我很自律地提早上床睡覺，並在隔天五點起床，開兩小時的車前往憤怒角。早晨感覺還不錯，空氣清新，令人無比興奮，我相信今天會是美好的一天。當我駕車駛上迷你的A835公路時，全世界都還在呼呼大睡。日光讓山頭光芒閃耀，讓人想到電線走火時的火光迸射。沿途風景廣闊驚人，我越過一公里又一公里的山丘、湖泊、海洋、山脈以及廣大的峽谷，沒過一會兒，所有的景色又重組成另一幅震撼人心的壯美景觀。不過，這裡並沒有我想像的荒涼，沿途都有農民小屋、雜立的湖邊飯店，偶爾還會見著小型社區。當我經過斯考里（Scourie）時，有個告示牌寫著「斯考里海灘與墓園區」，這組合真特別（我們明天要把奶奶埋葬了，記得帶你的比基尼）。一想到這就讓人開心。

七點三十分整，我抵達碼頭，四周沒有任何人影，我挨在水邊等待。碼頭的景色讓人心情大好，遠處正是俯瞰著尼斯凱爾水域的連綿山勢。憤怒角半島於八〇〇公尺遠外峽灣處突出外沿，向世人召喚著。鳥兒在離水面不遠處飛翔。不遠處的沙洲傳來了聲響——竟然是隻海豹！牠沿著海灘緩緩推進海洋。

八點二十分整，我看到湖對面有兩輛小巴士正緩緩入站，沒多久，兩輛巴士都駛向碼頭邊，人群蜂擁而下。過了約莫一分鐘左右，一個看似頗有權威感的男人抵達碼頭邊。人群將距離我約六公尺的男人團團包圍。人們將錢交給這男人，並取得船票。完全沒人把我放在眼裡，我只好往人群中央擠去。

「不好意思，我是第一個來的。」我向賣票的男人抗議。

「他們有預約。」他回答。

等等，先讓我們冷靜一下。我在早上五點起床開兩個小時的車來到這裡，還等待了一個小時之久。而且，我現在至少需要喝三杯咖啡才有辦法克制自己的情緒，本人目前正處於精神狀態極度不穩定的咖啡因衰弱期。現在絕對不是一個測試我極限的好時間。

「可是我有試著要預約。」我說，「我太太有打電話來，但是你們說不接受預約。」

「你應該要預約的。」那男人又重複說了一次，並且轉頭繼續和其他人收錢。

我看著他的後腦勺，「我有試著預約，你這皮克特（Pictish）[39]白痴！」每當我必須和這類型蠢蛋溝通時，我就會在腦內的禁閉室如此大喊。不過，我仍然維持表面的平靜並且緩緩說明，「我有試著要預約。但接電話的男人說你們不接受預約。」

「嗯，你應該要找安格斯。」他說。事實上我不記得他說的是什麼名字，總之，他似乎認為這合理解釋了為何我得花這麼漫長的時間從漢普郡毫無目的地來到蘇格蘭。我很生氣地瞪著他，他收好了所有的錢，並將旅客帶往小船上。

「我開了一一二六・五公里路才來到這裡。」我悲傷地說。

「我從卡爾加里（Calgary）來的喔。」一位穿著黃色輕便雨衣的肥太太開心地把我比了下去。

「幹，走開啦。」我在腦內禁閉室裡推了她一把。

「這裡還有一個空位。」開小船的男人向我說道。

「你說什麼？」

「如果你不介意的話，可以坐這。」

他用下巴指了指旁邊的空位。

39——羅馬時期居住於蘇格蘭北部的人。

我雖然有點困惑，不過超級開心地登船，還不經意地用我的背包撞了那位卡爾加里女人一下，並且就座。我付了六．五英鎊給那開船的男人，拿回一張船票，小船立刻出發。

小船只花了五分鐘就抵達湖的另一邊。當船到岸時，我爬上甲板，坐上正在此處等待的小巴士，並付了十二英鎊給司機。數分鐘後，當乘客全都上了巴士，我們立刻沿著陡峭、顛簸的小路前進。憤怒角距離貧瘠的半島外緣僅有一七．七公里。我終於要抵達憤怒角了，心情自然開心無比。

憤怒角的名稱其實和此險惡的地形無關。「憤怒」一詞為古老挪威語中的調頭處，當維京人的船艦看到此處時，就該趕緊調頭返回北部區域，不過，確實，憤怒角一地的自然形勢相當險峻。據說，每臨冬日，憤怒角的風速可高達每小時二三五公里。而蘇格蘭北部區域海面，也就是北海與大西洋交接處，更被稱為全世界最險惡的海域。十九世紀時，暴風雨席捲憤怒角東側海岸，海浪直撲離海面約六一公尺的燈塔，並把大門捲走。憤怒角的天氣真的滿令人錯愕的。

我們的司機瑞格（Reg）精力十足，他一路使勁地將巴士開離坑窪處，一邊碎碎唸哼歌有的沒的。原則上來講開往憤怒角的U70道路應是公共高速公路，不過此公路最後一次修補時間為一九五六年，因此更近似於柏油碎石路。公路帶我們穿越荒野，沿路散放著老舊的軍事坦克，以及充作標靶的半履帶車。

我們花了半小時橫越一七．七公里路來到憤怒角，一座黑白色的巨大燈塔矗立在懸崖邊迎接我們，燈塔下方則是濤濤海浪。燈塔建於一八二八年，建造者為羅伯特・史蒂文森（Robert Stevenson），也就是羅伯特・路易斯・史蒂文森的孫子。今天，燈塔早已自動化，無需任何人操作。燈塔的維護者為約翰・塢萊（John Ure），他在燈塔的附屬建築內經營了一間咖啡館，我還滿樂意過去品嚐一番的。塢萊是憤怒角唯一的長期居民，他大半生都在此度過，他應該是全英國最孤獨的人吧。

憤怒角其實沒有太多事可做。由於燈塔並沒有對外開放，因此你只能繞著燈塔走幾步，看看風景，或者就去喝杯咖啡。我在草丘上站了許久，並觀看崎嶇壯麗並一路延伸至鄧尼特角（Dunnet Head）的海岸懸崖。往東極遠處的海岸邊有一大塊土地，那八成就是奧克尼群島（Orkney Islands）南端的霍伊（Hoy）。後來我查了資料，霍伊離憤怒角至少一二八・七公里，人眼有可能看到那麼遠的地方嗎？

我繞了燈塔一圈，接著站在前方的懸崖上，小心翼翼地朝下方邊緣望去。下方約九一公尺遠處，盡是尖石與巨浪。這就是英國的盡頭了。我眼前什麼也沒有，僅有洶湧作怪直至北極圈極遠處的大浪，左手邊也是一片荒蕪，海的另一邊就是紐芬蘭（Newfoundland）了。我站了約有數分鐘之久，自豪自己現在正是位於全英國最西北處的男子。這不是你每天都可以拿來自豪的事吧？

我站在憤怒角，等待成就感與苦盡甘來的滋味猛烈襲來。當然，我知道自己並沒有刻意將旅程規劃成某種極限運動，也確實，我在蘇格蘭的時間似乎過得很快，而且大半時間我都在昏昏欲睡。

即便如此，此時應該仍舊是相當偉大的一刻吧。雖然我不會是歷史上首度完成布萊森線的人，但我絕對是第一個知道自己已完成布萊森線旅程的勇者。

所以我站在這兒，將雙手扣在背後，瞪視著微風，平靜地等待，不過，卻一點特別的感覺也沒有。不久後，我就放棄等待了，我在懸崖頂端走來走去，接著走進咖啡館裡，希望塢萊先生能為我補充一些咖啡因。很開心地，我喝到咖啡了。

II

接下來的幾天，我都在高地區域旅行。我造訪了印威內斯和卡洛登（Culloden）戰場，當年約有兩千名勇士因為參與英格蘭戰鬥而喪生。接著，我來到格倫科（Glencoe），當年坎貝爾（Campbells）家族於此殘忍屠殺麥當勞（Macdonalds）家族，我心情沮喪地回想起高地的歷史，歷經五百年的浴血搏鬥與殘酷事件後，高地區域又面臨了整整兩百年風笛音樂的蹂躪。接著我從艾賓碼頭（Port Appin）搭乘快船前往令河湖（Loch Linnhe）中央的利斯莫爾島（Lismore），我在島上散步了一下。風景相當美麗，只可惜雨下個不停。整段旅程中最棒的景點應屬能從海灣遠眺斯凱島（Isle of Skye）美景的格萊內爾格（Glenelg）。就在格萊內爾格外圍的一處寧靜曠野中，有著兩座非常獨特的建築物，那就是蘇格蘭特有的布洛赫（broch）。

布洛赫為史前建造的石塔，通常高度為九公尺高，底座圓周則有十八公尺寬，形狀近似核電廠冷卻塔，布洛赫以緊密堆疊的石頭建造而成；石塔設計複雜，具有兩層外牆以及中空空間。石塔內並沒有砂漿構造，不過，儘管如此，石塔堅固異常，即便在兩千五百年後的今天，多數的布洛赫仍舊完好無缺。格萊內爾格的兩座布洛赫被稱為蘇格蘭本島最美麗的石塔，它們透露出簡單、寧靜而優雅的美好。不過我最愛的仍舊是石塔本身的神祕感。沒有任何人知道，布洛赫的建造目的為何。

布洛赫不可能成為任何形式的聚會或聚集場所，因為石塔本身無窗，內部應是一片漆黑。沒有任何證據足以顯示有人曾經進入石塔內部。有人認為石塔或許為防禦型碉堡，但若人們擠進石塔內，等同於將自己監禁於無盡的黑暗之中，而入侵的敵人則可以盡情擄掠其莊稼與牲畜。這聽起來完全不合理。或許石塔為瞭望臺，不過布洛赫往往建於毫無觀望對象的廣陌之中。多數時候，布洛赫處於完全孤立的狀態，然而格萊內爾格的石塔則是一對。布洛赫的構造設計顯示石塔內部應為多樓層，不過石塔建造的地點卻往往無法輕易取得足以建造樓板的木材。總之，石塔的一切成謎。

當我站在格萊內爾格的石塔前面突然想到我真正熱愛英國的原因，其實是未知感。英國有太多事物讓人一頭霧水，沒有任何人能真正理解英國或完全知曉英國的特殊之處。英國有太多太多的東西超越所有人能理解的範圍。這不是很美好嗎？我曾經讀過一篇《當代考古學》（*Current Archaeology*）的文章，文中描述歐蘭夫・史瓦布列克（Olaf Swarbrick）的故事。史瓦布列克的職業為獸醫，但是他在閒暇之餘記錄了全英國境內所有矗立的巨石。這可是前所未有的創舉。史瓦布列克在一〇六八個地點記錄了一五〇二塊矗立巨石。這數字或許聽起來並沒有很戲劇性，不過若是你試著每個星期拜訪一塊巨石，那麼你得花二十年的時間，才能完成巨石之旅。

這公式可以套用到所有的英國古蹟。如果你想造訪英國的中世紀教堂─僅僅英格蘭的部分，若你每個星期拜訪一間教堂，需花費三百八十年才能完成此趟旅程。若你對歷史人物的墓園、貴族莊園、城堡、青銅器時期的丘陵要塞、刻在山坡的巨圖、以及其他任何特殊建築或結構有興趣，那都將花上你大半輩子的時間。光是觀賞全部的布洛赫遺跡大約就需花費十年。若希望參觀所有英國的考古遺跡，至少得花上一萬一千五百年。

你懂我的意思了嗎？英國真的浩瀚無垠。世界上沒有哪個小國家可以擁有如此龐大數量的古蹟足以觀賞，也沒有任何其他國家能在如此短暫的時光裡創造出這麼有趣、多樣而燦爛的奇觀。難怪我並不覺得自己的旅程已經到達尾聲。我根本看不完啊。

我抱持著如此的心情回到美國，並且繼續未完成的工作。有一天，就在我造訪憤怒角不久後，我在印第安納波利斯（Indianapolis）的百貨公司打發時間，有位櫃檯小姐暫時性地扮演我人生好友與精神導師的角色，她陪伴我走過男裝區，並在我伸手碰觸衣物時，向我一一報告衣物的名稱。

「這些是領帶，」她會這樣說，「桌子那邊還有一些領帶喔。」

我會向她道謝，她會回應：「嗯嗯。」她大概有九十八歲吧。最後她開始對我的口音感興趣。

我告訴她自己在愛荷華州長大，但是住在英國好多年了。

「英國？」她露出相當驚訝的神情，「你為什麼要住在英國？」

「因為總比印第安納波利斯好吧。」這是我內心最誠實的回答，不過我當然沒有這樣說。我只有含糊地回答因為自己和英國女性結了婚，又滿喜歡那裡的。

「嗯嗯，」她說，「這邊是我們家的鞋子。」

之後，當我窩在美食街休息時（我真的有好好利用逗留在印第安納波利斯的時間），突然覺得那位女士的問題很有意思。為什麼我不住在全世界第一的國家呢？在這裡我的稅比較低、房子比較溫暖、食物分量比較大、個人生活滿意度輕輕鬆鬆就會比較高，然而，我卻選擇住在一個漂在灰色寒冷海域的小島上呢？

如同生活中所有我們習以為常的事一樣，我對這問題沒有答案，至少沒有一個很正經的答案。如果你問我，最愛英國的五件事是什麼？我會需要想很久，也因此，我決定好好想想自己選擇住在英國的五大理由（我先澄清，最主要原因當然是家人和朋友啦）。當然，格萊內爾格的布洛赫讓我找到其中的一個理由，那就是英國美妙而無窮無盡的未知感。不過我還是不知道其他四個理由是什麼？

我坐在美食街裡，掏出筆記本，並開始隨意記下我腦中浮現的討人喜歡的英式事物：

節禮日（Boxing Day）

鄉村酒吧

如果要向別人表達崇拜之意時，會說你是狗睪丸（dog's bollocks）

果醬蛋糕捲

英國陸軍測量局地圖

《抱歉我毫無頭緒》（*I'm Sorry I Haven't a Clue*）[40]

英式奶油茶點

航運預測

二十便士銅板

六月傍晚，特別是八點左右的時候

在還沒看到海之前就可以聞到海的味道

有著可笑名字的村莊，像是「雪羅鮑爾」（Shellow Bowells）[41]或「奈洛瓦洛普」（Nether Wallop）[42]

如果仔細思考這份清單，我想上頭盡是英國獨有的事物。這就是當外國人的好處——除了你自出生以來所擁有的特殊文化習性以外，你還接收了一套全新的標準。對我而言，所有能住在國外的人都很幸運，特別是如果他們居住的第二國家有相當有趣、豐富而活躍的文化場景，如果他們有各式各樣的奶油茶點、貴族歷史、聖誕節時還可以多放一天假，那真的就太「狗罣丸」了，這是我的看法啦。總之，這就是我選擇居住在英國的第二個理由：英國讓我接觸到了我以前不可能會知道的一萬件好事。

第三個理由是，英國還滿正常的。我喜歡正常一點的國家。很遺憾的，當我在自己的母國旅行時，突然想通了這個道理。我必須說，美國確實是一個很美好的國家；假使，二次世界大戰時美國沒有參戰也沒有領導戰後重建計畫的話，全世界恐怕不會是現在這個模樣。美國讓現代世界更美好，只是沒有太多人給予讚賞。不過，往事已矣，現在的美國幾乎成為愚蠢的代名詞。

我最近在巴爾的摩的飯店咖啡館用餐時，突然有了如此的感慨。當時我正在讀《巴爾的摩太陽報》（*Baltimore Sun*），一篇文章提到國會已立法禁止衛生與公眾服務部（Department of Health and Human Services）贊助任何可能會直接或間接支持槍枝管制的研究計畫。

40——英國 BBC 第四電臺長青節目，一九七二年開播。

41——音近 Shallow Bowels，意即淺淺的腸子。

42——又有「虛空的啤酒」之意。

讓我們換句話說好了，美國政府禁止學者運用聯邦政府的資金進行槍枝暴力研究，甚至不希望他們找出能夠降低或預防槍枝暴力的方法。這大概是全世界最愚蠢的想法了吧。即便你把所有福斯新聞臺（Fox News）的名嘴都找來，把他們聚集在一個小房間裡，要求他們想出比這更蠢的點子，我覺得他們也都辦不到呢。

感謝上帝，英國和美國天差地遠。對於任何有爭議性的複雜議題，像是槍枝管制、墮胎、死刑、在學校是否該教進化論、是否可以進行幹細胞研究，以及要有多瘋狂才能被視為真正的愛國者，在這些方面，英國都比美國來得成熟、穩重而有分寸。對我而言，這真的很重要。

生活品質是我選擇定居在英國的第四個理由。英式生活有自己的步調與特性——英國人總是能因為小事而無比開心，我覺得這就是用來抵抗貪婪的生活自制力，英式態度讓生活更美好。全世界上沒有任何人面對熱騰騰的飲料和奶油小比司吉時，能露出比英國人還燦爛的笑容了。

若與其他國家做比較，英國確實擁有較高的生活品質。有些國家比較快樂，有些國家比較富裕，但沒有一個國家像英國一樣，比別人快樂又比別人富裕。以所謂的「生活滿意度」而言，英國幾乎占據全世界第一名的位置，這還滿讓我訝異的。畢竟我四十年來的近距離觀察，可從沒碰過任何一個對生活滿意的英國人。我想，說不定這正是提高滿意度的祕訣。

通常啊，英國人會在應該開心的時刻開心，像是當天氣放晴而手上正好有啤酒的時候他們一定很樂，不過即便在其他國家的人會感到鬱悶的時候，英國人還是會保持愉悅的心情。舉例來說，若英國人在鄉間漫步卻突然下起雨來，他們會立刻拿出防水外套，並接受這一切。我想，英國的天氣早已讓人們學會忍耐與堅毅。這點我還滿欣賞的。

不過英國人最特別的一點在於，當事情糟到無以復加，而且他們有正當理由發表尖酸而苦澀的冗長演說時，這才是他們最快樂的時候。如果有位英國軍人在戰場中被炸斷了腳並說，「我早就跟你說過一定會這樣吧。」我敢打賭，他的幸福感絕對破表。我還滿欣賞有這種特質的人。

我選擇住在英國的第五個原因很清楚，我把它寫在最末是因為這對我深具意義。我想你一定知道我的答案，那就是美麗的鄉村景色。感謝上帝，英國鄉村景色令人讚歎。

就在我從美國回家後不久，終於有機會為本書一探另一個始終無緣造訪的古老景點：愛芬頓（Uffington）的白馬園（White Horse）。愛芬頓白馬園為刻在牛津郡丘陵上約〇·一公里長的白馬山坡圖，其視覺風格近似粉筆畫，非常具有現代感，你甚至會誤以為這是畢卡索的作品。愛芬頓白馬園確實相當美麗。此作品位於更為古老的里奇韋步道（Ridgeway）下方。

這裡正是英國最古老的地方。里奇韋步道成為旅道已有十萬年之久。過去，從來沒有任何人能夠斷定白馬的年代，不過現在藉由致光定年法技術，專家判定白馬早已奔騰於牛津郡山坡上達三千年之久。愛芬頓白馬園比英格蘭還古老，也比英文的歷史還悠久。三千年來，白馬受到毫不間斷地悉心呵護。假使沒有人持續爬上山坡奮力除草，那麼荒煙漫草絕對會將粉筆風格的白馬給吞噬掉。白馬確實是不可思議的存在，不過若思考三千年來人們如何能持續地維護其奔跑身影，後者似乎更令人嘖嘖稱奇。

其實，我們無法從里奇韋步道觀賞愛芬頓白馬園。你必須從山坡的小徑走下來才看得到它，由於白馬尺寸過於龐大，因此近看根本看不出個所以然。不過，就算白馬丘（White Horse Hill）看不到白馬，沿途的鄉村風景仍舊美不勝收，你可以悠遊自在地漫步好幾公里路。我已經說了好多好多遍，但我願意再說一回：全世界再也沒有任何地方能夠像英國鄉村一樣，擁有如此渾然天成、優美而舒適的景色。英國是全世界最大的公園，也是最完美的天賜花園。我認為，鄉村景色正是英國最偉大的成就。

我所請求的，不過是好好保存如此美景，這樣的要求應該不算太多吧。

Brief afterword and acknowledgements

簡短的後記與感謝辭

在本書撰寫與出版之際，英國發生了諸多變化。二〇一四年九月十八日公投結果揭曉，蘇格蘭人民以五五・三：四四・七的比例，決定留在大不列顛及北愛爾蘭聯合王國。但公投完沒多久後，蘇格蘭人又開始討論脫離英國了。二〇一四年十一月，比爾・布萊森參與了在溫徹斯特舉辦的迷你儀式，正式成為英國人。二〇一五年五月七號，大衛・卡麥隆所率領的保守黨贏得大選，此結果被視為民眾對樽節政策的支持。二〇一五年七月初，華德・戴維斯爵士（Sir Howard Davies）主導的機場委員會（Airports Commission）建議於希斯洛機場興建新跑道，而非蓋特威克。雖然在本書出版前我們無法得知英國政府的最後決定，不過大致上可預期史坦斯荒野與洛斯貝里美麗的砂石場小湖都可以被保留下來，並免於步上發展的後塵。不過，在所有事件當中，最重要的應屬我的女兒費禮西堤（Felicity），那位在第四章以大腹便便姿態出現的女士，終於產下了嬰兒。（美麗的戴芬妮，謝謝妳。）

如同以往，本書的出版受到許多人的指導與幫助，對此我心懷感激。我必須特別感謝擁有如聖人般的耐心的編輯們與出版者 Larry Finlay、Marianne Velmans、Gerry Howard、Kristin Cochrane，以及他們的同事

Zoe Eillis、Katrina Whone、Suzanne Bridson 與 Deborah Adams 。我也想感謝多才多藝的天才 Neil Gower 為我設計的書封、插圖與地圖。

此外，我也非常感謝善良、活潑好動的好友 Aosaf Afzal、John Flinn、Andrew Orme、Daniel Wiles、Matt Ridley 與 Anya Ridley，Josef Vormoor 與 Britta Vormoor，以及 Davidson 一家人，包括：Jon、Donna、Max 與 Daisy。

我還必須感謝許多人的付出，包括南部丘陵國家公園（South Downs National Park）的執行長 Margaret Paren 以及她的同事 Nick Heasman、Chris Manning、Nina Williams；英格蘭遺產委員會（English Heritage）的 Beth McHattie；巨石陣的 Kate Davies 與 Lucy Barker；紐約戴維斯律師事務所（Davis Wright Tremaine LLP）的 Edward J. Davis。

我也希望能在此感謝我的家人，特別謝謝我的女兒凱薩琳（Catherine）為我處理行政事務，謝謝兒子山姆為我拍攝作者照。當然，我最感謝的就是親愛的太太辛蒂亞，感謝她無比的耐心。

About the author

關於作者

比爾・布萊森的暢銷著作包括《失落的大陸》（*The Lost Continent*）、《歐洲在發酵》（*Neither Here, Nor There*）、以及被全英國讀者票選為最能呈現英國樣貌的文學著作《哈！小不列顛》。布萊森的科學史作品《萬物簡史》（*A Short History of Nearly Everything*）也備受各界讚譽，並獲得英國皇家學會（Royal Society）所頒發的艾凡提斯獎（Aventis Prizes）和歐盟最高文學獎笛卡兒獎（Descartes Prize）。

布萊森寫作主題廣泛，包括：語言、莎士比亞，他也曾在《閃電男孩的輝煌年代》（*The Life and Times of the Thunderbolt Kid*）一書裡以幽默的方式回憶童年。他近年出版的暢銷書則為《在家：私生活簡史》（*At Home: A Short History of Private Life*）以及《那一年夏天：美國一九二七》（*One Summer: America 1927*）。他的另一本旅遊書《別跟山過不去》（*A Walk in the Woods*），已翻拍成好萊塢電影，由勞勃・瑞福（Robert Redford）、尼克・諾特（Nick Nolte）與艾瑪・湯普遜（Emma Thompson）擔綱主演。

比爾・布萊森出生於美國中西部，現定居於英國。他曾為杜倫大學名譽校長，並擔任英國鄉村保護委員會主席長達五年時間。布萊森為英國皇家學會的榮譽院士。

Hello Design 叢書 HDI0055

比爾・布萊森的大不列顛碎碎唸【全新修訂版】

——原來，英國跟你想的不一樣！

作　　者—比爾・布萊森 Bill Bryson
譯　　者—李奧森
封面設計—木木 Lin
內頁排版—藍天圖物宣字社
副 主 編—黃筱涵
企劃經理—何靜婷

編輯總監—蘇清霖
董 事 長—趙政岷
出 版 者—時報文化出版企業股份有限公司
108019 台北市和平西路三段 240 號 4 樓
發行專線— (02)2306-6842
讀者服務專線— 0800-231-705、(02)2304-7103
讀者服務傳真— (02)2304-6858
郵撥— 19344724 時報文化出版公司
信箱— 10899 臺北華江橋郵局第 99 信箱
時報悅讀網— http://www.readingtimes.com.tw
法律顧問—理律法律事務所 陳長文律師、李念祖律師
印　　刷—紘億印刷有限公司
二版一刷—2021 年 03 月 12 日
定　　價—新台幣 480 元

ISBN 978-957-13-8718-5

時報文化出版公司成立於一九七五年，
並於一九九九年股票上櫃公開發行，
於二〇〇八年脫離中時集團非屬旺中，以「尊重智慧與創意的文化事業」為信念。

比爾・布萊森的大不列顛碎碎唸：原來，英國跟你想的不一樣！/ 比爾・布萊森（Bill Bryson）著；李奧森譯. -- 二版. -- 臺北市：時報文化出版企業股份有限公司, 2021.03
面；　公分. --（Hello Design 叢書；HDI0055）
譯自：The road to Little Dribbling : more notes from a small island
ISBN 978-957-13-8718-5（平裝）
1. 旅遊文學 2. 英國
741.89　　110002692